国家“十一五”重点图书出版规划项目

当代中国图书馆学研究文库(第四辑)

信息检索与利用的实践与研究

华薇娜　著

國家圖書館出版社
National Library of China Publishing House

图书在版编目(CIP)数据

信息检索与利用的实践与研究/华薇娜著. --北京:国家图书馆出版社,2015. 12
(当代中国图书馆学研究文库/吴慰慈,陈源蒸主编. 第 4 辑)
ISBN 978 -7 -5013 -5693 -5

Ⅰ. ①信… Ⅱ. ①华… Ⅲ. ①情报检索—文集
Ⅳ. ①G252. 7 -53

中国版本图书馆 CIP 数据核字(2015)第 242866 号

书　　名　信息检索与利用的实践与研究
著　　者　华薇娜　著
责任编辑　高　爽　王炳乾

出　　版　国家图书馆出版社(100034　北京市西城区文津街 7 号)
　　　　　(原书目文献出版社　北京图书馆出版社)
发　　行　010 -66114536　66126153　66151313　66175620
　　　　　66121706(传真),66126156(门市部)
E-mail　nlcpress@ nlc. cn(邮购)
Website　www. nlcpress. com ——→投稿中心
经　　销　新华书店
印　　装　北京玥实印刷有限公司
版　　次　2015 年 12 月第 1 版　2015 年 12 月第 1 次印刷

开　　本　710 × 1000(毫米)　1/16
印　　张　23. 25
字　　数　350 千字

书　　号　ISBN 978 -7 -5013 -5693 -5
定　　价　70. 00 元

《当代中国图书馆学研究文库》编委会

代　　序

我国大规模普及信息检索课是从20世纪80年代初开始的，从当年工具书使用法到今天网络信息检索教育已经走过了20多年的历程，信息检索课经历了筹备与起步、巩固与发展、反思与提高、变革与创新这几个阶段。这期间，信息资源的主体逐渐由纸质型、文本型向音视频、网络化转变，导致需求的多样化和检索的复杂性；多种品牌的信息查询工具不断涌现，更新速度加快；用户要求专业信息服务人员不仅具有满足其需求的信息提供能力，还应具有协助解决问题的能力。所有这些变化向检索课教师提出了巨大的挑战，无论是对教学内容的适时性，还是手段的变通性和灵活性，都提出了更高的要求。而更大的挑战，是我们面对着一个数字化的资源和开放式的信息交流模式，一个注重多样化、个性化和市场化的学生群体，他们可以在很短时间就了解新出现的查询工具，可以在你的话音刚落就掏出手机报出网址、地址等数据，可以通过QQ等渠道娴熟地下载你从未听说过的软件。教师事先掌握教学资源的传统优势可能丧失，他准备讲授的某些内容可能早已被学生们掌握，而某些操作的细节对如今的"网上精灵"们来说可能不值一提。于是有的老师叹道，现在的检索课比以前难教了。

作为最初参加文献检索课程培训的第一批教师中的一员，华薇娜同志"目睹和亲历了文献检索课从最初完全传统的印刷型检索工具到如今网络信息资源检索的普及的全部过程"。而学界对上述所有这些问题的探索——"问题引导式"教学、"现场情境"教学、"课题导入"教学、互动教学、双语教学、网络辅助教学、案例教学、任务驱动式教学等——几乎都可以在这本书中找到相应的实践。例如，为读者获得某一专题研究资料指明途径的“引路者”，参加这一练习的实验组学生在综合运用检索工具的能力、自学能力、选题能力、研究能力、分析评价能力方面明显优于未参加练习的控制组学生；再例如，“团队合作”强调了以学生为主体的学习方式，不仅解决了国外网络资源利用难的问题，而且通过扬长避短，集思广益，使每个学生学会共享、合作和互帮互学；又例如，在课程中贯穿“个案分析”的实验，让学生自觉应用教师课堂讲授的检索方法，熟悉和掌握一批课堂上讲过和未讲过的检索工具，通过检索、整理、比较，学会各种分析方法；而在检索教学中贯穿招投标机制的实验，则是一种融案例法、情景教学法、兴趣法和团队法为一体的仿真实验，通过了解招投标中的信息搜集和分析过程，不仅有助于学生真正体验信息在科学研究中的作用，还有助于调动学生参与教学的积极性。此外，20 世纪 90 年代中后期兴起的计算机辅助教学（CAI），以及网络辅助教学，尽管在文中所提不多，但在检索课教学团队中她往往是第一个尝试者和推广者。总之，只要有助于学生的学习“变被动为主动，化考试压力为动力，变知识死记为活用”，都可以看到华薇娜同志所做出的多种尝试和探索。

我认为，读者可能受益的，不仅是作者对每一种教学实验或实践过程的详尽的描述，诸如意义作用、背景介绍、操作方法、注意事项等，还有其背后的教学理念、教改思路、探索精神和对信息素养教育的独到理解。例如，强调改变传统的传授知识为本的指导思想，注重创新意识、创新精神、创新能力的培养；以学生为主体、教师为主导的教改原则；引导并激发学生学习兴趣的教学模式，等等。检索课不仅仅是一门信息查找的方法课，它的宗旨是要培养学生的信息意识和信息能力，通过获取、分析、加工、评价和利用信息，锻炼良好的自学能力和创新能力。这一思想，贯穿于全书的各个章节。在“信息检索方法研究”部分的“分类：不可小觑的检索途径”“网络信息检索策略的设计与实施的探讨”以及“网络信息搜集过程中正确选择检索词的个案分析”这几篇文章中，我们可以看到作者将视线延伸到学生的论文写作、开题报告等学术训练中的问题，而这些问题不仅仅存在于作者供职的单位中，其典型性甚至值得其他教师在教学和科研中借鉴。

本书“信息的收集与分析”和“信息检索工具研究”两部分，则向我们提出了另一个值得深思的问题，即如何解决网络时代检索课教学“难”的问题，如何适应信息时代发展的形势和人才培养的要求。提出检索课教改思路不仅仅要求教师注重思考，更重要的是注重实践，而支撑实践的是研究。研究会迫使我们面对新课题、新知识、新技术和不断变化发展的方法，促使教师靠自我学习和钻研来不断补充新知识，自觉地将研究过程变成“在职进修”的过程。如果没有对检索工具、检索方法和信息资源的研究，作者就不可能思考问题和发现问题，反之，正是这些研究课题可以使教师拥有更丰富的教学资源，掌握学生们所不具备的教学优势，并灵活地运用在课堂讲授和课后实践中。

当然，网络时代的信息检索教学向我们提出了更多的研究课题，如 Web2.0 时代网页与用户之间的互动关系由传统的“Push”模式演变成双向交流的模式，这对信息检索课教学改革意味着什么？如何让学生更多地参与“帖子分析”？更深入地做信息内容的挖掘整理，使之上升到知识层面？如何更好地与专业教育结合起来，使信息文献检索更具有吸引力和持续力？在搜索引擎空前普及、信息检索已成全民行为的今天，华薇娜同志关于信息检索教学的著述还值得我们认真考虑检索课改革中教学目的、教学观念、教学关系、教学内容、教学方法和教学手段的转变，考虑教学效果评价和考核方法，考虑教学模式的重塑及个别成功经验的普及和移植，考虑自主学习如何避免“放羊式”教学，情景教学如何激发学生的思维能力？兴趣教学如何应对难以避免的枯燥内容？案例教学如何更好地解决与拓展性、科学性和现实性的矛盾？手工检索与计算机检索如何有机融合，合理取舍……所有这些都要求我们根据教学任务、教学对象、教学设施及自己的知识加以进一步研究。相信对这些问题的探讨将为信息检索课的教学改革带来新思路。

沈固朝

2011 年 8 月 8 日

目　　录

信息的收集与分析

信息检索工具研究

信息检索方法研究

信息检索课程教学研究

美国图书馆学情报学核心期刊文献分析研究述要

一般说来，文献，尤其是期刊文献，最能反映一门学科的研究水平。美国自 1977 年起对本国以及一些英语国家出版的图书馆学、情报学核心期刊文献从多角度进行了综合性的统计分析，用以反映该专业科学研究的实况。笔者依据原始文献，综合几次研究成果，述要如下，以飨对此有兴趣者。

一、简况

1977 年，Bluma Cheila Peritz 女士通过统计，分析、研究美国 1950—1975 年间图书馆学核心期刊文献，完成了她的博士论文，并在加利福尼亚大学伯克莱分校获得博士学位，成为这块处女地上的第 1 位垦荒者。随后便陆续有人抡锄挥镐，选择特定的年代进行这项研究。迄今为止已公布了 4 次统计分析结果（见表 1）。

表 1　历次研究简况

研究年份	统计范围	调查者	原始文献类型
1977	1950	Bluma C. Peritz	博士论文
	1960		
	1965		
	1970		
	1975		

续表

研究年份	统计范围	调查者	原始文献类型
1983	1980	Martyvonnc Morion Nour	硕士论文
1984	1983	Cale Ealon, Robert Burgin	研究报告
1987	1984	Patricia E, Feehan 等 4 人	期刊论文

除 Peritz 女士的第 1 次研究外,其余几次研究均在美国北卡罗来纳大学 Chapel Hill 分校的情报学图书馆学学院进行。

二、统计分析步骤

(一)确定核心期刊

以检索刊物覆盖期刊的程度作为确定核心期刊的途径。例如,若选定 5 种检索刊物,而且某种期刊同时被其中 3 种或 3 种以上刊物摘引,则该期刊被认为是核心期刊。历次统计分析中确定核心期刊时选用的检索刊物如下:

1. Social Science Citation Index (SSCI);
2. Library Literature;
3. Library and Information Science Ab-stracts (LISA);
4. Information Science Abstracts;
5. Current Awareness — Library Literature;
6. Referationyi Zhurnal: Informatika;
7. Science Citation Index (SCI)。

1977 年进行的研究选择了上列检索刊物中的 1 — 6 种,被其中 4 种以上的检索刊物同时摘引的期刊被确定为核心期刊。1950 — 1970 年的核心期刊有 39 种。

1983 年的研究选择了 1 — 3 种,被其中两种以上同时摘引的期刊为核心期刊。1980 年有 41 种核心期刊。

1984 年的研究选择了 1 — 3、7 种,1983 年有 62 种核心期刊。

1987 年的研究中确定核心期刊的方法、范围与 1983 年相同。得出的 1984 年核心期刊有 91 种。

随着期刊数量的大幅度增长,用检索刊物的覆盖面确定的核心期刊会越来越多,因此有人认为该法越来越不适用,而应选择其他更适当的方法来确定核心期刊。

(二)确定研究论文

不是所有核心期刊上的文章全被纳入统计分析范围,它只是针对研究论文进行的。这就需要确定研究论文的范围及数量。重点在于确定“研究”的概念,并统一对这一概念的理解,以剔除非研究性的论文。

有关“研究”的定义很多。1977 年 Peritz 女士认为:“研究是一种探究,是至少在某种程度上,通过某种确定的方法,旨在引出一些新的事实、概念或观点而进行的工作。”她特别强调 systematic(某种确定的方法)和 new(新的事实、概念或观点),并解释说,这一定义并不暗示研究的质量、关联性和普遍性(或推广性)。也许某项研究的水平并不高,关联性并不强或只在某一地区内有意义,但只要它具有某种确定的方法,其研究的结果在某种程度上是新颖的,就被认为具有研究性质。反映该项研究的论文便被列入“研究论文”范围。

随后几次的统计分析均采用了 Peritz 的这一定义。有些研究人员虽然提出该定义缺乏严密性,但又认为该定义的做法可行,因此,4 次统计虽然几度易人,但对确定研究论文的指导思想是一致的。历次统计中研究论文的数量,以及研究论文占当年核心期刊论文总数的比重见表 2。

表 2　历次统计中的研究论文的数量与比重

年份	1950	1960	1965	1970	1975	1980	1983	1984
研究论文数量(篇)	110	128	171	323	387	343		615
研究论文占核心期刊论文总量的比值(%)	16	15	16	24	31	24.4	24	23.6

在一般情况下，统计分析是根据所选研究论文逐篇进行的，但有时也采用随机抽样的方法，如对1984年的研究，是从615篇研究论文中抽取20%，即123篇，作为研究依据的。抽样研究好处是简便易行，但由于抽样数量较少，故也在某种程度上影响了统计结果的可靠性。

（三）数据的收集与处理

4次统计分析的项目不尽相同。1950－1970年的统计项目包括研究方法、图书馆类型、读者研究、作者工作单位、计算机运用和引文数据。1980年包括研究方法、研究内容和引文数据。1983年的统计项目不详。1984年包括研究方法、研究内容、图书馆类型和定量/定性分析技术。

具体做法是：先阅读研究论文，然后根据统计项目分析，整理数据，最后把数据输入计算机进行处理分析。4次研究大都以国际标准刊号（ISBN）作为识别的代码。

三、统计分析结果

（一）研究方法

统计数据时，需先列出一个关于图书馆学、情报学研究方法的类目表。然后，将研究论文所反映的研究方法归入所属类目。4次统计分析中有关研究方法的类目不完全相同。其中，1950－1975年和1980年的研究方法分为以下6种（原始文献中对每种方法都有定义或说明，本文只对我国不太熟悉的方法加以说明）：①理论方法。指通过数学分析、语言分析、逻辑方法或其他哲学方法而进行的研究；②调查与实验法；③二次分析法。利用已发表的数据进行新的分析研究（这里强调新的统计和逻辑分析，或将分散的数据集中起来，得出新的结果）；④历史法；⑤新设计；⑥描述法（包括书目和校勘）。

1984 年的研究方法则被分为以下 11 类：①文献计量法；②内容分析法。对印刷型或缩微型文献中的字、词、概念、短语、主题、人物角色以及句子或段落而采取的客观的、定量的分析：③专家法；④实验法；⑤观察与描述法；⑥运筹法；⑦历史法；⑧二次分析法；⑨调查法；⑩混合法；⑪其他。

类目确定后，便将研究论文按研究方法归类统计。按研究方法统计的研究论文量的数据见表 3。

表 3　不同研究方法所占的论文比重

方法＼年代 比例(%)	1950	1960	1965	1970	1975	1980	1983	1984
理论方法	14.4	17.7	7.9	13.0	16.5	21.2		
情报系统设计	9.2	16.7	15.1	20.1	15.5	7.8		
调查与实验法	32.8	17.7	38.7	39.8	41.9	41.5	59.1	28.4
文献计量法	0.0	1.0	5.0	5.1	5.1	10.9	13.1	3.3
内容分析法	0.0	1.0	1.4	0.3	0.9	2.9	0.0	4.9
二次分析法	7.9	15.6	10.7	4.7	8.6	7.0	1.6	2.4
历史法	27.6	27.1	17.9	17.8	13.3	7.3	3.3	23.7
描述法（包括书目）	9.2	4.1	4.3	1.5	2.8	0.3		观察与描述 17
比较研究	0.0	2.1	4.3	1.5	2.2	0.6		
运筹法								4.9
混合法及其他	3.9	1.0	5.0	3.3	3.2	0.5		混合法 14.6 其他 0.8

注：①有时一项研究采用多种方法，故总量≈100%；

②对 1983 年研究方法的统计中，除表中 5 项外其他明细项目缺；

③1983、1984 年“文献计量法”论文量中包括少量的书目。

由于几次统计的数据不是出自一人之手，加之研究方法的分类不很统一，故不易对结果数据进行比较。尽管如此，仍可清楚地看出：

1. 美国在图书馆学、情报学研究中占绝对优势的方法是调查法与实验法，其中调查法占多数。美国的调查研究主要通过问卷方式和面谈方式来进行。上述统计数据中虽未单独反映出实验法研究的具体数据，但从美国 *Library Science Dissertations*（1973－1981）一书中 1008 篇博士论文所反映的研究方法来看，实验法研究约占研究论文总数的 10% 左右。

2. 从历年的发展趋势来看，理论方法在 1975－1980 年间上升幅度较大。但需要说明的是，这种"理论方法"不仅包括逻辑与其他哲学方法，还包括大量的数学分析和语言分析方法。也许是由于数学、语言分析内容的增多，以至于在对 1984 年的研究中，取消了"理论方法"这一类目，而另立"运筹法"或由其他具体类目来容纳"理论方法"的论文。

3. "历史法"的应用逐年减少，1983 年只占 3.3%，但 1984 年该类所占比率又猛增，原因不详。也许是由于依据 20% 的抽样而得，也可能由于该年度的历史研究论文增多。

（二）研究内容

从 1983 年（对 1980 年文献的研究）起开始对研究论文的主题内容进行统计分析。1980 年和 1984 年的统计数据分别见表 4 和表 5。

表 4　1980 年不同研究内容所占的论文比重

研究内容	$\frac{\text{该类研究论文数}}{\text{研究论文总数}}$（%）
图书馆行政与管理	20.7
图书馆服务	19.8
技术加工	13.1
文献研究	15.5
困书馆自动化	13.7
图书馆史	6.7
情报科学理论	2.6
其他图书馆学研究	2.0
非图书馆学研究	5.8

表5中“应用研究”以外的其他类目的细目如下：

综论

图书馆史、图书馆学史

图书馆与社会

国际图书馆

图书馆工作

组织

图书馆学教育

地位

职业道德

理论研究

综论

通讯、交流理论

情报科学理论

知识/情报结构

知识/情报组织

情报传播与检索

其他

出版

发行

表5　1984年不同研究内容所占的论文比重

研究内容	$\frac{\text{该类研究论文数}}{\text{研究论文总数}}$（%）
综论	11.3
图书馆工作	16.2
理论研究	13
应用研究	50.5
综论	6.5
行政与管理	5.7

续表

研究内容	$\frac{该类研究论文数}{研究论文总数}$(%)
公共服务	6.5
技术加工	3.3
读者研究	6.5
文献收集	11.4
协作与网络	3.3
系统	7.3
建筑	0
其他	9

由表4、表5可见,美国图书馆学、情报学的研究内容多为应用研究。而在应用研究中,公共服务的内容又多于内部技术加工的内容。文献研究、图书馆自动化、读者研究等内容也都占较大的比重。另外,从类目的细目来看,"理论研究"偏重于情报学,而"图书馆工作"则多从具体的馆员职业角度进行研究。

若要考察各项内容的研究方法,则需按研究方法分别统计各项内容的论文。表6是按研究方法统计的1980年的研究内容。

从表6可以看出,1980年美国图书馆学情报学研究中的大部分项目是通过调查法与实验法进行的。其中图书馆行政与管理的研究多采用调查与实验法、理论分析法和二次分析法;图书馆服务研究多采用调查与实验法、理论分析法;技术加工方面的研究则多采用调查与实验法、情报系统设计和文献计量法;文献研究主要采用调查与实验法、文献计量法和理论分析法;而自动化研究则主要采用理论分析法,其次是用情报系统设计以及调查与实验法;图书馆史主要通过历史法来进行研究;情报科学理论的研究主要依靠理论分析法进行。

表 6　1980 年不同研究内容所采用的研究方法的比较

研究方法 \ 论文数量（篇）\ 研究内容	图书馆行政与管理	图书馆服务	技术加工	文献研究	自动化	图书馆史	情报科学理论	非图书馆学研究	其他	合计
理论分析方法	16	18	7	12	18	0	9	2	0	82
情报系统设计	0	1	11	2	15	0	0	1	0	30
调查与实验法	51	49	15	20	11	2	0	7	5	160
文献计量法	1	4	11	19	4	0	1	2	0	42
内容分析法	1	2	3	2	0	1	0	2	0	11
二次分析法	12	3	2	6	0	1	0	2	1	27
历史法	1	1	0	2	0	19	0	5	0	28
描述法	0	0	0	1	0	0	0	0	0	1
比较研究	1	1	0	0	0	0	0	0	1	3
其他	0	0	0	1	1	0	0	0	0	2
合计	83	79	49	65	49	23	10	21	7	386
										(343)

Peritz 还对 1950 — 1975 年有关读者研究的论文按读者类型分别进行了统计，统计结果见表 7。

表 7　1950 — 1975 年读者研究论文篇数比较

研究内容	年份				
	1950	1960	1965	1970	1975
阅读行为综论				5	4
图书馆读者辩论	2	3	4	7	3
专业读者	1	3	7	26	18
儿童与青少年读者		2			1
学生读者	1		3	4	9
残疾人读者					1
低能读者			1	3	2
成人读者					

续表

研究内容	年份				
	1950	1960	1965	1970	1975
其他				1	
总计	4	8	15	50	38
占论文总数%	5	8	11	18	12

从表 7 可知,美国对读者的研究主要是对专业读者的研究,同时亦顾及对低能和残疾人读者的研究。

(三)图书馆类型研究

这里的“图书馆类型”包括情报机构等。有关统计数据见表 8。

表 8　1950 —1984 年对图书馆类型的研究比较

图书情报机构 \ 年份 / 比例(%)	年份					
	1950	1960	1965	1970	1975	1984
未涉及图书馆实体	22. 4	37. 5	23. 7	24. 8	22. 5	21. 9
图书馆综论	9. 2	11. 5	10. 8	16. 4	16. 2	17. 1
公共馆	13. 2	7. 3	7. 2	5. 8	2. 9	8. 1
高校图书馆	14. 5	3. 1	17. 3	10. 6	19. 7	22. 8
情报机构		1. 0	9. 4	8. 0	6. 7	22. 8
中小学图书馆	1. 3	2. 1	0. 0	1. 5	2. 2.	4. 1
专门图书馆	9. 2	7. 3	5. 8	12. 8	11. 7	8. 9
印刷、出版机构	19. 7	19. 8	16. 5	10. 2	9. 8	
图书馆学校及类似机构					17. 1	
其他	10. 5	10. 4	9. 3	9. 9	8. 3	

从中可以看出,美国针对图书馆实体的研究远多于非实体的综论图书馆的研究。而在实体图书馆的研究中,又以高校图书馆的研究为最多;专门图书馆的研究也一直占有较大的比重;对情报机构的研究,1965 年迅速增加,其后逐渐稳定;而对公共图书馆的研究曾一度大量减少;对中小学图书馆的研究一直较少,但 1984 年有所上升。

（四）定量/非定量分析技术

人们在研究科技文献中，有时也采用定量分析技术进行统计，以此作为衡量某一学科研究的科学性、深刻性和精确性的程度的一种标尺。1987 年美国在对 1984 年文献进行研究时，统计了 123 篇抽样论文的定量/非定量分析技术的数据。统计中共考虑了 4 个概念：定量—描述性研究；定量—推测性研究；非定量—描述性研究；非定量 推测性研究。描述性研究主要为频度统计、平均数、标准方差、相关系数等的计算；推测性研究则如 X^2 检验、T 检验、F 检验和定量分析等。推测性研究是描述性研究的发展。

1984 年的抽样论文中，用得最多的分析技术为"非定量—描述性研究"，占样本总数的 37.4%；用得最少的是"非定量—推测性研究"；而两种定量研究的用量则居中。采用定量和非定量分析技术的论文数分别为 65 篇和 58 篇；采用描述性研究与推测性研究的论文数分别为 76 篇和 47 篇。定量分析技术已被较多地运用于专业研究中，并有了一定的深度。

（五）引文分析

引文文献（Cited Papers）指研究论文的作者写作时所引用的参考文献，而带有引文的研究论文在讨论引文时往往又被称之为来源文献（Source Papers）。各次研究中引文分析的情况有所不同，如对 1950—1975 年的研究中做了 10 多个项目的统计，而对 1984 年的研究中却一项未做。这里，仅简述其中一部分有代表性的内容。

1. 引文量统计。表 9 是将研究论文按引文量的区间排列后所得的统计结果。从中可以看出，有引文的研究论文的比重逐年增长，没有引文的逐年减少；引文多在 1—9 条之间，多年来比重变化不很大，只是 1980 年有所减少；有 10 条以上引文的论文量逐年增加，特别是 1980 年时 20 条以上引文的论文量增加较多。

表 9　1950—1980 年研究论文的引文比较

引文数量（条）＼年份／论文数量（篇）	1950	1960	1965	1970	1975	1980
0	42	28	26	18	16	16
1—4	26	28	25	27	24	16.3
5—9	20	28	20	27	24	19.3
10—14	6	3	16	16	17	17.7
15—19	4	4	7	8	9	10.7
20—29	2	6	3	2	6	10.5
30 以上	0	3	4	2	4	9.6

2. 引文年限统计。表 10 是对远期引文（包括 7 年和 7 年以上）占引文总量的比重（7 年以内的引文在本文中称为“近期引文”）。从表中可见，1950 年间远期引文量较大，其后远期引文基本上维持在1/5—1/4 左右。

表 10　远期引文占引文总量的比重

年份	1950	1960	1965	1970	1975
比重	43	23	21	23	27

3. 引文文献类型统计。表 11 为引文的文献类型数据。引文文献类型不包括政府文献和一些统计资料。显然，在引文中的期刊与会议论文最多；图书一般少于期刊和会议论文（1960 年除外）；科研报告与学位论文最多时可达引文总量的 1/5，这说明美国非正式发行的文献情报交流是比较方便的。

表 11　引文的文献类型比较

文献类型	1950	1960	1965	1970	1975
期刊、会议论文	46	38	52	47	56
图书（包括论文汇编）	39	52	29	33	29
科研报告、学位论文	15	10	19	20	15

4. 引文的学科统计。表 12 是引文的学科分布。从中可见,引用其他学科的文献数量在 1950 年时较少,在其余年份其他学科的引文量维持在 20% 左右。

表 12 引文学科统计的引文量占引文总量的比重

学科	1950	1960	1965	1970	1975
图书馆学、情报学	91	79	82	77	80
其他学科	9	21	18	23	20

四、研究意义

正如美国的一位研究者说:"要研究赛马的步伐,只能靠摄像机捕捉到的系列的静态的图像来进行,而要明确图书馆学研究的方向、方式、格局和进度,也只能靠反复的、历时的分析比较来实现。"

一次统计分析的结果如同一组画面,清晰地向人们显示出某一时期某一领域的研究状态和方法、课题分布、侧重点与薄弱环节等;历次统计分析的结果便如同一系列的组画,易于人们进行比较、了解研究的进程和水平,明确方向,发现规律,调整手段,以取得较有成效的研究效果。

据此,笔者认为,根据我国图书馆学、情报学研究的实际,对我国这一领域的核心期刊也进行类似的全面深入的统计分析,给我国图书馆学情报学的研究摄个像,再做些纵向或横向的、历时或共时的比较似乎是非常必要的。

原载于《中国图书馆学报》,1991 年第 1 期

对中美图书馆学情报学期刊引文统计的比较研究

1 我国图书馆学情报学核心期刊抽样文献引文统计分析

本次统计分析随机抽出样本期刊为《图书馆学研究》(吉林)、《情报科学》(吉林)、《图书馆研究与工作》(浙江)、《图书馆学刊》(辽宁)、《图书馆杂志》(上海)、《赣图通讯》(江西)、《书刊资源利用》(广东)。

上列期刊在 1987 年前均列于核心期刊范围内,选取 1981、1984、1987 为时间区段,便于纵向比较。排除一些非研究性质的文章后,共计统计论文数为:1981 年 355 篇,1984 年 645 篇,1987 年 633 篇。本文统计的引文范围包括原始文献中的如下栏目或形式:参考文献、主要参考文献、材料来源、资料来源、注、注释、附注、(文中页下)脚注、(文中穿插)见等。注有"参考文献略"字样的文章只在统计来源文献时计算。

1.1 引文量的统计

表 1 是将所有来源文献即被统计的全部研究论文按引文量的区间分布进行的统计。

表 1　来源文献引文量的区间分布

来源文献量 / 年份 / 计量单位 / 引文区间(篇)	1981		1984		1987	
	篇	占当年论文总量%	篇	占当年论文总量%	篇	占当年论文总量%
0	279	78. 6	466	72. 2	484	76. 5
1 — 4	32	9	98	15. 2	72	11. 4
5 — 9	29	8. 2	53	8. 2	53	8. 4
10 — 14	9	2. 5	18	2. 8	9	1. 4
15 — 19	3	0. 8	5	0. 8	3	0. 5
20 — 29	1	0. 2			5	0. 8
30 —	1	0. 2	2	0. 3	3	0. 4
引文量不详	1		3		4	
合计	355	100. 0	645	100. 0	633	100. 0

由表中数据可见：无引文的研究论文数量很大，各年中占论文总量 3/4 左右，反过来说，只有 1/4 的研究论文才公布或者说才描述引文文献；引文多在 1 — 9 篇之间，以 1 — 4 篇为最多；具有 10 篇以上引文的研究论文数量很少，且未见明显上升趋势。

关于引文文献量、研究论文平均引文量及引文中位数的计算结果见表 2。

表 2　关于引文量的一些计算数据

项目	1981	1984	1987
①引文量(篇)	484	916	935
②引文为 0 的研究论文量(篇)	279	466	484
③研究论文总量(篇)	355	645	633
④平均引文量① ÷ ③	1. 37	1. 42	1. 48
⑤中位数(③ ÷ 2) ÷ ②	0. 64	0. 69	0. 65

注：$Me = X_L + \frac{\sum f/2 - S_{m-1}}{f_m} \times i$

其中：X_L 为中位数所在区间的下限，本例为 0；S_{m-1} 为中位数前区间的累计篇数，本例为 0；f 为研究论文总量；f_m 为中位数所在区间的引文篇数；i 为区间值，本例为 1。

表2提供的信息可以说明:引文量在1984年时增长较快;平均引文量、引文中位数的数字较小,且未表示出明显增长的趋势;从总体上来说,研究论文的引文量很少,说明该学科文献间的内在联系有限,前后连贯性不强,学科内的情报交流亦不够充分。

1.2 引文年限的统计

本文对明确说明引文年代的引文做了引文年限的统计(史书、史料不计算在内)。分两个时间段:7年以内和7年以上(包括7年)。该划分标准系参考美国的统计研究,见参考文献5。统计结果见表3。

表3 对引文年限的统计

引文年限	1981		1984		1987	
	篇	%	篇	%	篇	%
<7年	236	73.3	540	90.5	534	76.8
≥7年	86	26.7	57	9.5	161	23.2
合计	322	100.0	597	100.0	695	100.0

由表3可见,7年以上的引文在1981年、1987年时均占引文总量的1/4左右,而1984年时只占1/10不到,出现了远年引文两头多、中间少的情况。这一现象是与我国图书情报学的发展情况相吻合的。1981年时,由于专业研究重新起步不久,所以有许多文章参考了国内50年代末60年代初的专业文献,也有不少远年引文是国外60—70年代间的文献。1984年时,我国该专业的研究段拓宽很快,研究论文量亦大幅度增加,故大量的引文集中在本国近年的文献上。到1987年,专业的研究进一步深入,特别是情报系统设计与自动标引等方面的研究大量地引用国外70年代的文献,使远年引文量回升。

另据对1987年的研究论文中引文量的具体统计表明,引用1987年的论文开始逐年增多,约20篇;引用1981年的上升速度加快,接近60篇;引用1985年的达到高峰,达130多篇。引用当年(1987年)的文献虽有一些,但不多。学科研究中,引文均为研究进行年份前10年之内的文献,其中以2—3年的为较多。

1.3 研究方法、内容与引文关系的统计

按研究方法对引文量的统计见表4。由表4可见,以抽象法、描述法和历史法进行研究的引用文献较多。其中,抽象法的论文多数是文献综述类,而描述法和历史法则往往用来介绍国外的经验做法和总结整理历史事件等。从引文平均量看,文献研究与数学方法形成的论文引文量较多。调查研究方法的论文引文量过小,中外文的引用均有限,可见我们在这方面的研究还未达到一定的水平。

表4 按研究方法对引文量的统计

研究方法	1981				1984				1987			
	引文量(条)	引文率(%)	论文数(篇)	篇均引文量(条)	引文量(条)	引文率(%)	论文数(篇)	篇均引文量(条)	引文量(条)	引文率(%)	论文数(篇)	篇均引文量(条)
抽象法	155	32	132	1.17	368	40.2	259	1.42	412	44.1	273	1.51
经验总结分析	1	0.2	46	0.02					5	0.5	54	0.09
历史法	98	20.3	38	2.58	199	21.7	80	2.49	102	10.9	58	1.75
描述法	172	35.5	85	2.02	158	17.2	116	1.36	212	22.7	114	1.86
实例分析	16	3.3	31	0.52	62	6.8	52	1.19	42	4.5	68	0.62
调查法	4	0.8	8	0.5	14	1.5	20	0.7	4	0.4	13	0.31
文献研究	12	2.5	4	3	37	4	15	2.47	123	13.2	18	6.83
数学方法	17	3.5	3	5.67	56	6.1	12	4.47	19	2	9	2.11
二次分析法					8	0.8	9	0.89	2	0.2	2	1
比较方法					9	1	9	1	9	1	8	1.13
新设计	9	1.9	4	2.25	5	0.5	.7	0.71	5	0.5	9	0.56
合计	484	100.0	355	1.36	916	100.0	645	1.42	935	100.0	633	1.48

按研究内容对引文量的统计见表5。

表5 按研究内容对引文量的统计

研究内容	1981				1984				1987			
	引文量(条)	引文率(%)	论文数(篇)	篇均引文量(条)	引文量(条)	引文率(%)	论文数(篇)	篇均引文量(条)	引文量(条)	引文率(%)	论文数(篇)	篇均引文量(条)
综论	114	23.6	53	2.15	213	23.3	99	2.15	115	12.3	73	1.58
图书情报事业	25	5.2	27	0.93	72	7.9	70	1.03	79	8.4	69	1.15
理论研究	185	38.2	68	2.72	359	39.2	131	2.74	489	52.3	130	3.76
应用研究	150	31	192	0.78	229	25	298	0.77	225	24.1	316	0.71
其他	10	2.1	15	0.67	43	4.7	47	0.91	27	2.9	45	0.6
合计	484	100.0	355	1.36	916	100.0	645	1.42	935	100.0	633	1.48

由表5可见,引文率几年中均以“理论研究”与“应用研究”为高,“理论研究”逐年上升,1987年上升幅度较大,“应用研究”则有所减少。篇均引文量以“理论研究”与“综论”的数据为高。“理论研究”的平均引文量1987年上升较多,这与该年检索理论、检索语言、文献计量研究、自动标引方面研究的引文量增加较多有关。“综论”的篇均引文量下降较多,这是研究专业历史、介绍国外专业状况的文章有所减少造成的。“应用研究”篇均引文量还不足1篇,且逐年稍有下降。这从一个侧面说明我们的应用研究还比较封闭,理论上的相互借鉴做得不够,研究水平有待提高。

1.4 引文文献类型的统计

按文献类型统计的引文量见表6。

表6 按引文文献类型统计的引文

引文类型	1981		1984		1987	
	引文量	占引文总量（%）	引文量	占引文总量（%）	引文量	占引文总量（%）
图书	203	41.9	381	41.6	367	39.3
其中史书(种)	97		76		77	
论/译文集	2		13		23	
期刊(含报纸)	226	46.7	434	47.4	467	50
会议	7	1.5	20	2.2	20	2.1
科技报告	2	0.4	5	0.5	2	0.2
学位论文			2	0.2	7	0.7
标准	1	0.2	10	1.1	5	0.5
资料 *	26	5.4	35	3.8	42	4.5
其他 **	17	3.5	16	1.8	2	0.2
合计	484	100.0	916	100.0	935	100.0

注:“资料”:包括内部发行单行本、讲义、讲稿、档案、统计公报、规划、机检手册、宗谱、杂记、调查记录、书店预订单等。“其他”:包括那些原文中未交代。统计时无法分辨文献类型的引文。

由表6可得出4条结论:

(1)图书与期刊为主要的引文类型。其中,图书引文逐年有所减少,特别是史书、史料的引用量明显下降,这与历史法对专业史的研究减少有关;期刊引文逐年有所增多。

(2)自1984年起会议论文的引用量上升,但引用量不很大,说明会议文献的传递交流工作有待加强。引用本国本专业的学位论文1987年后升幅较大,显示图书情报学高层次教育的发展,论/译文集引文量逐年增加。

(3)标准、科研报告在1984年时被引用得较多,前者是由于当时进行文献著录标准化方面研究的需要,后者在1984年间被引用的主要是国外早年的科技报告。

(4)“其他”项目下引文量逐年减少，意味着作者对引文类型的认识提高，引文著录标准化的问题已逐渐被作者和编辑出版者所重视。

图 1 是以 1987 年为例，对全年引用 1970 －1987 年间的图书与期刊文献数量的比较。

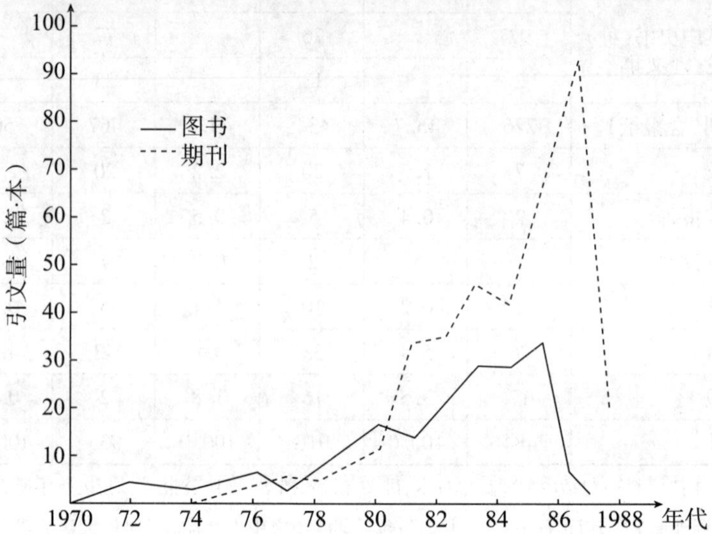

图 1　1987 年引用书刊文献数量的比较

从图中可见，近期引文中，期刊引文远多于图书引文；远期引文中，图书引文稍多于期刊引文。期刊引文的峰值在研究进行前的 1 －2 年中，图书引文则在前 2 －5 年中，近期引文中，图书引文的升降幅度较小，而期刊引文的升降幅度较大。

1.5　引文学科的统计

本文对引用图书馆学、情报学与其他学科的文献分别进行了统计，统计数据见表 7。

表 7 对专业内外学科引文量的统计

学科	1981		1984		1987	
	引文量（篇）	占比	引文量（篇）	占比	引文量（篇）	占比
图书馆学、情报学	318	65.7	645	70.4	683	73.1
其他学科	69	14.2	195	21.2	175	20.3
史书(料)	97		76		77	
合计	484		916		935	

将非图书馆学、情报学的引文按学科的统计数据列于表 8。

表 8 对非图书馆学、情报学引文的统计

学科名称	1981	1984	1987
马列	4	24	6
哲学	13	58	28
心理学	12	3	8
社科综论	12	10	17
政治	2	4	
经济		26	
管理	6	3	4
文化教育	3	9	7
语言文字	2		44
科技综论	3	24	9
数学	3	8	6
医学	4	7	3
计算机、自动化	1	4	24
综合类文献	4	15	19
合计	69	195	175

注:史书(料)未列。

表 7、8 中的数据提供下列信息:

(1)非图书情报学科的引文在 1981 年只占引文总量的 14%,而

1984、1987两年超过20%。我国图书馆学情报学专业研究开始较快、较多地接受其他学科的研究成果。

(2)1984年间引用马列、哲学类文献的引文量较大,这与当时对理论基础的讨论有关。到1987年,这两类的引文都大幅度减少,可见这场讨论已经降温。

(3)引用语言文字和计算机、自动化方面的文献在1987年猛增,前者主要用于检索语言、自动标引方面的研究,后者则主要用于情报系统的设计、计算机在图书馆的应用研究。

(4)经济类的引文量1984年较多,与当时研究图书馆的经济效益有关。

(5)心理学的引文数量一直不多,对于有着广大读者的图书馆、情报机构来说,这从一个侧面反映了对读者的研究还不够深入。

2 与美国引文数据的比较

2.1 美国引文分析的部分数据

有关引文区间的统计、近远期引文的统计以及引文文献类型和引文学科的统计数据参见参考文献5。有关引文平均数与中位数的计算数据见表9。

表9 美国图书情报学期刊引文统计

年份	引文量(条)	研究论文量(篇)	篇均引文数(条)	中位数(篇)
1950	196	50	3.9	1.7
1960	471	68	6.9	2.5
1965	785	109	7.2	4
1970	1575	223	7.1	5.2
1975	2307	266	8.7	5.8
1980	4848	343	14.1	9

表 10 是以 1980 年为例，对研究方法与引文关系的统计数据。

表 10　美国按研究方法对 1980 年本专业期刊引文的统计

研究方法	引文量（条）	占引文总量（%）	研究论文量（篇）	篇均引文量（条）
理论方法	1158	23.9	82	14.1
情报系统设计	332	6.8	30	11.1
调查与实验法	1391	28.9	160	8.7
文献计量法	356	7.3	42	8.5
内容分析法	112	2.3	11	10.2
二次分析法	428	8.8	27	15.9
历史法	997	20.6	28	35.6
描述法（含书目）	12	0.2	1	12.0
比较研究	47	0.9	3	15.7
其他	15	0.3	2	7.5
合计	4848	100.0	（386）343	14.1

在美国本专业的研究中引用文献的数量较大，其中历史研究、二次分析研究、比较研究和理论研究的篇均引文量最高，这是因为这些研究课题（尤其是历史研究）须借助大量文献进行。然而更令我们注意的是调查与实验研究的论文量之大、引文篇数之多这一情况。调查与实验研究占研究总量的近一半，且篇均引文量亦不低。由此可见美国图书情报学者的材料功夫。

2.2　部分可比数据的并置比较

表 11 是对两国部分引文可比数据的并置结果。

表 11　中美两国部分引文可比数据的并置比较

比较项目	共同点	差异点		
			中国	美国
引文总量	呈逐年增长趋势	平均引文量,美国>中国引文中位数,美国>中国	平均数:1981 年 1.42《情报科学》一刊引文平均数:1987 年 5.4 中位数:1984 年 0.69	平均数 1975 年 8.7,1980 年 14.1 中位数,1975 年 5.8
0 篇引的论文量	逐年减少	中国>美国	历年均占论文总量的 70% 以上	1950 年 42%,1975 年 16%
单位文章引文量	以 1—9 篇引文为多	10 篇以上多引文的论文量,美国>中国	10 篇以上多引文的论文量占论文总量 1984 年 3.9%,1987 年 3%	1950 年 12%,1960 年 16%,1970 年 28%,1980 年 48.5%
与研究方法的关系	理论研究、历史研究的引文量占引文总量的比值均较高。	①来源文献量最高的研究方法不同 ②调查与实验研究的引文量对比悬殊 ③理论研究的篇均引文量,美国>中国	抽象理论方法 1984 年占引文总量比值 1.5%;篇均引文量 0.7,1984 年 1.42 篇;1987 年 1.51 篇	调查实验方法 1980 年占引文总量比值 28.9%,篇均引文量 8.7,1980 年 14.1 篇
引文文献类型	均以图书期刊为引文的主要文献类型;期刊引文一般均多于图书引文;图书引文量近年均少于早年。	①刊/书的比值,美国>中国 ②研究报告、学位论文引文量,美国>中国	1984 年 1.15∶1;1987 年 1.25:1,几年中均未超过引文总量的 1%	1975 年 1.93:1;1950 年 15%;1965 年 19%;1975 年 15%
引文年限	均以 7 年以内的近年引文为多	≥7 年的引文量,中国略少于美国;而早期,美国的远年引文量较大。	1981 年 26.7%;1984 年 9.5%;1987 年 23.2%	1950 年 43%,1960 年 23%;1970 年 23%;1975 年 27%
引文学科	引用本学科内、外文献的比例基本相当	早期,引用专业内文献的比值,美国>中国	1981 年 65.7%	1950 年 91%

2.3 比较分析

(1)总的来说,我国图书情报学研究论文的引文数量较少,从一个侧面说明我们没有充分继承与借鉴已有的研究成果,学科发展的前后连贯不够紧密;我们的研究人员与编辑出版人员对引文的描述不够重视。

(2)我国理论研究的数量虽多,但引文数量却未同步增长,这也许可说明我国理论研究多是个体进行的特点。

(3)我国研究论文引用研究报告、学位论文类文献的引文量远小于美国。这说明我国图书馆学、情报学领域非正式、非公开发行渠道的文献情报交流很不充分。

(4)我国研究论文的远年引文量与美国60年代以后的数据相当,这说明我国该门学科较新,学科的研究基础还不够厚实。而美国50年代的远年引文量很大,可见他们早期的研究除了起步早外,还是有较强功底的。

(5)我国引用外专业文献的数量与当前美国研究的情况相近,说明我国的研究开始注意吸收兄弟学科研究的成果。但需要说明的是,有部分引用外专业文献进行的研究,其目的是在于建立一门新的交叉学科或边缘学科,而不是用来促进本专业的具体研究。对比起来,美国早年的研究更多的是参考本专业的文献,占90%以上,他们的研究作风较为务实具体,而且研究得透彻一些。

(6)尤其需要引起我们重视的是,从引文与研究方法关系的角度再一次说明,中美两国研究论文中最多使用的方法截然不同,前者多为抽象理论方法,后者则多为调查实验方法,也可能与他们重实际、重实用的思想风格有关。

3 几点建议

(1)应加紧研究与引进一些先进的、实用的研究方法,如调查法、实验法、内容分析法等。

(2)论文著者、专业刊物编辑人员应重视引文描述,控制0篇引文作品的发表量。

(3)继续强调引文著录标准化的问题。

(4)更深入地进行有关引文的研究。

(5)为创立我国自己的引文检索系统,摸索一些方法,积累一些经验,出一些研究成果。

参考文献

1 Feehan, Patricia E. et al. Library and information science research: an analysis of the 1984 journal literature. Library and Information Science Research, 1987(9)

2 Nour Martyvonne M. A quantitative analysis of the research articles published in core library journals of 1980. Library and Information Science Research, 1985(7)

3 Peritz Bluma C. Citation characteristics in library science: some further results from a bibliometricsurvey. Library Research, 1981(3)

4 陈子玲. 我国图书馆学专业核心期刊试选. 黑龙江图书馆,1987(4)

5 华薇娜. 美国图书馆学情报学核心期刊文献分析研究述要. 中国图书馆学报,1991,17(1)

6 吴慰慈. 论比较图书馆学的特征、目的、内容和方法. 大学图书馆通讯,1987(1)

7 吴可杰. 统计学原理. 南京:南京大学出版社,1988

原载于《中国图书馆学报》,1995年第3期

我国80年代图书馆学情报学研究状况的定量分析

在美国的图书馆学、情报学研究中，通过对核心期刊文献的定量统计来分析这一学科领域的研究方法、研究内容(主题)、研究对象、研究的技术手段等方面实况的研究工作是自1977年开始的，之后续之不断。本文试图参照美国的这一研究模式，借助他们的方法，对我国同方面的情况做统计分析，以使我们能清楚、准确、深入地了解我们研究工作的实际，并为我们今后做跨国度的横向比较打下基础。

本文的样本选择基于陈子玲、李莎对图书馆学和情报学核心期刊的研究成果。在他们已确定的核心期刊的范围内随机抽取位次为上、中、下的期刊共7种。为了便于与美国同期的统计结果做横向比较，以及对国内的研究情况做纵向比较，确定1981年、1984年和1987年为本次统计的时间范围。据此，参照美国研究中心对研究论文的定义并根据我国图书馆学、情报学研究的实际，本文采用“排除法”两次筛选，共选得统计范围内样本刊物的研究论文数量为：1981年，355篇，占全年样本刊物文章总数的59.5%；1984年，645篇，占全年样本刊物文章总教的63.5%；1987年，633篇，占全年样本刊物文章总数的71.8%。

1 关于研究方法

按所使用的研究方法对统计范围内研究论文数量的统计见表1。

表 1　按研究方法统计的论文量

论文量 年份 计量单位 研究方法	1981		1984		1987	
	篇	占论文总数的比值(%)	篇	占论文总数的比值(%)	篇	占论文总数的比值(%)
理论分析法	132	37.2	259	40.2	273	43.1
经验总结分析法	46	12.9	58	9.0	54	8.5
历史法	38	10.7	80	12.4	58	9.2
描述法	85	24.0	116	18.0	114	18.0
实例分析法	31	8.7	52	8.1	68	10.7
调查法	8	2.3	20	3.1	13	2.1
其中:问卷方式	1		6		1	
文献研究	4	1.1	15	2.3	18	2.8
其中:引文分析	2		5		6	
自动标引					8	
数学方法	3	0.8	12	1.9	9	1.4
二次分析法	2	0.6	9	1.4	2	0.3
比数分析法	2	0.6	9	1.4	8	1.3
其中:跨国比数	1		3		5	
新设计	4	1.1	7	1.1	9(+7)*	2.5
其中:情报系统设计	1		4		6(+7)	
实验方法	0		0		(+7)	1.1
内容分析法	0		0		0	
专家法	0		0		0	
其他			8	1.2	7	1.1
合计	355		645		633	

*(+?)表示该数据已列入其他方法中,这里作为次要方法重复计算。

由表 1 统计数据可见:

(1)理论分析法是历年中使用得最多的方法,占论文总量的 1/3

强，并呈逐年上升趋势。与其他方法相比，理论方法占绝对优势，且多年来始终居高不下，已成为图书馆学、情报学研究中的一个主要方法，对我国图书馆学、情报学研究的水平和方向有很强的左右作用。这一统计数据与对北京大学、武汉大学硕士论文研究方法的统计结果基本吻合，其理论分析法的使用率为54.18%。

但是，在很多情况下，仅仅依靠抽象的方法，在思维过程中通过概念的判断、分析、归纳、推理等来进行研究是不够的，不易产生较高的可信度。例如，在所统计的三年抽样期刊中，利用理论分析法提出的新学科名称有：情报社会学、读者学、交流学、期刊学、资料论、图书馆实用美学、读者目录学、图书馆学经济学、文献经济学、摄影情报学、咨询学、图书馆协作学、图书馆工效学、社会科学情报学、图书馆时间、图书馆劳动等。这些研究大多是在思维领域进行，逻辑地论证了所提学科的定义、对象、任务、性质、内容、研究方法、理论基础等，有的还直观地判断新学科的必要性、可能性以及建立该学科的障碍等。除了“读者目录学”的提出是通过问卷调查，用定量的数据反映了这门学科的现实基础和社会要求外，其余的均为定性分析，多数文章未提供引文。

再如，在1987年的抽样论文中，以“发展战略”“对策”“展望”等为题来预测我国图书馆事业发展的文章共达13篇。它们全都以理论分析法进行研究，都以定性的分析来预测发展方向、发展趋势，缺乏说眼力。假若通过其他方法，如调查法、专家法收集一定的数据，然后据以分析预测，或通过实验法来验证所提出的假设，其结果也许可信得多。

（2）使用得最少的方法为实验法、内容分析法、专家法。这些方法在抽样的历年研究中几乎从未被采用过（在“情报系统设计”类目下有7篇关于自动标引的研究论文采用了自然科学的实验方法进行了验证，故也列于“实验法”类目下，但严格意义上的社会科学实验研究方法的文章在三年抽样论文中均未见）。

（3）呈上升趋势的方法为文献研究法和情报系统设计。“文献研究”是图书馆学、情报学研究领域的一种特殊研究方法。定量地分析文献情报流是该法的一个重要特征。文献研究方法上升的趋势，说明该方法已被我国研究人员逐步接受并运用起来。文献研究中有关自动标引的内容在1981、1984年抽样论文中未见一篇,而在1987年中便出现了8篇,其中经过实验的有7篇,说明我国对情报检索自动化,尤其是存储的自动化的研究在80年代中后期有了较快的进展。

(4)呈下降趋势的方法有描述法和经验总结分析。历史法略显下降趋势。这几种方法逐年减少的趋势,反映了我国图书馆学、情报学研究正逐步从总结历史转向面对现实、面对将来,逐步从单纯的经验描述转向揭示事物本质,建立科学理论体系。只是这种下降趋势尚不很明显。这些方法在总结历史、推广工作经验方面虽然是很重要的,但如果老是停留在历史的回顾、经验的描述上,我们的研究便不可能有很大的进步。

(5)采用调查法的研究论文几年中均有一些,其中部分是对图书馆借阅量的统计调查,部分是对图书馆办馆形式的走访调查(如农村图书室、个体图书摊),还有一些则是问卷调查(多为对读者情报需求的定量分析)。但总的来说,调查法占论文总量的比值很小,即使是达到最大值的1984年也只占3%,其中问卷调查和面谈调查的数量相对更少。调查方法的清淡局面,可能与图书情报界未予积极提倡、鼓励和扶持有关。

2 关于研究内容

按研究内容(或主题)对论文数量的统计见表2。

表2 按研究内容统计的论文量

研究内容 \ 论文量 \ 年份 / 项目	1981		1984		1987	
	篇	占当年论文总量的比值(%)	篇	占当年论文总量的比值(%)	篇	占当年论文总量的比值(%)
综论	53	14.9	99	15.3	73	11.5
图书馆史、图书馆学史	36		62		38	
图书情报与社会	6		9		7	

续表

研究内容 \ 论文量 \ 项目 \ 年份	1981 篇	1981 占当年论文总量的比值(%)	1984 篇	1984 占当年论文总量的比值(%)	1987 篇	1987 占当年论文总量的比值(%)
外国图书馆、图书馆学	11		28		28	
图书情报工作与事业研究	27	7.6	70	10.9	69	10.9
图书情报学教育	3		13		9	
图书馆地位、职能	1		6		5	
法规、标准、职业道德			9		4	
各类型馆(所)	18		26		15	
事业建设与发展	5		16		36	
理论研究	68	19.2	131	20.3	130	20.5
综述	15		32		43	
基础研究	18		44		31	
情报交流、组织、系统	22		36		40	
文献计量(含自动标引)	8		11		10	
目录学	5		8		6	
应用研究	192	54.0	298	46.2	316	49.9
行政管理	19		41		46	
公共服务	59		66		88	
技术加工	85		120		86	
文献开发与利用	16		20		41	
建筑与环境			9		5	

续表

研究内容 \ 项目 \ 论文量 \ 年份	1981		1984		1987	
	篇	占当年论文总量的比值(%)	篇	占当年论文总量的比值(%)	篇	占当年论文总量的比值(%)
资源共享	3		7		15	
读者研究	4		23		19	
自动化、现代化	6		12		16	
其他	15	4.2	47	7.3	45	7.1
合计	356		645		633	

由表2数据可见,

(1)从总体上来说,多年来一直是应用研究多于理论研究,图书馆学、情报学研究多于图书情报工作与事业的研究。

(2)多年中一直占较大篇幅的研究内容有:图书馆与图书馆学史,图书馆学、情报学基础理论与综述,情报交流、组织与系统,图书情报机构的行政管理,公共服务和技术加工。其中,公共服务与技术加工的研究比例最大。

(3)呈明显上升趋势的研究内容看:图书情报事业的建设与发展,图书馆学情报学研究综述,行政与管理,资源共享,自动化和现代化。

(4)呈明显下降趋势的研究内容有:图书馆与图书馆学史,文献的技术加工。具体来说,1981－1984年间,由于各项工作起步不久,故较多地回顾历史,而1984年后,对“史”的研究明显减少。图书馆内部各种技术加工工作研究逐年减少,而对外公共服务的内容有所增加,反映出研究的侧重点逐步由图书馆内部转向读者工作。

(5)结合研究方法来看,虽然应用研究的论文量远多于理论研究的论文量,但应用研究的研究方法仍然多用理论分析法(占应用研究总量的40%－45%左右),大多文章从理论上来分析其作用、性质、目的、意义等。

(6)在应用研究中,对于文献开发与利用的研究和自动化、现代化的研究多用描述法,主要在于介绍国外的情况;而在技术加工的研究中则较多地以实例分析法来举例论证说明。

(7)应用研究最须使用的调查法历年来用得很少。虽在读音研究中为了解读者的情报需求有一些调查研究,在流通阅览研究中也有少量的调查借阅数据的例子,但更多的是以理论分析法进行的研究。其他研究,包括行政与管理、用户教育、参考咨询、读者工作等,运用调查法的就更少了,而这些研究很需要通过对馆员或读者的调查来进行,诸如方案选择、效果评价和前景预测等方面的研究。

(8)在公共服务研究中,参考咨询方面的研究逐年增多。用户教育方面的研究在1984年时上升幅度较大,多为"文献检索与利用"课程方面的讨论。这两类研究的增多,意味着图书馆服务水平的提高。流通方面的研究在1981年时最多,其中多数文章讨论开、闭架问题。而1984年流通方面的研究减少了近2/3,1987年又有所回升,增加了不少定量分析研究。可见,流通研究的水平亦在提高。

(9)在技术加工研究中,藏书建设的研究论文数一直占应用研究论文总数的10%以上。分类编目研究的下降趋势较强,1981年时主要讨论如何改用分类法的问题,1984中有不少文章讨论著录标准,而1987年则有一些文章将新的科技理论引入分类研究中。可见,这类研究的论文数量虽在减少,但研究水平却在提高。图书馆目录和期刊工作的专门研究均呈逐年下降趋势。

(10)在读者研究中,一般论述阅读行为及对读者整体性的研究多于对具体类型的读者的研究,前两项约占半数。在对具体类型读者的研究中,又以对学生读者的研究居多,而对专业读者的研究数少,对儿童读者的专门研究最少。

3　关于研究对象

这里所说的研究对象,指的是研究论文所联系或所涉及的图书情报机构实体。涉及图书馆、情报所的研究论文数按研究对象的类型统计见表3。由表3和相关统计数据可见:

(1)在我国图书馆学、情报学研究中,联系具体图书情报机构实体的研究一般仅占全部研究的1/5－1/4左右,而相当数量的研究则不涉及具体机构。

(2)在联系实体的研究中,又以涉及公共图书馆与高校图书馆的研究居多,其他类型图书馆的研究力量相对较弱。

表3　按图书情报单位类型对论文量的统计

图书情报单位类型 \ 论文量(篇) \ 年份	1981	1984	1987
公共图书馆	26	48	52
高校图书馆	29	40	59
研究所、专业图书馆	12	6	10
情报机构	5	6	4
中专、中学图书馆	1	9	5
少儿图书馆	2	4	5
基层图书馆(厂企、农村)	6	16	11
群众自办图书馆		2	2
合计	81	131	148
占当年研究论文总量的%	22. 8	20. 3	23. 4

(3)联系实体的研究的方法主要是理论分析法与经验总结分析,历年中均占绝大多数,其余方法用得很少。说明我们的研究较大程度上重抽象、欠具体,较多研究浮于表面,而深入实际、脚踏实地不够。

(4)联系实体的研究主要是应用研究,其他方面尤其是理论方面的研究大部分与图书情报实体的联系不很紧密,这就很清楚、很深刻地反映出了我们的理论研究在相当的程度上脱离实际这一十分严峻又十分恼人的现实。

4 关于定量分析技术

本文也对抽样期刊中通过定量分析进行研究的论文做了统计，其结果为：1981 年定量分析论文数 15 篇，1984 年 39 篇，1987 年 43 篇。总的来说，定量析的论文数量较少，占论文总量的比值只在 4.2%—6.8%之间，但从发展趋势看，定量分析论文数逐年增长。

按研究方法对定量分析论文数的统计结果列于表 4，部分研究方法定量论文的比较数据列于表 5。

表 4　按研究方法对定量研究论文量的统计

论文量 / 年份 / 计量单位 / 研究方法	1981			1984			1987		
	①篇	②篇	③%	①篇	②篇	③%	①篇	②篇	③%
理论分析法	1	132	0.7	1	0.259	0.3	1	273	0.3
经验总结分析	1	46	2.2				1	54	1.9
历史法	1	38	2.6	1	80	1.3			
描述法				1	116	0.8	1	114	0.9
实例分析	1	31	32.3	3	52	5.8	11	68	16.2
调查法	6	8	75	14	20	70	11	13	84.6
文献研究	4	4	100	13	15	87	11	18	61
数学方法				5	12	42	3	9	33.3
二次分析法	1	2	50	1	9	11	2	2	100
比较分析法							1	8	12.5
新设计							1	9	11
合计	16	365	4.2	39	645	6	43	633	6.8

* ① = 定量分析论文量；② = 当年该方法的论文总量；③ = ① + ②

表 5　部分研究方法定量论文量的比较

	调查法、文献研究、数学法、二次分析			理论分析法、经验总结分析、历史法、描述法		
	1987 年	1984 年	1981 年	1987 年	1984 年	1981 年
该方法的定量论文/全部定量论文(%)	73.3	84.6	62.8	20.0	7.7	7.0
该方法的研究论文/全部研究论文(%)	4.8	8.7	6.6	34.8	79.5	78.8

上述两表的统计数据十分清楚地表明了研究方法与定量分析之间十分密切的关系。产生定量论文的研究方法主要是调查法、文献研究法、数学法和二次分析法，占全部定量论文的 2/3 以上，远远大于理论分析法、经验总结分析历史法和描述法的定量论文量。但从研究论文的相应比值来看，大小次序则正好相反，进一步说明了能产生较多定量论文的研究方法在我们的研究中被利用程度很小这样一个事实。另外，调查法、文献研究法、数学法、二次分析法的定量与非定量论文之比，一般都是定量多于非定量，有时高 100:1，可见这些方法在定量描述方面的优势。

从研究内容角度看，应用研究的定量论文量在全部定量论文中占多数，尤以管理和读者研究方面的定量论文较多。理论研究的定量论文在 1984、1987 年都只占应用研究定量论文数的一半左右，如果除去文献研究与检索系统方面的论文，纯理论的研究绝大部分是非定量研究。

5　分析与思考

通过对我国 80 年代图书馆学、情报学核心期刊的抽样统计，并从不同角度进行了多方面的、纵向的、历时的比较分析，我们可以看到，总的说来，我国图书馆学、情报学研究的深度逐步发展，研究面越来越宽,研究的水平逐年提高。但从具体方面来看,我们在研究的方法、内容、与研究对象的联系程度以及研究的技术手段等方面都不同程度地存在着许多薄弱之处,主要表现在:

(1)在研究方法上理论联系实际不够。目前,我们大多数的研究是在思维领域中进行的,多依据理论、经验或直觉来导出结论。

当然,理论方法有其不可取代的优势。一个学科的存在与发展,离不开本学科理论研究水平的提高。离不开理性的抽象与理论的提炼。但不能过分扩大理论方法的应用范围。因为,一般来说,抽象思维由于缺乏事实材料做依据,又不依靠任何物质手段,很难构成科学思想的体系,也很难以此来促进整个学科的发展。为什么图书馆学、情报学研究中互相抄袭、剽窃的现象比较严重?为什么有人言这个"学"、那个"论",尚不如解决图书馆乱架这样一个小小的问题更富有价值?原因可能在于我们的研究中理论抽象过多。"我们的研究工作者往往满足于'琳琅福地、翰墨姻缘',无心去做艰苦细致的研究,喜欢不大费劲于现象描述和经验总结",导致理论与实际之间越来越严重的脱节。

(2)研究的具体性与深度不够。我们的研究重一般,轻个体,多关注普遍性的问题和事件,而缺乏对具体事物的深入研究与分析。这与研究方法的偏颇是相应的,大量的理论研究是从全周、整体、宏观的角度进行的。

(3)大量的研究远离图书馆和情报机构实体。许多研究人员埋头于书斋里研究图书馆学、情报学,而忽视深入到图书馆、情报所中,深入到读者与馆员中去做大量的艰苦细致的调查研究。

(4)定性分析远远多于定量分析。这说明我们在研究的深度与精确度方面还不够进步。回顾科学的历史过程,我们就会发现,无论是自然科学还是社会科学,都是从初始的定性描述发展为定量描述的,这是科学学科发展的必然之路。只有达到定量描述阶段的学科才能称得上是成熟的学科。

综上所述,在我国图书馆学情报学研究中,虽然我们的理论研究不断的拔高,虽然每年的论文出版量数以万计,但并不能据此认为我们的研究水平亦很高。对于我们的理论界来说,对于我们专业研究工作者来说,目前的当务之急应该提倡、鼓励、促进理论联系实际的研究作风,重调查、重验证,加强和充实深入实际的研究,加紧研究与引进一些先进的实用的研究方法,大力加强定量分析研究,让更多的人知道定量分析方法不仅仅是文献计量研究人员的事,而是所有研究人员都应掌握的分析研究技术。通过这些突破与改进,使我们的研究、我们的事业真正地繁荣兴旺起来。

参考文献

1 Feehan Patricia E, et al. Library and information, science research) analysis of the 1984 journal literature. Library and Information Science Research,1987(9)

2 Nour Martyvonne M A. Quantitative analysis of the research articles published in core library journals of 1980. Library and Information Science Research, 1985(7)

3 Peritz Bluma C. The methods of library science research: some results from a bibliometric survey. Library Research, 1980—1981(2)

4 布沙·查尔斯. H,哈特·斯蒂芬. P;吴彭鹏译. 图书馆学研究方法. 北京:书目文献出版社,1987

5 陈子玲. 我国图书馆学专业核心期刊试选. 黑龙江图书馆. 1987(4)

6 华薇娜. 美国图书馆学情报学核心期刊文献分析研究述要. 中国图书馆学报,1991(1)

7 刘兹恒. 我国图书馆学情报学硕士论文的分析与研究. 大学图书馆学报,1993(3)

8 李莎. 中国情报学核心期刊. 情报业务研究,1986(3)

9 乔好勤. 试论图书馆学研究中的方法论问题. 图书馆学通讯,1983(1)

10 周荣生. 对图书馆学基础理论研究方向的认识. 图书馆学研究与工作,1987(2)

11 邹志仁,姜希强. 情报学基础. 南京:南京大学出版社,1987

原载于《情报学报》,1995 年第 9 期

1990—1993 年美国图书馆学博士论文定量分析

美国《国际学位论文摘要·A 辑:人文科学与社会科学》(*Dissertation Abstracts International·A: Humanities and Social Sciences*,以下简称 DAI·A)是收集和报道美国和其他部分英语国家人文科学与社会科学博士论文的权威性刊物,图书馆学是其中的一个类目。学位论文反映一个国家某一学术领域较高层次的研究实况和研究水平,而在美国的学位体制中,有不少学科硕士阶段不要求论文,故其博士论文就具有一定的普遍性。

1 概况

1.1 图书馆学博士论文量

本文根据 DAI·A 第 50 卷—54 卷(该刊为跨年卷,每卷自上一年度的 7 月起至下一年度的 6 月止)统计的 1990—1993 年美国图书馆学博士论文量,如表 1 所示。

表 1 中所述年份为文摘收录年,其报道的原始论文授予学位的时间以上一年度的为多。如 1993 年 65 篇论文中,当年 16 篇,1992 年 47 篇,1991、1990 年各 1 篇。4 年间每年仍在 60—70 篇之间,数量均衡,起落不大,故后文的统计大多基于总体的论文量,而不着重考虑各年度间的变化。

表 1　论文量的统计(单位:篇)

年份	1990	1991	1992	1993	合计
论文量	64	62	65	65	256

1.2　授予图书馆学博士学位的国家

按授予学位的国家统计的论文量见表 2。DAI · A 报道的博士论文绝大部分是美国的。故本统计中其他国家忽略不计。

表 2　按国家统计的论文量(单位:篇)

国家	美国	加拿大	英国	澳大利亚	南非	合计
论文量	236	8	8	2	2	256

1.3　授予图书馆学博士学位的学校

4 年中美国授予 5 名以上博士生以博士学位的学校如表 3 所示，共 187 篇。

表 3　美国授予图书馆学博士学位前 15 名的大学

序号	单位名称	论文量(篇)	比例(%)
1	匹兹堡大学	28	11.9
2	德克萨斯女子大学	23	9.8
3	印第安纳大学	18	7.6
4	北德克萨斯大学	18	7.6
5	哥伦比亚大学	17	7.2
6	佛罗里达州立大学	16	6.8
7	密歇根大学	11	1.7
8	伊利路易斯大学 Urbala 校区	10	4.2
9	威斯康星大学 Madison 学校	10	4.2
10	北卡罗来纳大学 Chapel Hill 校区	7	3.0
11	马里兰大学 College Perk	7	3.0

续表

序号	单位名称	论文量(篇)	比例(%)
12	德克萨斯大学 Austin 校区	7	3.0
13	阿拉巴马大学	5	2.1
14	加利福尼亚大学 Berkeley 分校	5	2.1
15	Rutgers 新泽西州大学—新布朗斯威克	5	2.1

美国其余 49 名博士生的学位由另外 34 所大学授予。此前,据美国的统计,1925 —1972 年美国授予图书馆学博士学位前 4 名的学校是:芝加哥大学、密歇根大学、哥伦比亚大学和伊利路易斯大学。4 所学校的学位论文数在当时占 50% 以上。1973 —1981 年前 4 名学校为:匹兹堡大学、Case Western Reserve、印第安纳大学和佛罗里达州立大学,占论文总量 30%[1]。

美国以外的 20 位博士生的学位授予单位分别为:加拿大 4 所大学,英国 3 所大学和 1 所研究院,澳大利亚 1 所大学和南非 2 所大学。

1.4 图书馆学博士学位类型

共 5 种类型,见表 4。其中,①ph. D 是美国最普遍的一种博士学位,已为中国人所熟悉,故沿用其原称,不汉译。②除加州大学伯克莱分校授予一个 D. L. S. 学位外,统计年中其余 17 个 D. L. S. 学位均由哥伦比亚大学授予。

表 4 按博士学位类型统计的论文数

学位名称代号	ph. D	Ed. D	D. L. S.	D. phil	D. SC.	合计
学位名称汉译	ph. D	教育学博士	图书馆学博士	哲学博士	科学博士	
论文数(篇)	211	25	18	1	1	256
比例(%)	82.4	9.8	7	0.4	0.4	100

与美国 1925 —1981 年这方面的统计数据相比,图书馆学领域文学博士和教育学博士论文有所减少,而 ph. D 论文则增加 5 个百分点[2]。

2 研究方法

文摘大部分能直接或间接地说明研究方法。按研究方法统计的博士论文量见表5,有时一篇文章不止一种研究方法;括号内的数字是对次要方法重复计算的论文量,但不计入百分比。表中研究方法的分类参考美国期刊文献分析时对研究方法的分类[3-4]和美国1973－1981年图书馆学博士论文分析时的分类[5]。

表5 按研究方法统计的论文

研究方法	论文量(篇)	比例
理论打法	1(+3)	0.4
调查法	134(+12)	52.3
实验法	26	10.2
文献计量法	28(+4)	10.9
内容分析法	9	3.5
数据分析法	11	4.3
历史法	25(+1)	9.8
比数研究	(+7)	
德菲尔法	(+2)	
个案分析法	2	0.8
其他	20	7.8
合计	256	100

2.1 调查法(Survey)

从表5数据看,调查法在美国图书馆学研究中占绝对优势。本文所统计的调查方法有:问卷法(questionnaire 或 mail survey)、面谈法(interview)、实地走访观察(observation, on-site visit 或 field visit)和综合调查(survey 或 investigation 以及前几种方法的综合运用)。

1990—1993 年美国图书馆学博士论文调查方法分项统计数据见表 6。在表 6 中,问卷法占的比例最大,其次是面谈法。另外,在综合调查方法中,还有相当数量的论文是用问卷与面谈并用的方法,而且具体操作仍然是问卷或面谈。可以说,问卷方法是美国图书馆学研究中使用频率最高的研究方法。

表 6　调查法分项统计

调查方法	论文量(篇)	比例(%)
问卷	69	51.1
面谈	25	18.7
实地走访观察	5	3.7
综合调查	35	26.1
合计	134	100

本文所统计的文摘中,有 51 篇论文说明了调查对象的人数,见表 7。由此可见,美国图书馆调查研究对象的覆盖面较大,大量的研究调查了百人以上,10% 左右的研究调查了千人以上。

表 7　问卷、面谈人数的统计

调查人数	论文量(篇)	备注
1000 人以上	5	最多 3885 人,最少 1192 人
500—900 人	8	
100—499 人	21	
20—2 人	14	
20 人以下	3	问卷最少的 6 人,跟踪调查了 3 年;面谈最少的 5 人,是 5 个在家念书的少年
合计	51	

文摘中明确说明问卷回收率(respondance rate)的有 25 篇,见表 8。

表 8 问卷调查回收率

回收率	论文量(篇)	备注
80% 以上	7	其中 90% 以上 2 篇
60%—79%	7	
40%—59%	6	
20%—30%	4	
20% 以下	1	
合计	25	50% 以上 15 篇,50% 以下 10 篇

调查方法论文部分篇名例述:

(1)问卷方法:

公共馆青年馆员的行为效果研究,V53,N10

密歇根大学美国学生与外国留学生利用图书馆技巧的比较,V53,N10

学术图书馆 1955—1975 年从杜威十进分类法向国会分类法的转变,V50,N11

密西西比 8 所四年制州立学院和大学学术馆员的职业地位,V50,N12

图书情报人员的职业兴趣,V51,N1

肖尔斯百科全书理论在拉美研究百科全书中的应用分析,V51,N10

大学图书馆影响 CD-ROM 终端用户指导的因素,V52,N5

图书馆学教员研究中的创造性,V53,N6

南卡罗莱纳高等教育评估对学术图书馆的影响,V53,N9

(2)面谈方法:

优质图书馆学校的特征,V50,N11

残疾儿童父母的情报与参考服务需求,V52,N9

人文学科学者非正式情报交流的定性研究,V53,N7

(3)实地走访观察:

巴西图书馆学教育和图书馆的作用,V51,N9

(4)综合调查:

美国东北部4所大型教学医院病员图书馆的探兹,V53,N6

2.2 实验法(Experiment)

统计列入实验方法的26篇论文分为3种类型:第一是纯理科性质的实验,即情报系统设计,有8篇论文;第二是仅有实验组、无控制组对照的实验,有9篇论文;第三是既有实验组又有控制组的实验,有9篇论文。

实验方法部分论文篇名例述:

(1)系统设计实验:

利用PRECIS标引中文文献的实验,V53,N9

计算机用的多词表间的联系问题,V54,N1

DDC分类表综合号码的自动分解,V54,N5

朝鲜文自动标引实验,V54,N5

(2)仅有实验组的实验:

用户语言与LC主题词的配合:改进图书馆联机目录主题入口的研究,V50,N7

联机检索终端用户进行暂停操作的研究,V54,N1

联机目录检索失误的分析,V54,N6

(3)实验组、控制组对照实验:

指导小学生利用图书馆两种指导方法的比较,V50,N8

图书馆联机目录主题检索书面指导书的作用,V50,N11

计算机检索策略用户指导,V51,N1

童话阅读对开发儿童想象力的作用,V53,N6

2.3 文献分析法(Document Analysis,Bibliome-tric)

共有论文28篇,其中引文分析论文10篇。分析的文献类型,除了期刊、图书外,还包括:书评,如《1924－1984儿童书评工作的发展》,V50,N11;单位年度报告,如《二年制大专学习中心执行专业标准的情况》,V51,N4;博士论文及其引文,如《1981—1985美国地科学博士论文引文特征》,V52,N4;退稿,如《生命医学科学退稿的引文分析》,V52,N6;国家,如《沙特、埃及、突尼斯的国家书目》,V52,N10。

2.4 其他

单纯的理论分析在这批博士论文中仅有1篇,但却是定量分析,篇名为《移动成像的机理与形式》。这与以往的研究结果并不相悖,在1973—1981年图书馆学1000篇博士论文中,理论分析论文也只有3篇左右[6]。还有几篇运用理论方法的论文是与其他方法结合进行的,如文献分析、问卷。单纯的理论方法,在美国的图书馆学研究中运用甚少。

内容分析法(Content Analysis)共有论文9篇,主要用于对文献源的分析。如《中学生和青少年读物中父母和家庭的因素》(V52,N6),分析了1979—1984年间60本中学生和青少年读物的内容,通过x^2检验法验证结果,得出结论:32本书(53%)反映的家庭因素是正面的、健康的,21本书(35%)反映的家庭机能失调,还有7本书(12%)不能确定。《部分英美作家与二战有关的青少年小说内容分析》(V52,N12),分析了19本书、845篇短文和简介。《美国高等教育中图书馆学专业地位的分析》(V52,N1),分析了62所ALA认可的图书馆学学报1981—1982学年硕士生课程目录和1982年出版的346份学术图书馆招聘广告。

数据分析法全部采用定量分析技术,对图书馆流通、分类、编目、计算机数据库被利用情况的数据等进行分析,多用于对图书馆内部加工工作的研究和对读者情报需求的研究。

关于历史法,与以往相比,本次分析的时间段中论文数量下降,如在1925—1972年图书馆博士论文中,男性运用历史方法的论文占总量的31.1%,女性占26.5%;1973—1981年中,男性历史方法论文15.3%,女性占15.5%[7];而1990—1993年只占10%左右。在全部25篇历史方法论文中,外国图书馆史的研究有8篇,其余主要用于研究图书馆的作用、管理和图书馆学教育的发展史等。

比较研究方法多结合其他方法,如调查法、文献分析法等进行。在对外国图书馆学的研究中用得较多。德尔斐法结合调查法共有2篇论文。

个案分析,共有论文2篇。从研究方法的角度看,美国的博士论文很重视研究数据的收集,绝大多数的文摘都说明数据收集的方法和手段,抽象的纯理论的论证性研究很少。

3 研究内容

按研究内容统计的论文量见表9。研究内容的分类参考美国对期刊文献分析时研究内容的分类[8]。

表9 按研究内容统计的论文

研究内容	论文量(篇)	比例(%)
综论	48	
图书馆学理论	6	2.3
图书馆史、图书馆学史	9	3.5
图书情报与社会	9	3.5
外国图书馆、图书馆学	124	9.4
图书情报事业研究	51	
图书情报学教育	9	3.5
图书馆员地位、职能	25	9.8
法规、标准、职业道德	5	2.0
各类型馆	12	1.7
图书情报工作研究	144	
行政管理	20	7.8
公共服务	9	3.5
技术加工	21	8.2

续表

研究内容	论文量(篇)	比例(%)
情报检索	29	11.3
情报交流	6	2.3
情报技术	8	3.1
资源共享	7	2.7
情报需求和读者分析辅导	31	12.1
文献研究	13	5.1
其他	13	
出版	7	27
档案	2	0.8
其他	4	1.6
合计	256	100.0

从研究内容的总体情况看,应用研究的比例远远大于理论研究。与美国195－1984年对期刊文献中研究内容的数据[9-10]比较,近期的研究有4个变化:

(1)公共服务的研究比例减少,情报检索、情报需求、读者分析辅导的研究增加。参考咨询研究共2篇,没有对参考工具书进行研究的论文,但对计算机检索、计算机数据库的研究却大大增加。这实际上是对图书馆藏书电子化、检索联机化现实的反映。

(2)对图书馆员职业地位、职业兴趣的研究增加,共有25篇论文;而且都是从馆员的角度,而不是从图书馆整体的角度去研究的。

(3)情报需求和读者分析辅导类的论文较多。其中有11篇关于读者辅导的论文,大都是机检数据库利用的指导。

(4)图书馆学史的研究减少。

按研究内容分类的部分博士论文篇名例述:

(1)图书馆学理论:

硬科学还是软科学(文献分析法,定量),V50,N11

学术图书馆与集中化(面谈+理论分析),V54,N4

消尔斯百科全书理论在拉美研究百科全书中的应用(问卷),V51,N10

图书馆学等应用学科问卷方法回收率(文献分析,定量),V52,N9

(2)图书馆史、图书馆学史:

CarolineM. Hewins 和 AnneC. Moore 在儿童图书馆发展史上的作用(历史法),V51,N5

图书馆学向专业化的演进(历史法),V51,N8

1876—1948 美国公共图书馆为移民社区的服务(历史法),V52,N7

1780—1860 年间哈佛、耶鲁、布朗大学图书馆馆藏(历史法),V52,N8

(3)图书情报与社会:

种族问题对学术图书馆的影响:对加州地区的研究(问卷,定量),V52,N12

图书馆领导结构与社会结构的关系(调查),V50,N7

青少年和中学生文献中父母和家庭的因素(内容分析,定量),V52,N6

人类的共同遗产:与文化相关的政策与法律,V52,N7

高中图书馆员对学术自由和书刊审查的态度(问卷,定量),V50,N10

(4)外国图书馆、图书馆学:

埃及公共图书馆的发展与衰落(历史法),V54,N4

特立尼达和多巴哥图书情报服务国家计划(历史法),V53,N6

科威特图书情报人员的补充和需求:五年人才资源计划(问卷+面谈),V53,N10

加勒比海地区图书馆网络建立(问卷+德尔斐法),V52,N3

喀麦隆中学图书馆资源现状及改进策略(问卷),V50,N8

(5)图书情报学教育:

图书馆学教育的改革与生存(问卷.定量),V50,N10

图书馆学教员研究中心创造性(问卷+理论分析),V53,N6

图书情报学院外国留学生的现状研究(调查),V51,N7

两年制图书馆技术员班培训项目(问卷+政府文献分析),V53,N8

(6)图书馆员地位、职能:

公共图书馆青年馆员行为效果研究(对读者的吸引力)(问卷,定量),V53,N10

纽约3所学术图书馆馆员地位分析(文献分析+面谈),V52,N8

学术图书馆行政管理人员的地位(文献分析),V52,N11

作为教员的图书馆员职业发展的研究(文献分析+面谈),N54,N1

1972—1992德克萨斯学术图书馆员种族与性别结合模式分析,V53,N8

卡内基大学图书馆员技术发明和职业满意程度分析(问卷,定M),V54,N5

公共学校媒体专家工作和心理需要满意程度的测定(问卷,定量),V52,N4

图书馆员职业兴趣和性格类型研究(问卷,定量),V51,N8

图书情报人员兴趣测定(问卷),V51,N1

密西西比8所四年制州立学院和大学学术馆员的职业地位(问卷,定量),V50,N12

(7)法规、标准、职业道德:

佛罗里达两年制大学学习中心执行AECT/ACRL标准的情况(单位年度报告分析,定量),V51,N4

读者对台湾小学图书馆标准的认识(与美、加、英的比较)(调查),V51,N11

学校图书馆媒体专家对联机目录标准化的态度与实践,V51,N3

(8)各类型馆:

南方中心地区医学图书馆TALON项目评价(问卷,定量),

V52,N8

佛罗里达州盲人及残疾人图书馆设备、读物调查(问卷),V51,N9

美国东北部四所大型教学医院病员图书馆(调查),V53,N6

(9)行政管理:

美国私立艺术学校图书馆馆长的创造性,V53,N11

大学图书馆效果:组织结构改变的个案分析,V51,N4

设计与计划公共图书馆设备装置时公民参与的范围与方法(问卷),V53,N8

80年代学术图书馆收费情报服务问题——企业性质与管理活动(问卷),V51,N3

决策层次和参与决策的相关因素(问卷),V53,N3

公共与学术图书馆男性黑人管理人员的研究(问卷,定量),V54,N3

美国农村公共馆馆长入选因素(问卷,定量),V51,N7

(10)公共服务:

3所研究图书馆参考馆员所用书目的分析(定量),V50,N10

资助图书馆开展校园外服务项目的有效方法(定量),V51,N11

公共图书馆为阿拉伯—美国人社区服务的范例(问卷),V53,N5

公共/社区学院联合图书馆为印第安保留区多文化民众服务的个案分析(实地观察+面谈),V53,N5

(11)技术加工:

3所艺术学院图书馆藏书交叉、复本和利用情况的分析(数据分析,定量),V52,N7

匹兹堡古版书的收藏:单位与个人活动的研究(历史法+实地采访),V52,N5

1876—1910,世纪转折点上美国图书馆保存书的观念(历史法),V51,N8

五年级生和中学生对书库架位与走道的了解程度(实验),V51. N7

小说分类:基于理论原则的实例,V53,N2

DDC 分类表综合号码的自动分解(实验),V54. N5

1955—1975 学术图书馆从杜威十进分类法向国会分类法的转变(问卷,定量),V50,N11,

19 世纪美国教科书编目中确定版本与版次的问题(调查),V54,N3

美国波斯语文献的编目及目录工作(数据分析),V51. N3

大型学术图书馆编目延迟与图书流通间的关系(数据分析,定量),V53,N11

(12)情报检索:

六年级学生利用 CD-ROM 和印刷型文献获取情报的比较(实验),V54,N3

OCLC 和 OLUC 数据库中中文记录质量评价和联机编目系统研究(数据分析),V53,N6

联机目录检索失误分析(实验+问卷,定量),V54. N6

朝鲜文自动标引实验及其与手工方法的比较(实验),V54,N5

计算机用多词表间的联系(实验),V54,N1

联机检索中终端用户的暂停行为(实验,定量),N54,N1

利用 PRECIS 标引中文文献(实验),V53,N9

书目检索系统终端用户性格类型与出错行为的研究(面谈,定量),V52,N1

(13)情报交流:

3 个图书情报学研究领域中研究人员非正式交流模式(问卷,定量),V54,N1

人文学科学者非正式情报交流的定性研究(面谈),V53,N7

科技情报向儿童的传播(面谈,定量),V50,N7

(14)情报技术:

情报技术与专门图书馆(问卷),V50,N7

1876—1930 图书馆局和 Gaylord 兄弟公司在图书馆技术发展中

的作用(历史法),V52,N2

过去几年中学术图书馆的情报技术(面谈,定量),V54,N2

(15)资源共享:

马萨诸塞州公共图书馆与公立学校图书馆/媒体中心的合作(调查),V53,N3

纽约州学校图书馆媒体专家对各类型图书馆联网与技术的态度(问卷,定量),V54,N1

高中图书馆媒体专家对馆际互借的认识(问卷,定量),V53,N5

美国学术与研究图书馆印度和印度语文献管理的国会图书馆,协作计划 PL480Programs(面谈,定量),V53,N4

(16)情报需求与读者分析辅导:

残疾儿童父母的情报与参考服务需求(面谈),V52,N9

企业主管人员对技术情报兴趣的调查(问卷),V51,N8

7 所医院教员的情报需求(问卷),V51,N6

5 个在家读书(不上学读书)少年的情报需求和情报检索行为(面谈),V54,N4

美国与台湾本科生利用图书馆行为的比较(问卷 + 比较,定量),V51,N1

公共图书馆读者比较(问卷),V51,N4

密歇根大学美国学生与外国留学生利用图书馆技巧的比较(问卷 + 比较,定量),V53,N10

高中生利用期刊文献独立进行研究的实验(实验,定量),V51,N12

3 所小型私立艺术学院关于利用图书馆课程的检测(面谈),V53,N2

中学图书馆媒体专家在指导利用图书馆活动中的作用(问卷,定量),V53,N3

图书馆联机目录主题检索指导书的作用(实验 + 问卷,定量),V50,N11

馆长与教学馆员对学生辅导效果的比较,V54,N6

(17)文献研究:

化学、心理学、图书馆学、英美文学四学科引文比较(定量),V53,N4

1981—1985 美国科学博士论文引文分析(定量),V52,N4

期刊文献中公共图书馆员和图书馆教员的交往联系,V51,N5

美国历史学家研究现代德国历史时所用文献特征(定量),V52,N2

(18)出版:

田纳西州当代图书出版商的描述与分析(问卷),V50,N11

1894—1914Eragny 出版社历史(历史法),V51,N9

1989—1990 翻译儿童图书评价(文献分析),V52,N10

中学生当代优秀科技图书插图中的性别角色(文献分析,定量),V53,N12

(19)档案

美国的档案保护和档案情报源的作用(问卷),V52,N10

档案专家、电子文献与信息时代:对美国档案教育的再分析(文献分析),V53,N6

4 研究对象

这里所说的研究对象,指的是研究论文所联系或所涉及的图书情报机构实体。一般说来,联系实际的具体的研究多结合某一或某类图书情报机构实体进行,而抽象性的研究则容易脱离研究对象。表 10 是按研究对象分类所统计的论文量。通过这些数据,可分析出图书馆学研究联系实际与否及其联系的程度。

表 10　按研究对象统计的论文量

图书馆类型	论文数(篇)①	比例(%)①÷142	比例(%)①÷256	备注
学术图书馆	(54)	(38.0)	(21.1)	这一数据中包括一些
学术图书馆	22	15.5	8.6	
研究图书馆	1	0.7	0.1	大学图书馆
学术与研究图书馆	3	2.1	1.2	
大学图书馆	28	19.7	10.9	包括“公共与学术图书馆”
公共图书馆	23	16.2	9.0	2 篇
专门馆	(10)	(7.0)	(3.9)	
专门馆	1	0.7	0.4	
医学院图书馆	5	3.5	2.0	
艺术学院书馆	3	2.1	1.2	
法律图书馆	1	0.7	0.4	
农村图书馆	2	1.4	0.8	
中小学图书馆	26	18.3	10.2	包括学校图书馆
儿童图书馆	1	0.7	0.4	
盲人与残疾人图书馆	1	0.7	0.4	
外国图书馆	23	16.2	9.0	
档案馆	2	1.4	0.8	
合计	142	99.9	55.6	

美国图书馆学博士研究中有相当比例是结合图书馆实体进行的。仅据文摘考证而得出的数据也已达半数以上,实际上应该要大些。还有不少论文从内容上分析应是具体的实例研究,只是在篇名与文摘的文字中不能得到证实。故未统计在内。

在结合实体的研究中,学术图书馆,尤其是大学图书馆的比例最大。表 10 中除“大学图书馆”类下 28 篇外,在“学术图书馆”下 22 篇中还有不少是针对大学馆进行的研究。

对中小学图书馆的研究亦占相当的比例,这同一般研究结论中往往大学馆与公共馆平分秋色或大学馆最高、公共馆次之的情况有所不同。例如,美国对期刊文献分析的结果。1950年涉及的实体,公共馆13.2%,大学馆14.5%,中小学馆1.3%[11];1984年,公共馆8.1%,大学馆22.8%,中小学馆4.1%[12]。而1990－1993年美国博士研究中,对中小学的研究数量仅次于对大学图书馆的研究。

在对中小学图书馆的研究中,其实体对象已不完全是传统的仅有印刷本藏书的图书馆。大量的研究对象是中小学媒体中心(media center),或图书馆/媒体中心(library/media center),或学习资料中心(learning resources center)。这种实体中除了维持传统图书馆的工作与服务外,还有相当数量的现代技术设备如计算机、缩微设备、声像设备等供中小学生利用;工作人员的称号也随之改变为学校媒体专家(school media specialists)。这种实体的规模较之于原先的学校图书馆小,但数量多。于是,需要有一定数量的既了解并掌握现代多种媒体设备的专门人员,又有一定图书情报知识的专业人员充实学校媒体专家的队伍,这也许是近期对媒体中心和媒体专家研究增加的原因。

对那些专门图书馆,如艺术、医学、法律图书馆亦有一定数量的研究。对特殊读者,如残疾人、盲人、儿童的图书馆也有研究,但数量不多。

统计内容中虽然有相当数量的情报学研究,如情报检索、交流、技术等,但这些都是在图书馆范围内进行的,研究对象未涉及情报机构。这是因为本统计仅依据图书馆学类目下的论文文摘,情报学是DAI·A中另外一个专门类目。

5 关于定量分析技术

定量分析技术在图书馆学研究中的应用越来越广泛,人们也以此作为衡量某项研究的科学性、深刻性、精确性程度的标尺之一。在所统计的论文中,凡文摘中出现定量含义字样的便被纳入定量论文范围内,共得出定量论文103篇,占文献总量的40.2%;其中推测性定量44

篇,占定量论文总数的42.7%,占被统计论文总量的17.2%。但实际上的定量论文要比统计出的多,比如,问卷、实验、文献分析方法进行的研究基本上应属于定量研究,但其中有不少论文摘要并未说明是定量论文,故未统计在内。

从研究方法的角度来考察定量论文,结果是调查与实验法的定量研究论文占绝大多数:在调查法的134篇论文中,其中定量研究论文54篇,推测性定量27篇;实验法的26篇论文中,其中定量研究论文12篇,推测性定量11篇。

按研究内容统计的定量论文量见表11。结合表9,对表11进行分析,可知:几乎每类研究都有定量论文:理论研究也有半数以上是用定量方法进行的;对馆员地位、职能的研究中定量论文近半;情报类研究的定量论文数量较大。相对来说,外国图书馆学研究中的定量研究论文比重较小。

表11　按内容统计的定量研究论文量(单位:篇)

研究内容	定量研究论文	其中推测性定量研究论文
图书馆学理论	4	2
图书情报与社会	4	3
外国图书馆(学)	6	3
图书情报学教育	4	2
馆员地位、职能	12	8
法规、标准	3	1
各类型馆	3	
管理	6	2
公共服务	5	1
技术加工	5	1
情报检索	13	5
情报交流	3	
情报技术	5	4
资源共享	3	2

续表

研究内容	定量研究论文	其中推测性定量研究论文
情报需求	10	4
读者分析辅导	7	4
文献研究	8	2
出版	2	
合计	103	44

本文所统计的数据与美国图书馆学情报学期刊论文中的定量数据相比基本持平。据抽样统计,美国1984年本专业核心期刊定量论文占53%[13],1985年定量与非定量论文之比为1∶2[14]。如前文所述,若按原文统计的话,博士论文中的定量数据比这里统计出的数据要大些。

总之,美国图书馆学博士研究有这样一些特点:

(1)博士生的研究着眼点往下,不往上;大量的研究是务实的,具体地结合图书馆实际研究。研究人员多深入到图书馆内部、馆员和读者内部,而不追求理论上的拔高。

(2)选题范围广,但题目却很专、很具体,往往一个题目针对一个具体问题。

(3)在研究方法上重调查、重实验、重第一手数据的采集与整理,重在用调查实验的数据来证明假设。

参考文献

1,2,5,6,7　Schlachter Gail A, Thomison Dennis. Library science dissertations, 1973 – 1981: an annotated bibliography. Littleton, Colorado: Libraries unlimited Inc. ,1982

3,8,9,12,13　Feehan Patricia E. et al, Library and information science research: an analysis of the 1984 journal literature. Library and Information Science Research, 1987(9)

4,10,11　Peritz Bluma C. The methods of library science research: some results from a bibliometric survey, Library Research, 1980 – 1981(2)

14　Enger Kathy B, Quirk Georgia, Stewart J. Andrew. Statistical methods sued by authors of library and information journal articles. Library and Information Science Research, 1989(11)

原载于《中国图书馆学报》,1996 年第 3 期

中美两国图书馆学、情报学研究方法、主题、对象、分析技术的比较研究

一般说来,文献,尤其是期刊文献,最能反映一门学科研究工作的实际情况以及研究成果和研究水平。美国学者自 1977 年起,开始通过对图书馆学情报学核心期刊的定量统计分析,来反映和研究本国图书馆学情报学研究的方法、主题和对象等。我国自 80 年代末 90 年代初起,也陆续有这方面的研究出现。本文试图对中美两国上述研究中的部分可比数据进行并置,来分析比较两国在图书馆学、情报学研究中的共同点和差异点,便于我们能准确地认识国内外图书馆学、情报学研究的状况和发展趋势,便于我们深入了解我国在这一研究领域中的特点及薄弱环节,使我们的研究工作能朝着科学的轨道发展。

1 数据来源

(1)比较的原始数据。美国的数据源于美国的四篇期刊论文(文献 1 -4),并参考了美国 *Library Science Dissertation*(1973 —1981)一书和 *Dissertation Abstracts International A: Social Sciences and Humanities* 一刊 1990 —1993 年图书馆学和情报学条目。中国的数据大多出自笔者在 1989 年完成的硕士论文(文献 8),其中对我国图书馆学、情报学研究的定量分析数据刊于《情报学报》1995 年第 3 期,并参考了刘兹恒

对我国这一领域硕士论文分析的结果。

(2)并置的数据。由于本文原始数据较多,且两国研究工作的实况及归类原则不尽一致,不便于一一对照,本文仅对其中部分可比数据进行并置。

(3)归类原则。文中有关图书馆学、情报学研究方法的研究主题的分类,参考了美国同类研究中的方法,在对中国的数据进行处理时,考虑并结合了我国这一研究领域的具体实际。

(4)样本。两国的统计样本均出自图书馆学、情报学核心期刊中的研究论文,用于分析的论文量如表1所示。

表1　两国样本期刊研究论文量

国别	美国								中国		
年份	1950	1960	1965	1970	1975	1980	1983	1984	1981	1984	1987
研究论文量(篇)	110	128	171	323	387	343		615	355	645	633
占样本期刊论文总量的比值(%)	16.0	15.0	16.0	24.0	31.0	24.3	24.0	23.6	59.5	63.5	71.8

由于两国的期刊刊载论文的数量以及人们对"研究论文"概念的掌握不尽一致,故样本期刊年均研究论文量有差异,我们在研究比较结果时,更应着重考虑比值。

(5)统计年。虽然美国的统计数据自1950年始,而中国的统计数据则自1981年始,但由于中国对图书馆学、情报学的研究起步较晚,加上60年代末至70年代中期有过十多年的停顿,故仍可视作同时期的比较。

两国图书馆学、情报学引文的比较分析,另见文献10,不包括在本文内。

2 研究方法的比较

2.1 部分可比数据的并置

两国按研究方法统计的论文量见表2。

表2 按研究方法统计的论文量

研究方法	中国 1981—1987年①		美国 1950—1980年	
	论文量(篇)	比值(%)	论文量(篇)	比值(%)
理论分析法	590	40.0	209	16.3
情报系统设计②	116	7.7	180	14.0
调查与实验法	41	2.8	497	38.7
文献计量法	37	2.5	80	6.2
内容分析法	0	0	18	1.4
二次分析法	13	0.8	103	8.0
历史法	176	11.9	191	14.9
描述法	466	31.6	31	2.4
比较分析法	19	1.3	22	1.7
合计③	1458		1331	

① 两国所统计的年份均为断续年份。下文如此。
② 国内的"情报系统设计"中还包括系统理论的论文。
③ 国内的论文总数中不包括"经验总结"性的论文。论文总数稍大于实际论文数，因有一文多法的情况。

2.2 比较

2.2.1 共同点

(1)历史法的研究两国均逐年减少。

(2)情报系统设计的研究均逐年增加，并都有一个上升幅度较大的时期。

(3)文献计量这一图书馆学情报学的专门研究方法均逐步被应用。

(4)两国应用比较分析方法的程度几乎相当。

2.2.2 差异点

(1)美国研究中运用得最多的方法是“调查与实验法”,1983 年运用该方法的研究论文占总量的 59.1%。而这一方法在我国的研究中使用得很少,其中“调查法”在 1984 年使用最多时也只有 20 篇文章,占总量的 3.1%。

(2)美国的调查研究主要采用问卷方式和面谈方式。中国的调查论文包括一定数量的对图书馆借阅量的调查和图书馆办馆形式的走访调查,问卷方式的调查在三年的样本期刊中只见到 8 篇文章,面谈方式的调查研究则未见。

(3)中国该学科的研究中用得最多的是抽象理论思维方法,在历年的研究论文中均超过总量的 40%。美国研究中运用理论分析方法的平均比值为 16.3%,但相对于中国的主要以逻辑和其他哲学方法进行的抽象思维研究而言,美国的这个数据要小得多。这一判断可从下列几点得到证明:

- 美国关于理论分析方法的定义是:通过数学分析、语言分析、逻辑方法或其他哲学方法进行的研究。
- 美国此类研究中按研究方法统计 1984 年论文量时取消了“理论分析”方法类目,而另设“运筹法”类。
- 美国 *Library Science Dissertations*,1973—1981 一书中所提供的 1000 篇博士论文摘要中,纯粹以逻辑思维或其他哲学方法形成的论文不足 10 篇(<1%)。美国 1990—1993 年图书馆学博士论文中几篇理论论文均同时借助其他方法(如问卷法、实验法、专家法)进行研究。

(4)美国历年的统计数据中虽未单独反映出实验法研究的具体数据,但从 1973—1981 年和 1990—1993 年博士论文的研究方法来看,实验法研究约占研究论文总数的 10% 左右。

美国的研究中平均有 1.5% 左右的论文是利用“内容分析法”对文献的字、词、段落、概念、主题、角色等进行定量的、客观的分析。

中国的研究中对上述两种方法的利用几乎是空白。

(5)单纯的描述介绍在美国的研究论文中用得很少,主要用于书目。在中国的研究中,由于需要介绍国外的情况,描述性的论文较多。

(6)两国的数据中都未反映出利用“专家法”的情况。事实上,美国研究中经常应用“专家法”进行预测研究,而在中国的研究中,包括发展战略、前景预测等,很少采用“专家法”进行研究。

(7)对于“情报系统设计”的研究,美国的数据远大于中国的数据。

3 研究主题的比较

3.1 部分可比数据的并置

表3是以1984年为例,对部分可比研究主题的比较。

表3 1984年部分可比研究主题数据的比较(单位:%)

国家 研究内容(主题)	中国	美国
综论	15.3	11.3
图书情报事业	10.9	16.2
理论研究	20.3	13.0
应用研究	46.2	50.5
其中:管理	6.4	5.7
公共服务	10.2	6.5
技术加工	13.3	3.3
文献收集	5.3	11.4
读者研究	3.6	6.5
资源共享	1.1	3.3
系统	1.9	7.3
其他	7.3	9.0

3.2 比较分析

3.2.1 共同点

（1）总的来说，两国五大部分研究内容所占的百分比基本上相当。

（2）“应用研究”占研究论文总量的比值，两国几乎相等。

（3）中国的“综论”类论文数虽大于美国，但由于中国的研究中有不少论文是介绍外国图书情报界的情况，故两国的数据基本持平。

3.2.2 差异点

（1）有关“图书情报事业”方面的研究论文量，美国高于中国。需要说明的是，在事业研究方面，中国的研究较多涉及各类型图书馆、情报所的形式、方针、体制及事业建设与发展预测等整体性的方面，而美国则较多地从图书情报职业的角度来考虑、研究图书馆员的地位、工资、继续教育、伦理道德等具体内容。

（2）“理论研究”所占的百分比，中国略高于美国。但若结合明细类目看，美国的理论研究主要集中在“情报科学理论”和“文献研究”类目下，且多针对具体应用。中国的理论研究除情报科学与文献研究的内容外，多数是对图书馆学、情报学或图书情报工作的综合性、整体性的理论研究（与应用有关的分科理论，如分类编目、藏书等理论已列入“应用研究”类目中）。因此，从实际数字看，中国的“理论研究”论文远多于美国。

此外，美国的理论研究侧重于情报科学（理论研究类下的明细类目多半与情报科学有关），中国的理论研究较注重于基础理论。

（3）“应用研究”所占的比值两国虽然相当，但结合研究方法来看，中国的应用研究大部分是在抽象思维领域进行的，而对于图书馆理论在实践中应用的调查、考察、验证等形式的具体研究，中国的实际数据小于美国，其研究深度也不及美国。

（4）图书馆自动化方面的研究，美国多于中国。从美国的数字看，1980 年“图书馆自动化”的理论与应用研究占总数的 13.7%，1984 年“自动化系统”的应用研究占总数的 7.3%。中国的“自动化、现代化”

应用研究论文数,1984 年占总数的 1.9%,1987 年占 2.5%。

(5)"读者研究"所占的比值,美国高于中国。美国在 1950—1975 年间有关读者研究的抽样论文数共 115 篇,占同期抽样研究论文总数的 12.8%。中国关于"读者研究"的论文数,1984 年占总数的 3.6%,1987 年占 3.0%。

(6)就各类型读者而言,美国研究得最多的是专业读者,占"读者研究"论文总数的 48.0%。中国研究得最多的是"读者综论",占"读者研究"论文总数的 48.0%,而有关专业读者的专门研究仅占 8.7%。

美国还有部分对儿童与青少年读者、残疾人读者和低能读者的研究,占"读者研究"类论文总数的 12.0%,而中国在这方面的研究论文却很少。

由上述各项比较结果可知,我国在图书馆学、情报学的研究内容上,较多地偏重于理论、整体、综合性的研究,缺乏对个别现象的具体、深入、细致的研究。这与研究方法的偏重是相应的,因为大量的抽象思维研究是从全局、整体、宏观的角度进行的。

4 研究对象的比较

这里所说的研究对象,指的是研究论文所涉及的图书情报单位实体,即图书馆、情报所。一般来说,研究论文中是否结合具体研究对象,可作为衡量理论研究是否结合实际的指标之一。

4.1 部分可比数据的并置

对研究论文中涉及图书情报实体的论文数,按图书情报单位的类型,选择部分可比数据并置于表 4:

表4　研究对象中部分可比数据的比较

论文比率(%) / 国家、年份 / 图书情报机构类型	中国		美国	
	1984年	1987年	1975年	1984年
涉及图书情报机构实体的研究	20.3	23.4	53	43.9
其中:公共图书馆	7.4	8.2	2.9	8.1
高校图书馆	6.2	9.3	19.7	22.8
情报机构	0.9	0.6	6.7	
专门图书馆	0.9	1.6	11.7	8.9
中小学图书馆	1.4	0.8	2.2	4.1

4.2　比较分析

4.2.1　共同点

(1)两国研究涉及图书馆的论文中,高校图书馆均占较大的比例。

(2)研究公共图书馆的论文数在早期均占很大的比重。

4.2.2　差异点

(1)结合图书馆实体的研究,美国远多于中国。

(2)结合情报机构的研究,美国的上升幅度较大,中国的数字很小,且无明显上升趋势。

(3)美国对专门图书馆(Special Libraries)研究得较多,在许多年份中的研究论文数超出公共馆的数据;而中国研究中涉及专门图书馆的研究论文很少。

由上述比较可见,美国的研究重具体,针对实体的研究多;中国的研究重抽象、多综论,多远离实体。同样,这与研究方法的偏重有关。

5　定量/非定量分析技术的比较

美国1984年定量分析的论文占论文总数的53%。中国的相应数据,1984 年为 6.0%,1987 年为 6.8%。在美国的定量分析研究中,推测性研究亦占一定的分量,1984 年占定量研究论文总数的 38.0%。

对于定量/非定量,描述性定量/推测性定量的比较数据,还可通过美国另一篇专门讨论定量分析的文章中的数据进一步予以说明(文献 1)。在美国 1985 年核心期刊研究论文中,定量与非定量论文之比为 1∶2。在定量研究中,64.9% 为描述性定量研究(如频度统计、平均数、标准方差、相关系数的计算),35.1% 为推测性定量研究(如 X^2 检验、T 检验、F 检验等)。推测性定量分析是描述性定量分析的发展。

中国图书馆学情报学研究中的定量分析几乎都是描述性的,推测性的极少。

由此可见,就定量分析技术用于图书情报学研究而言,中国与美国的差距很大,这仍然与研究方法有关。在中国的研究中用得最多的抽象理论分析法中,其定量研究的论文不足 1%,可见抽象理论方法在研究的深度与精确度方面都受到限制。

在定量/非定量研究技术方面两国间如此鲜明的差别,也说明了两国研究水平的差距。回顾科学发展的历史过程,我们就会发现,无论是自然科学还是社会科学,都是从初始的定性描述发展为定量描述的,这是科学学科发展的必由之路。只有达到定量描述阶段的学科才能称得上是成熟的学科。

6 结论、思考与建议

6.1 结论

通过对中美两国图书馆学、情报学核心期刊的抽样统计与分析,我们可以看出:①我国这一领域的研究水平逐年提高,研究深度逐年发展,研究面越来越宽。②我国图书馆学、情报学研究中,尽管每年的论文量逾万,但真正高水平的研究论文并不很多,总体研究水平不高,对图书情报实践的指导作用受到限制。最突出的薄弱点是研究过程中的理论脱离实际,过多的脱离图书情报实体。研究方法上的局限性是这一结果的根本原因,综合性、整体性的抽象理论研究是理论脱离实际的温床。

6.2 思考

中美两国在图书馆学情报学研究方面之所以出现如此鲜明的差异,进而形成图书情报工作及图书情报事业发展的迥然不同的风格,除了前文所述及的学科本身的各种个体因素外,也与两国不同的文化传统、价值观念、思维方式有关。

美国的研究多体现出一种从具体、个别出发的实用主义观点,而我国的研究则多体现出一种从整体、全局出发的综合观;美国研究中的价值评判标准强调验证,而我国研究中则更依靠感觉。

纵观历史,全面地观察现象,直接从这些现象进行整体上的理论综合与技术发明,是中国古代科学技术成就的一个重大特点。而对于通过实验分析,深刻地揭示现象背后的机制这一点,却是中国古代技术的薄弱环节。重道轻器是中国几千年学术界的一个传统。

再看现实,在现今我国图书馆学、情报学的研究过程中,重抽象,轻具体;长于综合,短于分析;偏向宏观,忽略微观;多静态描述,少动态推测;多定性判断,少定量分析的倾向亦是这种综合观的体现。而这些,正与美国的研究形成强烈的、鲜明的对照。

6.3 几点建议

(1)应提倡、鼓励、促进理论联系实际的研究作风,目前特别要加强和充实用调查法进行研究,不断提高这种研究的水平。

(2)应加紧研究与引进一些先进的、实用的研究方法,特别是实验法、内容分析法和专家法等。

(3)应大力加强定量分析研究,不仅运用描述性定量,还应运用推测性定量技术。应该让更多的人知道,定量分析不仅仅是文献计量研究人员的事,而是所有研究人员都应掌握的分析研究技术。

(4)专业刊物应适当减少发表纯粹用抽象思维方法研究的论文。

(5)图书馆学、情报学教学单位应开设有关研究方法的课程,不仅有理论的传授,还应有实例示范教学。

(6)应加强应用研究中对具体的、局部的现象的深入细致的研究,而不仅仅是泛泛的理论研究。

(7)应更多地通过客观的定量的分析来进行图书情报事业的预测研究。

(8)应加强结合图书馆实体的研究,增加对具体读者群的研究,尤其是对专业读者的研究。增加对馆员这一职业的研究。

(9)继续加快情报系统研究的步伐。

最后需要说明的是:

(1)不同的国家具有不同的文化和不同的研究风格,很难进行一一对应的比较,而且收集到的国外资料仍很有限,本项研究还有待于进一步的充实与提高。

(2)通过比较,看到差异,但绝不是说我们一定要全盘接受别人的东西。我们仍需根据我国的国情,根据我们的专业研究的实际来考虑我们的对策。

(3)比较的目的是为了更好地了解自己。通过比较,看到了我们的薄弱环节,调整我们的研究策略,使我们的事业真正地繁荣起来。

参考文献

1 Enger Kathy B,. Quirk Georgia, Stewart J Andrew. Statistical methods used by authors of library and information journal articles. Library and Information Science Research, 1989(11)

2 Feehan Patricia E, et al. Library and information science research: an analysis of the 1984 journal literature. Library and Information Science Research, 1987(9)

3 Nour Martyvonne M. A quantitative analysis of the research articles published in core library journals of 1980. Library and Information Science Research, 1985(7)

4 Peritz Bluma C. The methods of library science research: some results from a biblio-

metric survey. Library Research,1980 - 1981(2)
5 Schlachter Gail A, Thomison Dennis. Librarysciencedissertations, 1973 - 1981: an annotated bibliography. Littleton, Colorado, Libraries unlimited Inc. ,1982
6 Dissertation abstracts international, A: social sciences and humanities,1990 - 1993
7 布沙·查尔斯. H,哈特·斯蒂芬. P. ;吴彭鹏译. 图书馆学研究方法. 北京:书目文献出版社(今国家图书馆出版社),1987
8 华薇娜. 对中美两国图书学、情报学研究的比较分析. 南京:南京大学,1989
9 华薇娜. 美国图书馆学情报学核心期刊文献分析研究述要. 中国图书馆学报,1991(1)
10 华薇娜. 对中美图书馆学情报学期刊引文统计的比较研究. 中国图书馆学报,1995(3)
11 华薇娜. 对我国80年代图书馆学、情报学研究状况的定量分析. 情报学报,1995,14(3)
12 刘兹恒. 我国图书馆学情报学硕士论文的分析与研究. 大学图书馆学报,1993(2)
13 乔好勤. 试论图书馆学研究方法中的方法论问题. 图书馆学通讯,1983(1)
14 丘峰,翟凤歧,张芝兰. 我国图书馆学情报学期刊引文调查与分析. 中国图书馆学报,1992(1)
15 钟守真. 比较图书馆学引论. 天津:南开大学出版社,1993
16 郑挺. 概论比较图书馆学. 图书馆理论与实践,1988(1)
17 邹志仁,姜希强. 情报学基础. 南京:南京大学出版社,1987
18 周荣生. 对图书馆学基础理论研究方向的认识. 图书馆研究与工作,1987(2)

原载于《情报学报》,1997 年第 1 期

1984—1993年调查研究方法在我国图书馆学情报学研究中的应用状况*

调查研究方法是图书馆学、情报学研究中常用的方法之一。本文采用文献调查方法,利用《全国报刊索引·哲社版》(1984—1993),对10年来我国利用调查研究方法撰写的图书馆学、情报学方面的论文做了一次比较系统全面的统计(所选的论文是论文篇名中有"调查"二字或可从篇名看出是调查法写成的,专门讨论调查法本身的论文和译文除外),逐篇对它们进行诸如数据收集方式、主题、定性/定量分析技术、引文及主要期刊排序等方面的分析,试图通过这些统计数据,找到调查法在我国图书馆学、情报学研究中的运用特点、现状及存在的问题,以便于人们更合理、更科学地运用这一研究方法。

1 关于调查研究论文的数量统计

表1是10年来图书馆学、情报学领域调查方法论文总量的统计。

表2是随机抽取的8种图书馆学、情报学期刊,统计其任一年的论文总量和调查法论文量,并计算出调查法论文占论文总量的百分比,以作为分析调查法论文的参照系。

* 本文与蒋晓曦合写。

表 1　调查法论文数量

年份	1984	1985	1986	1987	1988	1989	1990	1991	1992	1993	合计
论文数量	16	12	19	27	31	37	40	60	58	44	344

表 2　调查法论文占期刊论文的比例

年份	抽样期刊名称	论文总量（篇）	调查法论文量（篇）	调查法论文占论文总量的百分比（%）
1993	图书情报工作	97	2	2.1
1991	情报学报	77	2	2.6
1991	中国图书馆学报	60	3	5.0
1989	图书馆	141	5	3.5
1988	情报学刊	187	1	0.5
1987	津图学刊	67	1	1.5
1987	青海图书馆	54	1	0.9
1986	江苏图书馆学报	101	1	1.0
合计		784	18	2.3

由表 1、表 2 可见：

- 10 年来，调查法论文数量基本上是逐年增加，说明调查研究方法在图书情报界越来越受到人们的重视。

- 调查法论文的数量不多，总计 344 篇，平均每年 34.4 篇。从表 2 的抽样期刊统计中可看出，每种期刊每年的调查法论文量最多的占 5.0%，最少的为 1.0%。如与国外做横向比较，尽管近 10 年来我国在图书馆学情报学研究中成绩卓著，但运用调查方法进行的研究还不多，这一方法还未引起广大研究人员的足够重视。

2　关于调查法论文的主题范围

本文统计的 344 篇调查法论文的主题几乎涉及图书馆学、情报学的各个方面。关于论文主题的统计见表 3。

表 3　调查法论文的主题分布

数量(篇) 年份 / 主题分类	1984	1985	1986	1987	1988	1989	1990	1991	1992	1993	合计	%
图书馆工作	0	1	0	2	1	0	2	1	2	1	10	2.9
藏书建设	1	3	1	2	2	15	13	16	4	15	72	20.9
专题文献调查	1	4	3	3	6	2	5	12	8	3	47	13.7
读者工作(高校)	7	3	2	1	6	13	8	6	16	6	68	19.8
读者工作(其他)	6	1	6	7	6	1	3	2	8	7	47	13.7
期刊工作	1	0	2	2	0	1	3	15	7	2	33	9.6
书目工作	0	0	0	0	0	1	0	0	1	1	3	0.9
图书馆工作者	0	0	0	0	0	0	1	2	2	0	5	1.5
各类型图书馆	0	0	2	1	1	0	0	0	4	2	10	2.9
情报需求、利用	0	0	3	8	7	3	5	5	3	5	39	11.3
情报检索	0	0	0	1	1	1	0	0	0	0	3	0.9
其他情报工作	0	0	0	0	1	0	0	0	2	2	5	1.5
国外数据库网络	0	0	0	0	0	0	0	1	0	0	1	0.2
出版物价格	0	0	0	0	0	0	0	0	1	0	1	0.2
调查论文量	16	12	19	27	31	37	40	60	58	44	344	100.0

由表 3 的统计可见：

• 344 篇调查法论文的主题涉及图书馆学、情报学的各个方面，但从总体上讲，调查法在应用研究中的运用多于在理论研究中的运用。如在图书馆学方面，关于“读者工作”“藏书建设”方面的调查论文数量占调查论文总量的一半以上(54.4%)，在情报学方面，关于“情报需求、利用”的调查论文较多，占总量的 11.3%，说明这 10 年中，我国情报学界逐渐把理论运用到实践上，越来越重视微观方面的调查研究。

• “藏书建设”方面的调查论文占调查论文总量的 20.9%，这个比例是全部主题中最大的。其原因有二：一是“藏书建设”方面的论文一般只有通过调查，才能获得具体的数据，论文也才具说服力；二是因为自 1989 年以来，全国各地对各类型图书馆的文献资源进行了一次普查,随之产生了大量的调查报告,并陆续在多种专业期刊上发表,以致这类论文所占比例较大。

- “读者工作”“情报需求、利用”方面的论文占调查论文总量的44.8%,其中“读者工作”占33.5%,这意味着图书情报机构在服务工作中,越来越重视对用户的研究。在“读者工作”中,又以对高校读者的调查为多(19.8%),说明高校图书馆更重视对读者的研究,这也是高校图书馆读者工作开展较好的重要原因之一。

- 调查方法在其他方面的应用则很少,总的来说,这一方法在我国图书馆学界、情报学界还未得到充分利用。

这里需说明的是,统计的论文中有为数不少的调查研究,如对读者签名簿、借书证、阅览室座位利用量等的汇总分析。国外在做同类调查论文统计时,往往不将此类调查包括在调查论文中。

3 关于调查分析的方法

笔者根据南京大学信息管理系的馆藏,在344篇调查论文中,检索到了其中229篇论文的原文,并以这229篇论文为基础,逐一对调查方法进行了分析。表4是对调查所涉及范围(调查涉及面)的统计,表5是对调查方法明细分类的统计。

表4 调查涉及面的统计(单位:篇)

年份	已查核的调查方法论文数	个案调查数	抽样调查				普遍调查数	调查方法不明数
			随机抽样	非随机抽样	抽样方法法不明	小计		
1984	8	2	1	0	1	2	4	2
1985	11	2	2	2	4	8	1	1
1986	11	2	0	2	3	5	3	2
1987	20	3	1	4	7	12	4	2

续表

年份	已查核的调查方法论文数	个案调查数	抽样调查				普遍调查数	调查方法不明数
			随机抽样	非随机抽样	抽样方法法不明	小计		
1988	21	2	0	0	14	14	2	2
1989	26	1	0	1	13	14	13	3
1990	22	0	0	0	13	13	10	0
1991	46	2	1	1	30	32	15	5
1992	38	0	0	0	28	28	6	3
1993	26	0	1	1	15	17	6	1
合计	229	14	6	11	128	145	64	21
%	100.0	6.1	2.7	4.9	55.9	63.3	27.9	9.6

＊明细统计之和大于总数,因有一文多法的情况。

表5 调查方法分类统计(单位:篇)

年份	调查方法论文量	数据统计	问卷调查	文献调查	走访调查	访谈法	其他方法	方法不详
1984	8	4	5	0	0	0	0	0
1985	11	6	2	4	2	0	0	0
1986	11	4	3	1	0	0	1	2
1987	20	9	9	4	1	4	1	1
1988	21	6	5	3	0	2	1	2
1989	26	16	11	6	2	3	0	1
1990	22	14	6	4	1	3	3	0
1991	46	18	10	19	9	4	6	0
1992	38	11	16	9	3	2	1	2
1993	26	9	12	8	4	4	1	1
合计	229	97	81	58	22	22	14	9
%	100.0	42.4	35.4	25.3	9.6	9.6	6.1	3.9

＊明细统计之和大于总数,因有一文多法的情况。

从表4、表5可以看出：

• 229篇调查论文样本的确定，主要采用抽样调查和普遍调查（分别占63.7%和27.9%），大多数调查论文或多或少地运用了抽样调查。然而在抽样调查中，明确说明随机抽样的仅占2.7%，而抽样方法不明的调查论文竟占了55%，说明我们的抽样调查在一定程度上还不够科学和严谨。

• 229篇论文中，9.6%的文章未曾说明调查的样本和调查的范围，这在某种程度上影响了调查的可靠性。

• 在数据收集的方式上，主要采用了问卷方式、数据统计方式和文献分析方式，其中数据统计方式占42.2%，大多数是1989年全国性文献资源调查的结果，问卷方式也占35.4%，可见这一方式已较广泛地被我国图书情报界所利用。

4 关于调查研究中定性/定量分析技术的应用

本文对229篇调查论文所应用的分析技术逐篇进行了分析，表6是关于定性/定量分析技术的应用比例，表7是定量分析技术的明细分类统计。

表6 定量/定性分析技术应用比例（单位：篇）

年份	已查核的论文量	定量分析技术	定性分析技术	定量定性分析技术
1984	8	1	1	6
1985	11	6	1	4
1986	11	3	3	5
1987	20	8	3	9
1988	31	9	7	5
1989	26	13	1	12
1990	22	15	2	5
1991	46	16	5	25

续表

年份	已查核的论文量	定量分析技术	定性分析技术	定量定性分析技术
1992	38	21	6	11
1993	26	20	1	5
合计	229	112	30	87
%	100. 0	48. 9	13. 2	37. 9

表 7　定量分析技术的分类统计(单位:篇)

年份	已核查的论文量	百分比及分类统计表	统计图	相关分析	回归分析	多元分析	列举数据事例	计算机处理
1984	8	7	4	0	0	0	0	0
1985	11	7	0	1	0	0	1	0
1986	11	9	2	0	0	0	1	0
1987	20	15	2	0	0	0	1	1
1988	21	13	2	1	0	0	1	1
1989	26	21	5	1	1	0	6	0
1990	22	20	2	0	0	1	0	0
1991	46	41	8	0	1	1	2	0
1992	38	32	4	0	0	1	0	0
1993	26	23	4	2	1	2	1	0
合计	229	188	33	5	3	5	13	2
%	100. 0	81. 3	14. 4	2. 2	1. 3	2. 2	5. 7	0. 9

由表 6、表 7 的数据可见:

• 调查方法与定量分析技术的关系密切,调查结果需要进行定量的处理,定量分析技术也需要以调查统计的数据为基础。

• 把定性/定量分析技术有机地结合起来,使调查论文同时具有感性与理性的说服力,这类论文所占比例近 38. 0% ,说明图书馆学、情报学研究的分析技术有了长足的进步。

• 在我们的调查分析研究中,存在着一个不容忽视的问题,即尽管许多调查论文都或多或少地涉及定量分析技术,但大多是以一般初级统计方法为主（如百分比、分类统计等，229 篇调查论文中共有图表 1193 个，其中统计图 95 个），而较为复杂的定量分析技术则用得很少（见表 7）。不可否认，在调查分析中，简单的计算方法具有直观、一目了然的优点，但这种方法分析度较浅，不能从纷繁复杂的现象中得出最本质和最可靠的结论。

5　关于调查论文的引文分析

这里统计的引文只包括每篇论文所附的参考文献。229 篇调查论文的引文数量见表 8。

表 8　调查论文所附引文的统计

年份	已查核的调查方法论文量（篇）	附有引文的论文数（篇）	引文量（条）	附有引文的论文占已查核论文的百分比（%）
1984	8	1	5	12. 5
1985	11	2	4	18. 2
1986	11	4	11	36. 4
1987	20	4	17	20. 0
1988	21	5	19	23. 8
1989	26	7	24	36. 9
1990	22	4	8	18. 2
1991	46	16	61	34. 8
1992	38	16	64	42. 1
1993	36	11	48	42. 3
合计	229	70	261	30. 6

由表 8 可见：调查论文的引文量很小，绝大多数的论文未附引文，在 229 篇论文中，共有 70 篇论文有引文，占总引文量的 30. 6%。而这 70 篇论文的篇均引文量也较低，平均仅有 3. 7 篇。可见，引文在调查研究中还未得到足够的重视，引文率低的原因可能有三：一是调查者

确实未参考过其他文献;二是调查者未意识到需将参考过的文献列出来;三是因篇幅所限被出版编辑部门删去。

此外,在附有引文的70篇论文中,其引文的语种大多为中文;261条引文中,中文引文250条,占95%。可见,论文作者对吸收国外的信息还不够重视。

引文的原文类型主要是关于调查方法方面的期刊论文和图书,作者参考引文的目的主要是借鉴引文中的方法论依据,提高理论水平。此外,还有各种统计资料、年鉴、工作记录等,主要从中收集调查所需的数据。

引文的年代一般都为近年引文,大多在发表后1—2年内被引用,但当年的引文很少。

6 刊载调查论文的期刊排序

笔者曾试图采用布拉德福定律来确定刊载调查论文的核心期刊,计算时发现,有1/3的调查论文刊载在10种期刊上,另1/3刊载在17种期刊上,剩下的1/3刊载在其他74种期刊上,这显然不符合"核心区域期刊的数量与相继区域期刊数量是1∶n∶n^2…"这一布氏法则,也说明刊载调查论文的核心期刊还不存在。表9是根据载文量对刊载4篇以上调查论文期刊的排序结果。

表9 刊载调查法论文的主要期刊(按载文量排序)

名次	期刊名称	载文量(篇)	名次	期刊名称	载文量(篇)
1	图书情报工作	17	14	中国图书馆学报	9
2	情报学报	13	15	江苏图书馆学报	8
3	大学图书馆通讯	12	16	河南高校图书情报工作	8
4	津图学刊	12	17	黑龙江图书馆	7

续表

名次	期刊名称	载文量（篇）	名次	期刊名称	载文量（篇）
5	大学图书情报工作	11	18	贵图学刊	6
6	图书馆	11	19	图书馆学研究	6
7	情报理论与实践	11	20	图书馆杂志	6
8	农业图书情报学刊	11	21	河南图书馆学刊	6
9	科技情报工作	10	22	情报业务研究	5
10	情报学刊	10	23	西北高校图书馆通讯	5
11	医学情报工作	10	24	图书情报知识	5
12	青海图书馆	10	25	晋图学刊	5
13	图书与情报工作	10	26	高校图书馆工作	4

所统计的344篇调查论文分别发表在101种期刊上，其中绝大多数是图书馆学、情报学期刊，10年内平均登载4篇以上调查论文的期刊有26种，载文量最高的是《图书情报工作》，共17篇，《情报学报》次之，共13篇，刊载3篇该类论文的有《冶金高校图书馆》等12种期刊，刊载2篇论文的有14种期刊，其余的48种期刊每种只有1篇关于调查研究的论文。总的说来，这类论文数量太少，载文量最高的《图书情报工作》，年均载文量也仅有1.7篇，这也许是图书馆学、情报学各类期刊对这类论文不够重视的缘故。

7　分析与思考

综上所述，调查研究方法在我国图书馆学、情报学的研究中已经得到一定程度的应用，当然，应用的范围还不够广泛，应用的比例还比较小，应用的水平还有待提高。目前，我国在图书馆学、情报学研究中应提倡和鼓励调查方法的应用，并不断提高其研究水平。

第一，我们应对调查方法的应用给予充分的重视。由于调查研究方法具有较强的说服力，分析问题中肯，而且有一定的定性、定量预测能力，有些问题通过调查研究，可以由已知推导出未知，因而这一方法在不少发达国家的图书馆学、情报学研究中已成为最主要的研究方法。近10年来，随着调查法在我国图书情报学界应用的增多，也使我们的研究在单纯经验总结和主观推理的基础上前进了一大步，预示着这一方法在今后的研究中会被更广泛的应用。因此，加强对这一方法的宣传，树立研究中通过调查数据证明假设的意识是非常必要并且势在必行的。

第二，加强对调查方法中定量分析技术的研究和应用。近10年来，虽然我国图书馆学、情报学研究中采用定量分析技术较多，但也还存在一定数量的定性研究，即使在定量分析的论文中，大多数采用的也是较为简单的量性分析手段。因此，提高调查研究中定量分析的水平，更好地揭示图书馆学、情报学研究中各种现象的本质及其相互联系，是提高调查研究水平的一个重要方面。

第三，加强调查研究与理论的联系，调查研究既可以用来描述特定事物的规模、特点、性质、状态等，也可用来解释特定事物发生、发展和变化的原因以及不同事物间的关系等。调查的最终目的是要找出所调查对象的成因和规律性，以达到理性的高度。

但目前我国图书馆学、情报学研究中调查研究的理论水平还不高，相当数量的调查研究重现象、轻本质、重个体、轻联系，缺乏对图书情报工作的理论指导，这些都需要引起人们的重视。

参考文献

1 Schlachier Gail A, Thomison Dennis. Library science dissertations, 1973 – 1981; an annotated bibliography. LittLetotv; Libraries Unlimited Inc, 1982

2 Peritz Bluraa C. The methods of library science research: some results from a bibliometric survey. Library Research, 1980 – 1981(2)

3 布沙·查尔斯. H，哈特·斯蒂芬. P；吴彭鹏译. 图书馆学研究方法. 北京：书目文献出版社（今国家图书馆出版社），1987

4 华薇娜. 美国图书馆学情报学核心期刊文献分析研究述要. 中国图书馆学报，

1991(1)
5 华薇娜.我国80年代图书馆学情报学研究状况的定量分析.情报学报,1995,14(3)
6 王崇德.图书情报学方法论.北京:科学技术文献出版社,1988

原载于《图书情报工作》,1997年第3期

对中国五所大学理工科 1990—1995 作者论文的统计分析

美国科学情报社(Institute for Scientific Information)编制出版的《科学引文索引》(*Science Citation Index*,简称 SCI)是目前国际公认的衡量科研单位或科研人员研究实况和学术水平的重要工具书之一。最近几年,我国每年都根据被 SCI 收录文献的数量,对各大高校进行学术排名,成为人们十分关注的学术榜之一。

为了较为深入地了解列于学术榜前列的几所高校的学科分布、科研优势、薄弱环节、学科带头人、核心期刊等方面的情况,本文选择了国内五所重点高校,即北京大学(以下简称北大)、复旦大学(简称复旦)、南京大学(简称南大)、清华大学(简称清华)和中国科技大学(简称中科大),根据 SCI 的机构索引(Corporate Index),并核查来源索引(Source Index),以第一著者为据,检索并统计了 1990 — 1995 年六年中各校被 SCI 收录的全部文献记录,并据此进行了多方面分析和比较,以便于各校间科研信息的充分交流。

1 被 SCI 收录文献的数量

本文根据 SCI 的机构索引,查得五所大学名下的全部记录,剔除重复部分和来源索引中核对不上的部分,将各校六年中被 SCI 收录的文献统计于表 1 中。

需要说明的是，机构索引中虽几乎都收录第一著者，但机构索引中的著者所属单位与来源索引中的著者所属单位有时并不一致。例如，1994 年第 6 期共收录南大的文章 65 篇，但核对来源索引后，有 8 篇文章的著者单位未署南大，而是国内外的其他单位。北京由于科研单位集中，相近课题跨单位合作方便，这种情况更明显。由于本文目的在于分析五所高校的科研实力，故仍以第一著者为据，以机构索引中著者所属单位为准来收集数据，这一统计结果略高于据 SCI 光盘统计的数据。

表 1　五所大学六年中被 SCI 收录文献总数的统计（单位：篇）

单位	年份					
	1990	1991	1992	1993	1994	1995
北大	237	259	278	309	311	386
复旦	179	164	205	160	225	320
南大	204	188	268	304	386	538
清华	157	169	181	218	224	307
中科大	195	229	235	260	285	323

由表 1 数据可见：

（1）几年中，五所高校被 SCI 收录的文献量均呈上升趋势，且上升的幅度一般都比较大。

（2）在 1990 — 1993 四年中，北大被收录的文献量最高。而且发展稳定，没有大的起伏波动。

（3）1994、1995 两年，南大的文献量最高，而且，从增长的幅度来看，南大发展最快，从 1990 年时的 204 篇发展到 1995 年的 538 篇，六年中净增 300 多篇，翻了一番还多。

（4）清华和中科大的文献数量亦逐年增加，但增加的幅度稍小于南大。另外，这两所高校有个特点，即它们特殊类型的文献[指期刊论文之外的文献的数量高于其他诸校，如技术性札记（N），会议文献（M），信函（L），评论（R）以及编者的话（E）等]。

（5）复旦在发展过程中稍有波动，1991 和 1993 两年的文献略有减少，但1992、1995两年高于清华，其中，1995年发展速度较快。

2 关于著者的统计分析

表2是各校个人著者每年发表文章最多的篇数的统计（各校每年个人著者中被SCI收录文献量的最高纪录）。

表2 著者个人发表文章最多的篇数

单位 \ 年份	1990	1991	1992	1993	1994
北大	4	7	8	4	8
复旦	7	4	4	7	7
南大	5	8	7	9	21
清华	5	11	7	6	9
中科大	8	8	11	12	11

从表2著者个人发表文章最多篇数的角度看，北大并不占优势（其原因后文一并分析）；相对来说，中科大稍强，五年中有三年冒尖，其中1992、1993年最为突出，；1991年清华的数字最大，有一位著者在这一年中也被SCI收录11篇文章；创最高纪录的是南大，1994年南大化学系薛奇（XUE G.）作为第一著者，有21篇文章被收录于SCI中。

表3是1994年各校第一著者人数，发表两篇以上文章的著者数及论文数以及占论文总量比值的统计。

表3 各校1994年第一著者和两篇以上文章著者的统计

单位	第一著者（人）	发表两篇以上文章的著者数（人）	发表两篇以上文章著者的论文数（篇）	两篇以上著者文章占各校论文总量的比值（%）
北大	247	45	109	35.1
复旦	173	33	85	37.8

续表

单位	第一著者（人）	发表两篇以上文章的著者数（人）	发表两篇以上文章著者的论文数（篇）	两篇以上著者文章占各校论文总量的比值（%）
南大	251	63	198	51.3
清华	161	31	94	42.0
中科大	200	48	136	47.2

由表3数据可看出各校科研力量及科研人员集中与普及的期刊。南大、北大的第一著者人数为最多，而南大发表两篇以上文章的著者多，北大发表一篇文章的著者多；中科大也是发表两篇以上文章著者较多的一个单位；清华虽然发表两篇以上文章的著者数最小，但这些著者的论文量却不少，其中有6人在1994年发表SCI刊物上4篇以上的论文；复旦的著者情况与北大有相似处。

3 关于各校各学科文献量的统计分析

比较SCI收录的各校各学科的文献，会发现它们之间有同有异，通过这些共同点与差异点的对比分析，可了解到各校各学科的发展情况和发展水平。本文根据SCI的机构索引，并参考来源索引，按著者所属的系（室、科、所等）进行了归类整理（原文对各校的统计表，咸鱼本刊篇幅，未一一列出），得出如下结论：

北京大学物理系遥遥领先，学术成果排名首位；化学系紧随其后，排名第二；数学系一直在第三、第四名之间徘徊；地球物理系的文献量每年均保持在10－20篇之间；技术物理系的文献量逐年看好；生物系、力学系的学术成果基本上也显逐年上升趋势；计算机科学系每年也均有数篇文章被SCI收录。

复旦物理系成果最丰，名列第一；数学系在前五年中一直排名第二，直至1995年被化学系超过，但就数学成果而言，复旦数学系的文献量是很高的;生物系在1992年时发展较快,文献量达18篇;化学系在1990、1992、1994三年中的文献量在全校排名第三,1995年首次超过数学系,名列全校第二;原子核科学系、材料科学系、电机工程系和分析测量中心每年均产生较多的文献。

南京大学物理系雄踞首位,且有着不可动摇的气势,每年物理系的文章就占全校文章总数的半数左右;化学系始终名列第二,而化学系的文献增长幅度是最大的,从1990年的26篇增加到1995年的164篇,六年中净增138篇,翻了两番还多,与物理系的差额越来越小;天文系、数学系、信息物理系的文献量排名次于物理、化学两系,但各系除1995年外每年的论文总数基本在20篇之内;地球科学系、生物化学系每年均有数篇文章被SCI收录;相对来说,计算机科学系、医学院、生物系和环境科学系的文献量较少,但其中有些单位1994年起面貌开始有所改观。

清华大学物理系的文献量名列榜首,且比后续单位高出很多。除物理系、科本身外,材料科学工程方面的文献也较多,1994年起增长加快,1995年时几乎与物理系持平;此外,核能技术所每年亦有不少文章被SCI收录,其1995年的论文达23篇;化学系、工程力学系、电机工程系的成果次之,这三系之间文献量的差距不大,但化学系1995年的成果突出,尤其是化工系的论文量较高。

与前几所理科学校有所不同的是,清华的工科成绩突出,这方面的文献量远远超过北大和南大。

中国科技大学物理、化学两系一直是学术榜上的冠、亚军,其中物理系的学术成果最丰;数学系、材料科学与工程系、地球及空间科学系以及结构和元素分析中心每年亦有一定的文献量。其中,材料科学与工程系的学术成果逐年上升,1995年已跃至全校第三位。

从五校间的比较来看,由于各校所设的系、科不同,各系所包括的分支学科不同,各学科的研究课题不同,故这一比较结果只能是相对的。

物理学科:成果量最高的为南大,其次北大,其他三校的物理成果接近,差距不大,但与南大、北大相比,有一定的距离。

化学学科:先是北大的成果多,中期北大、南大成果接近,但南大后来居上,1994 年时南大比北大要高出 1/3 强,1995 年两校化学系论文量都有大幅度提升。

数学学科:复旦与北大力量最强,其中复旦成绩最好;北大次之;中科大名列第三;第四、第五是南大与清华,但南大 1995 年数学成果较丰。后两者与前三者相比,差距较大。

生物学科:北大的成绩最为突出,几乎每年均有十余篇文献被 SCI 收录,复旦次之,复旦生物系在 1992 年时的成果尤为突出,南大的生化与生物两系的文献量合在一起列第三名,其中生化系的成果较多,而且著者比较集中。各校生物学科 1995 年时都有较快的发展。

计算机科学学科:北大的成果最突出,北大一校的文献量比其他四校的总和还高出许多。

地质、地理学科:北大与南大两者成果相当,不分强弱,南大地质学科 1995 年有较大的进展。

环境科学与工程学科:北大、南大、清华三校有相近的专业,三者成果相当,其中北大稍高些,南大稍低些,但南大 1995 年该学科发展较快。

电机工程学科:清华与复旦相比,前期两者相当,但后期清华的成果多于复旦。

精密仪器学科:清华与中科大相比,清华的文献量明显高于中科大。

自动化学科:清华与中科大相比,清华高于中科大。需要说明的是,清华与中科大这两所大学均有不少其他学校未设的学科,尤其在工科方面。

总的来说,五所学校的物理与化学几乎都是成果最多的系别。

北大除物理、化学两大强系外,其他理科各系均有建树,科研力量发展比较均衡,普及性好,在其他诸校发展薄弱的系科中如生物、计算机等,北大亦有一定的学科优势。

复旦除物理系外,数学系的成绩最为突出。其中数学的文献量在五所学校中独占鳌头,结合1994年著者分析的结果,大量的文献并非出自知名学者,而且科研较为普及,1994年31篇文章共有第一著者28人,只有两位著者一年内各发表两篇和三篇,可见这里出成果的学者较多。但复旦化学系较其他各校力量相对较少。

南大的物理、化学两系的成绩尤其突出,两系的科研成果占全校总数的2/3强,结合著者分析的结果,这两系学者中一人一年发表两篇以上文章的人数最多,尤其1994年化学系Xue G.一人共有21篇,占化学系当年全部文献量的1/6强。可见这两系的科研力量特别集中,形成了很大的优势。地质、地理与北大持平。但其他学科与另几所学校相比不占优势,有的甚至处于劣势。相对来说,南大在科研力量的均衡性,普及性方面还应更充分地挖掘潜力。

清华除物理、化学外,工科的科研成果很是突出。

中科大,除物理、化学外,有些专门学科的成绩斐然,如地球与空间学科、材料学科与工程,结构元素分析等。

4 关于各校登载文献的期刊排队统计

通过对五所学校被SCI收录文献所在期刊的考察,可帮助我们了解各校载文率最多的核心期刊,判断各校的科研侧重点,分析各校各学科在发展过程中的分散与集中,提高与普及的程度等。表4是五所大学六年中登载论文的期刊种类的统计。

表4 五所大学六年中登载论文期刊种类的统计(单位:种)

单位＼年份	1990	1991	1992	1993	1994	1995
北大	111	129	130	150	135	178
复旦	78	81	103	86	91	125

续表

单位＼年份	1990	1991	1992	1993	1994	1995
南大	90	87	103	135	125	165
清华	80	95	106	117	119	177
中科大	94	108	107	114	106	133

由表4的数据可做出下列分析：

(1)总的来说，各校登载文献的期刊种类几乎都处于逐年增加的状况，这与各校文献量的增长是同步的。

(2)对各校逐一分析，清华登载的期刊种类逐年增加；复旦以1992年的种类最多；北大、南大、中科大都是1993年为高峰。

(3)结合文献总量比较南大和北大，1994年和1995年南大的文献量高于北大，但北大的期刊种类却多于南大，其中，1994年北大发表一篇文章的期刊种类有87种，南大则为69种，北大同一期刊发表文章的最多篇数为18篇，南大则有26篇。可见，北大的科研工作铺开的面宽，在SCI收录的期刊上发表文章的专业多、著者多，期刊投向也多，而南大的科研比较集中，有似拳头之势。由此进一步证明了前文的假设。

(4)1994年，清华的文献量与复旦相当，但清华的期刊种类远多于复旦，1995年清华在SCI中收录的文献量相对较少，但期刊种类却最多，这与清华工科专业多有关。

(5)1994年，中科大的文献量高于清华，但期刊种类却少了十多种，结合前文对著者分析的结果来看，可知中科大也属于科研力量集中型的单位。

通过本文几个方面的统计与分析，用定量数据表达出了中国五所重点大学科研工作上的共同点和不同点，反映了各校的科研特征、学科优势和发展的趋向。

最后还需说明的是，本文仅依据学术榜检索刊物中比较侧重于基础理论研究方面文献的检索刊物SCI(《科学引文索引》)的统计分析，而应用学科、工科方面的论文，如计算机、工程技术等，还会反映在其他检索刊物，如《工程索引》《科技会议录索引》和《科学评论索引》中，有待于今后更进一步的统计、分析与比较。

原载于《情报资料工作》，1998 年第 3 期

1982—1996 年 SSCI 收录我国社会科学文献的定量分析*

科学论文是科研成果的书面记录，是科学交流的重要手段，同时也是科研人员和科研单位专业学术地位的主要指标之一。美国科技情报社出版的《科学引文索引》(*Science Citation Index*，简称 SCI)作为我国理科学术榜的重要统计源之一，对评价我国自然科学基础理论研究的现状提供了比较有效的数据。本文拟借助于美国科技情报社出版的同类型检索刊物《社会科学引文索引》(*Social Science Citation Index*，简称 SSCI)，对我国社会科学研究(不包括人文科学)的情况做些量性的统计分析，便于人们了解走向世界的我国社会科学研究的现状和实力。同时，也就 SSCI 收录中国社会科学研究论文方面的情况做些实证性的探索。

本文收集了 SSCI 1982－1996 年间所收录中国文献的几乎全部的数据。首先在“机构:索引”中查得全部的著者数据，再按已查得的著者名为检索点，逐一在来源索引中核对，并查出合著者人数、文献、篇名、著者单位以及参考文献等。在此基础上，对所查数据进行归类和分析。

一、文献数量统计分析

在 1982－1996 年各年中，SSCI 收录我国社会科学研究方面的论

* 本文与张岚合写。

文数量如表 1 所示。

表 1　文献数量统计(单位:篇)

年份	1982	1983	1984	1985	1986	1987	1988	1989	1990	1991	1992	1993	1994	1995	1996	合计
文献量	96	72	85	89	93	152	163	142	181	184	189	172	155	197	253	2223

由表 1 所提供的信息可以说明:

(1)15 年中,我国社会科学研究的文献量基本上处于增长状态,且增长的速度很快,文献量最高的 1996 年是最低的 1983 年的 2.5 倍,这反映了我国改革开放后,社会进步的步伐加快,社会科学研究飞速发展的现实。

(2)1986 — 1987 年间文献量增长最快,这同当时科技文献的发展是同步的。1987 年时,我国各个专业的科技期刊几乎都发展到品种最多,发行量最大的程度,各图书馆的购书经费相对于当时的物价而言,也几乎都是历年中最高的。

(3)1989 年时文献量有所减少,可能与当时的一场政治运动有关。可见,社会科学的研究在某种程度上依仗于国家的稳定,社会的发展。

(4)1990 年后的文献量基本上持平,1993 年时略有下降,而 1994 年后,文献量直线上升,这也是当前社会稳步前进,社科研究不断发展进步,并逐步走向成熟的反映。

从文献量的角度看,虽然我们的进步是肯定的,但与其他国家相比,尤其是科技、经济发达的国家相比,差距还很大。仅以 SSCI 所收文献量为例,1990 年,SSCI 机构索引中收录各国社科文献的总量为 1530 栏(每页 5 栏),其中美国 886 栏,占总数的 58%,英国 133 栏,加拿大 85 栏,澳大利亚 42 栏,中国仅 4.5 栏。尽管其中不乏 SSCI 在收录各国文献、各语种文献方面不平衡的偏差,但也有国内社科研究力量相对仍显薄弱的因素,需要引起人们的重视。

二、著者统计分析

本文将这15年中SSCI收录的我国社科文献按年度分别统计了"第一著者人数""合著者总人数""独立著者论文数""国外著者人数""2篇以上论文著者人数""4篇以上论文著者名、所属单位、研究主题"等项目,据统计结果分析可知:

(1)我国社会科学研究方面已拥有一定数量的著者,且著者涉及的学科面广,有一些高产著者,但高产著者人数还不多。

(2)相当数量的著者是瞬时著者,许多著者在SSCI中只有一篇或两篇文章。

(3)第一著者中的外国著者或外籍华人著者占总数的1/4左右,且他们所占的百分比逐年增加,由1982年的11%增加到1996年的36.5%。可见,国外对研究中国的社会科学热情高涨,且势头不减。

(4)许多外籍著者的论文有中国著者作为合著者的合作。

(5)同一著者同一年中被SSCI收录的论文量最多的是4篇,与自然科学相比,这个数字就显得很小。

(6)每篇文章的合著者从1.8人到2.7人不等,半数左右的论文量是单个的著者独立完成的。

(7)高产著者的研究主题最集中的是心理学,其次是精神病学,还有社会学。

(8)15年中,共有73人在SSCI中收录了2篇以上的论文,其中4篇以上的21人(其中外籍著者2人)。

三、地区统计分析

地区研究(Area Studies)本身也是社会科学研究的一个分支。本文以著者所在城市为单位统计了15年中我国在SSCI中的文献量，分析结果如下：

(1)省会城市是社会科学研究的主要地区，15年中，有31个省、直辖市、自治区的省会城市(包括收录在"中华人民共和国"标目下的香港、台北的文章在内，SSCI机构索引另还有标目收录这两个地区的社科论文)在SSCI中有文献收录，其文献量占全国社科研究总量的2/3还多。

(2)北京是我国社科研究的重地，起着绝对的举足轻重的作用，其文献量(811篇)大于全国所有省会城市文献量的总和，占全国文献总量的36.5%左右。

(3)上海也是我国社科研究力量较强的城市，15年中共有SSCI论文239篇。

(4)经济发达的沿江沿海城市在社科研究中也产生较多的成果，如广州、南京各46篇，杭州37篇，长沙、武汉各34篇等。

(5)产生较多文献的非省会城市一般都是所在省份的经济、科研重地，如苏州20篇，大连、重庆(在本统计时段中，重庆还未单列直辖市)各12篇。

(6)沿海开放地区在改革开放后加快了经济发展的步伐，但社会科学的研究力量相对还很薄弱，15年中，深圳、汕头、厦门、佛山等市也都有几篇论文被SSCI收录，但量很少，与其经济发展的规模与速度还不同步，应引起重视。

(7)15年中，国外著者(以著者单位为统计依据)、外籍华人和中国留学生研究中国社会科学的成果颇丰，尤其是在美国，共有论文385篇，占文献总量的17.3%。此外，加拿大51篇，英国37篇，德国12篇，日本12篇。还有澳大利亚、芬兰、瑞典、荷兰、印度、古巴、苏格兰、新加坡、比利时、赞比亚、北爱尔兰、西班牙、葡萄牙、法国、挪威、乌兰巴托等国家或地区亦有论文数篇。由此可见，国外学者对研究中国问题的积极性，同时也说明了SSCI收录文献时偏重于英文语种这一事实。

四、高等学校论文量统计分析

(1)在我国社科研究中,高校是一支重要的生力军。15 年中,有近 200 所院校被 SSCI 收录论文 1213 篇,占所统计文献总量的 54.6%,可见高校人才荟萃,科研力量集中,在社科研究中同样扮演着重要的角色。

(2)尽管如此,还有近半数的社科论文产生在高校之外,主要是在中科院和社科研究的一些专业研究所,医院的研究力量在社科研究中也发挥着作用,许多心理学、精神病学、健康科学和医学的论文出自于医学科研人员笔下。此外,许多教师进修学校的教师,包括中小学教师,也出了一定数量的教育学研究论文。

(3)国外有百余所大学在中国的社科研究方面发表 SSCI 论文 462 篇,占高校文献总量的 38.1%,占所统计文献总量的 20.7%。结合前文的数据来看,国外对中国问题的研究主要依靠大学的科研力量,其中,美国的投入量最大,人数最众,成果也最多。15 年中,美国有 60 余所大学的学者与中国的社科研究机构合作,或中国留学生以国外留学单位的名义发表论文 311 篇。

(4)排名在前列的多为国家教委直属文理科综合性大学,但也有理工科性质的综合院校和医科大学,具 10 篇以上论文的高校有北大、北师大、上海医大、北京医大、杭州大学、复旦、南大、人大、湖南医大、华东师大、清华、中山、南开、同济和武大等。除北大外,其他高校间文献量的差距不很大。

(5)北京大学 15 年中共有 SSCI 论文 115 篇,以极大的优势傲居榜首,充分展示了这所名牌大学在社科研究方面雄厚的人才基础。还需说明的是,结合后文中文献主题分析的结果看,北大社科研究的主题相当广泛,几乎处处有成果,没有空白的学科。

(6)杭州大学以及苏州大学(苏大有论文近 10 篇)虽非委属高

校，但仍有较多的文献，这与苏杭两地的地理条件不无关系，也说明了经济、文化、地理环境对科学研究的影响。

五、研究主题统计分析

本文据来源索引中论文的篇名，结合著者的单位和发表期刊的名称，对大部分论文的主题进行了归类与统计，得出15年中SSCI收录我国社科文献的主题类目共40个左右，现将具有20篇以上论文的共22个类目按文献量统计于表2中。

表2　按学科主题统计的部分论文量（单位：篇）

学科主题	心理学	经济学	社会学	健康	教育	政治	图书情报学	精神病学	管理	人类学	医学
论文篇数	327	270	232	139	135	130	99	98	82	79	78
学科主题	历史	自动化	语言	科技	数学	环境保护	考古	法学	民族学	城规	哲学
论文篇数	64	60	60	47	44	42	42	33	33	30	21

从表2中的数据以及未列入表中的其余的对学科主题统计的数据，我们见到：

（1）我国社会科学研究的涉及面广，几乎各学科都有文献收录。

（2）心理、经济、社会、政治、健康、教育方面的研究论文量较大。实际上，这些类目也都是国内社科研究的重点学科。需要指出的是，心理学的研究论文被SSCI的收录量最大，结合后文对期刊的统计结果看，该学科的论文除发表在国内期刊被英译的外，在国外期刊上的发文也较多；相对来说，国内研究论文量更大的经济学科，在SSCI中的收录量却没有跃上一个高峰。

（3）医学院校和医院著者的论文，主要集中在医学、健康和精神病以及心理学这几个学科。这些学科论文的合著者最多，且相当数量的论文用调查方法进行(如问卷调查,走访调查)。

(4)政治学科的论文量前期较少,后期增长较快,在1989、1990、1991年间的论文较为集中。

(5)教育学的论文,十多年中稳步发展,著者多在师大、师院、师专、教师学校和中学甚至小学。也有各级教委和党政部门的著者。

(6)图书情报学的研究十多年中亦稳步发展,除了专业本身的研究外,还有一些用文献计量的方法对其他学科进行科研计量分析的论文。除图书馆、情报所的著者外,高校图书馆学情报学系的教员著者更为集中。该专业的论文基本上是发表在国外期刊上而被SSCI收录的。

(7)人类学与考古学的内容时有交叉,尤其在古人类学的主题方面,中科院古人类学所和北大考古系的著者比较集中,此外,昆明和其他一些地矿所也有较多的文章产生。

(8)民族学、城市规划方面的论文在80年代后期逐渐增加。其中,民族学的著者,除北京民族研究所的专业研究人员外,还有许多边远地区医学院、教育学院的著者。

(9)SSCI中也收录一些自然科学方面的论文,如医学、数学、计算机、环境科学等。

(10)相对来说,我国管理学、法学、马列研究、新闻、宗教、体育等学科的研究论文在SSCI中收录较少,管理学与法学虽有一定数量的文献,但相对于这两个较大的学科而言,文献量显得薄弱了些。

六、核心期刊统计分析

本文对15年中SSCI收录中国论文的所载期刊也进行了统计分析(除几篇文章核对不上外,其余全部列入),按照各刊15年中的累计载文量计算,共2213篇文章刊载在788种期刊上,平均每刊2.8篇文章。根据统计结果分析如下:

(1)我国社会科学研究论文分布很分散,尤其是15年中只刊登一篇论文的期刊品种有470多种,共占刊物总量的60.7%,却只占论文总量的21.6%。

(2)期刊文种绝大部分为英文,此外还有很小量的日文、法文、德文刊物,除少量中文英译刊物外,几乎没有中文刊。

(3)有577篇论文的第一著者为国外著者,这些论文一般均发表国外期刊上,而且比较分散。

(4)有不少论文是由中文论文被国外研究中国问题的期刊英译后被收录于SSCI中的。但也有相当数量的国内著者的文章是用外文发表在国外期刊上的,说明了国内社会科学研究人员中部分学者具有较高的专业外语表述能力。

(5)15年中刊登20篇以上论文的期刊为:*International Journal of Psychology*;*Chinese Economics Studies*;*Chinese Sociology & Anthropology*;*Chinese Quarterly*;*Chinese Education*;*American Journal of Public Health*;*Chinese Medical Journal*;*Chinese Education and Society*;*Chinese Laws and Government*;*BR J Psychi*;*Social Science & Medicine*;*International Journal of Mental Health*;*American J. of physical Anthropology*;*Eugonomics*;*Asia Survey*;*Impact of Science on Society*;*International J. of Sociology and Language*。

七、引文统计分析

限于篇幅,本文仅对引文量做一些统计,目的是希望引起社会科学研究人员对引文表述的重视。我国社科研究中0引文数(所谓0引文,是指没有引文)较大,从13.5%至45.8%,平均26%,并且不见有减少的趋势。结合研究主题看,相当数量的心理学、医学、精神病学的论文无引文。引文最多的是1993年杭州大学Wang Z. M.发表在Ann R Psych一刊上的一篇心理学研究综述,共207篇引文,此外100篇以上引文的论文以国外著者为多。SSCI 一刊在来源索引中著录全部引文的著者、刊名和刊期，对引文分析提供了很大的便利。

八、思考与建议

基于前文七个方面的统计分析，结合我国社会科学研究的实际，本文提出下列几点看法：

（1）我国社会科学研究论文逐年增加，在本国内做纵向比较时，增长速度较快，但与国外做横向比较时，我们还有较大的差距，各门学科都需有较大幅度的进展。

（2）社会科学研究的普及面广，出成果较多，但需要更多的著者从瞬时著者向高产著者发展。

（3）各门学科的研究都应重视走向世界，争取在国外的专业刊物上占有更多的领地。尤其是目前发文量较少的学科。

（4）经济实力较强的沿海地区应考虑加大对社科研究的投入，包括思想上的重视以及人力、财力等组织方面的努力。

（5）边远地区应考虑依靠本地的研究机构，如研究所，大专院校等，结合本地区的实际，加强一些具体的、应用性的研究，如经济学、社会学、法学、民族学、语言等。

（6）国家重点的文理科综合性高校在加强自然科学研究力量的同时，应特别强调对社会科学研究的重视，希望有更多的院校能与北大匹敌。

（7）国内的社科研究还应充实对研究方法的研究与应用，如调查法、实验法。

（8）国内学者应逐步加强对各专业核心期刊的认识，注意文章的投向，保持已有的核心期刊，发展重点期刊。

（9）著者与期刊编辑部门都应重视对引文的描述，认识引文的意义。

(10)从本文对 SSCI 各类统计结果看,似乎并未发生与国内各专业研究实际相悖甚远的情况,说明 SSCI 能在一定程度上反映我国社科研究的实际。但 SSCI 在收录文献时有一定的片面性,例如,国外学者的文献收录较多,以至于载文期刊很分散,心理学、医学、精神病学等方面的文献比重较大,英语文献的收录率高。由此看来,SSCI 可以作为我国文科学术榜的一种统计源,但还应配备其他的检索刊物,尤其是反映中文的、反映核心刊物的、综合性的社科检索刊物。更理想的是,建立中国的社会科学引文索引或数据库。

注:限于篇幅,本文对统计原表及归类说明等做了删节。

原载于《南京大学学报》(哲学.人文.社会科学),1999 年第 3 期

1981—1996年《社会科学引文索引》收录我国图书馆学情报学专业文献的定量分析

美国科技情报社出版的系列引文索引，对于测定科研人员的声誉，评估科研工作的社会效果，预测科研活动的布局及科研力量的变化等，起着较为重要的作用。该系列引文索引之一《社会科学引文索引》(*Social Sciences Citation index*，简称SSCI)，在1981－1996年间，共收录我国内地图书馆学情报学方面的论文100余篇(港台文献在SSCI另计)，本文拟对这批文献做一具体的定量分析，以便于人们了解我国图书馆学情报学研究的现状、实力与水平。

1 文献数量分析

单独收集某专业学科在SSCI中的文献量是很困难的，因为该索引不提供学科分类的检索入口。本文是在收集整理了1982－1996年间SSCI收录我国社会科学研究成果全部数据(2223篇)的基础上进行的。表1统计的是该时间段SSCI收录我国社会科学领域中具有20篇以上论文的22个学科的论文量(文、史、哲的文献大部分收在A&HC I中，而在SSCI中收录不全)，人们可根据SSCI了解我国图书馆学情报学研究在整个社会科学研究中的位置。表2是1981－1996

年间我国图书馆学情报学各年论文量的统计，这是在 1982 — 1996 年间社会科学文献统计中对图书情报学文献统计的基础上增加了 2 篇有关出版方面的文献和 1981 年的 3 篇文献后得到的结果。

表 1　按学科主题统计的 1982 — 1996 年部分论文量

学科主题	心理学	经济学	社会学	健康	教育	政治	图书情报学	精神病学	管理	人类学	医学
论文篇数	327	270	232	139	135	130	99	98	82	79	78
学科主题	历史	自动化	语言	科技	数学	环境保护	考古	法学	民族学	城规	哲学
论文篇数	64	60	60	47	44	42	42	33	33	30	21

表 2　1981 — 1996 年图书馆学情报学各年论文量统计（单位：篇）

年份	1981	1982	1983	1984	1985	1986	1987	1988	合计
文献量	3	1	5	2	5	6	5	7	104
年份	1989	1990	1991	1992	1993	1994	1995	1996	
文献量	7	11	9	7	6	7	12	11	

由表 1、表 2 可见：

- 十多年来，我国在境外发表的图书馆学情报学专业论文量基本上保持着稳步上升、略有增长的态势。既没有空白的年份，也没有突飞猛进的增长，未见大起大落的变化。

- 在 SSCI 所收文献中，我国图书馆学情报学研究成果在我国社会科学研究中处于前列，占据着较为重要的位置。与国内一些索引刊物（如《全国报刊索引》《人大报刊复印资料》）所收录的文献量相比，相对于其他学科而言，我国图书馆学情报学在国外发表的文献的比率比国内的高。这一方面，说明我国图书馆学情报学研究人员相对比较重视文献的国际交流；另一方面，也说明我国社科研究还比较封闭，研究大门还未完全敞开。

- 从文献量的角度看，虽然我们的成绩和进步是肯定的，但总的来说，论文的数量还很少，论文最多的 1995 年也才只有 12 篇，增长速度不快,且未出现呈规律性的增长趋势。

2 著者分析

在1981－1996年我国被SSCI收录的104篇图书馆学情报学专业论文中,由独立著者(即没有合著者)完成的论文有68篇;若以第一著者为准统计的话,共有第一著者83人,也就是说,这83人中,有些著者发表了2篇以上的论文;而若将合著者统计在内,这104篇文章的全部著者为139人,篇均著者为1.3人。表3是以第一著者为准对发表2篇以上论文的著者的统计。此外,还有一些虽未以第一著者身份发表多篇论文,但在合著者中却能常看到他们的名字,如Pao ML、Zhang QQ、Zuang ZY、Fang ZL等,他们未被统计在表3内。

表3 高产著者统计

论文数(篇)	著者名	著者单位*
7	Zhang HQ	国家药品和生物制品监督所
4	Tao H(Y)等	加拿大魁北克Mc Gill大学图书情报学院,上海图书馆,上海大学文献情报管理系
3	Gong YT	伦敦城市大学情报系,上海图书馆,中国科学院上海文献情报中心
3	Wu GW	华东师范大学图书情报系
2	Craw ford DS Xiong DH	加拿大魁北克McGill大学图书情报学院,沈阳医科大学
2	Liang LM (Li ML)	河南师范大学
2	Luo XY	中国科技信息研究所,中国科技信息研究所重庆分所
2	Meng GJ	中国科学院文献情报中心

续表

论文数(篇)	著者名	著者单位 *
2	Wang C	苏州医学院
2	YU JF 等	北京大学图书馆学系
2	Zhang YX	中国社会科学院文献情报中心
2	Zhao HZ	中国科学院高能物理研究所(北京)

* 本文所有汉译名称和例述均据 SSCI 英文原文译出。

由上述数据可见:

- 我国图书馆学情报学界已拥有一定数量的在境外用汉语言以外的语种发表论文的著者,但与国内这一专业所发表论文的数量相比,这个数字还显得很小。
- 有一些高产著者,他们为中国图书馆学情报学的研究成果走向世界做出了重要贡献,但这些高产著者的人数不多。
- 相当数量的著者是瞬时著者,绝大部分著者在 SSCI 中只有 1 篇论文。
- 每篇论文的著者数平均为 1.3 人,这一数据也反映了我国图书馆学情报学研究中的一个倾向,即个体研究较多而合作研究较少,这其实也说明相当多的研究人员进行的是小范围的、书斋式的研究,而规模较大的调查研究、实验研究则相对缺乏。
- 在所统计的全部著者中还有少量外籍著者,不过大部分外籍著者都有国内著者作为合著者。

3 期刊统计分析

所统计的 104 篇论文分别刊登在 40 种期刊上,其中有中文期刊 1 种、德文期刊 1 种,其余 38 种均为英文期刊。表 4 列出了刊登 2 篇以上论文的期刊,表 5 则是按学科主题分类统计的期刊种类(其分类略有交叉)。

表4　刊登两篇以上论文的期刊统计

期刊刊名	文献量(篇)
Bulletin of theMedicalLibrary Association	3
China Quarterly	2
Education for Information	3
Information Proceeding &Management	6
IntInf Lib	3
Int J. InfM	2
International Library Review	3
International Review of Industrial Property and Copyright Law	4
Interblending Document Supply	2
International Forum on Information and Documentation	4
Journal of the American Society for Information Science	3
Journal of Education for Library & Information	7
Journal of Information Science	8
Know 1 Organ	2
Library Acquisition	4
Libri	4
Nach rich ten fur Dokuentation	2
Proceedings of the American Society for Information Science	4
Scientometrics	11
Serials Librarian	3
SpecialLibraries	2

表5　按学科统计的期刊种类

学科	期刊种类	学科	期刊种类
图书馆学情报学综合	3	医学和医学图书馆	3
图书馆学	9	图书馆馆学情报学教育	2
情报学	11	档案学	1

续表

学科	期刊种类	学科	期刊种类
电子图书馆	2	非图书馆学情报学	11
文献学	2		

分析表4、表5的数据，我们得知：

• 我国图书馆学情报学专业在国外发表论文的刊物虽比较分散，只刊登1篇论文的刊物有近20种，但还是有21种刊物发表了2篇以上的论文。

• 图书馆学与情报学刊物几乎各占一半，情报学的刊物略占优势。

• 有11种非图书馆学情报学的刊物刊登了我国图书馆学情报学的论文，如医学、社会科学、自然科学、通讯或综论性的刊物，若将科学计量学刊物Scientometrics计算在内的话，这个数字还要大些，这反映了图书馆学情报学向其他学科的渗透。

• 有12种刊物共刊载了我国图书馆学情报学的论文51篇，占总量的49%还多些，可以看作是这16年中发表我国图书馆学情报学研究成果的外文核心期刊。但由于被统计文献总量较小，每刊刊载我国论文的数量也太少，所以这组核心期刊波动变化的可能性是很大的。

• SSCI收录刊物刊载我国社会科学研究论文的平均载文量为2.8篇，而图书馆学、情报学刊物载文量则略小于这个数字（2.6篇）。但需说明的是，在SSCI收录我国社会科学论文的期刊中，有不少是国外的中文英译刊物，其论文量约占总量的13.8%左右，而SSCI所收录的我国图书馆学情报学的论文只有2篇刊载在中文英译刊物上，占总量的1.9%。这一方面说明我国图书馆学情报学研究人员具有较高的外语水平，绝大多数在境外发表的专业文章直接以外文发稿，另一方面也提醒人们，我国图书馆学情报学专业论文在国内有影响的综合性、专业性社科刊物上也应占有一席之地。

4 地区和机构统计

地区研究(area studies)本身也是社会科学研究的一项内容,本文按所统计论文提供的单位名称及其所在城市进行了统计,所得结果见表6。

表6 著者所在城市统计

地区	国内									
	北京	上海	武汉	长春	广州	济南	苏州	新乡	重庆	南昌
文献量	43	14	8	3	2	2	2	2	1	1
地区	国内					国外				
	南京	宁波	无锡	西安	咸阳	美国	加拿大	英国	比利时	德国
文献量	1	1	1	1	1	10	6	3	1	1

从统计中,我们看到:

• 在我国的图书馆学情报学研究中,一些部委直属单位和地方情报所的研究人员发挥了很大的作用,这与情报所拥有许多专职外语翻译人才不无关系。其次是高校的教员。他们凭着颇有造诣的专业研究能力和良好的外语表述水平,将国内图书馆学情报学的研究成果介绍给世界,或通过自己的观点、理论在国际论坛上争取发言权,为我国图书馆学情报学走向世界做出了贡献。

• 北京、上海是我国图书馆学情报学研究走向世界的重地。在北京,成果最多的是情报部门和一些专业研究所,如中国科技信息研究所、中国科学院、中国社会科学院和中国农业科学院的文献情报部门以及国家药品与生物制品监督所;其次是高校,如北京大学、北京师范大学等,而在上海,高校的成绩则更突出些,如华东师范大学、上海师范大学、上海大学。

• 16年中,国内高校有39篇图书情报学论文被SSCI所收录,著者多为图书馆学情报学系的教师和图书馆馆员,具体情况见表7。

表 7　高校论文量统计

学校名称	北京大学	武汉大学	华东师范大学	北京师范大学	东北师范大学	河南师范大学	吉林工大	苏州学院	中山大学	北京邮电学院	复旦大学	河海大学	湖北大学	华中师范大学	宁波大学	山东大学	山东金融学院	上海大学	上海师范大学	西安公路学院	西北轻工业学院
论文数	6	6	3	2	2	2	2	2	2	1	1	1	1	1	1	1	1	1	1	1	1

由表 7 可见:在高校中,北京大学、武汉大学的文献量最高,这与它们拥有我国最早和最有威望的图书情报学院(系)密切相关。华东师范大学的文献量次之,该单位 Wu GW 一人包揽了全部 3 篇论文。尤其难能可贵的是,有些院校并没有图书馆学情报学系或专业,是图书馆的馆员们为之付出了努力。除表 7 中统计的数据外,还有些单位,如沈阳医科大学、杭州粮食学院、南京大学等因作为第二单位发表的论文而未被统计在内。

- 有 17 篇文章是以国外机构为第一单位的名义发表的,17 篇中有 16 篇来自大学。其中,有些是外籍著者亲自参加的,也有的是留学海外的国内学者以留学单位的名义发表的成果。

- 总的来说,国内许多城市在这方面的文献量还很小甚至是空白,可见发表专业外文文献的难度还很大,普及面还很有限。

5　文献主题统计分析

本文据 SSCI 来源索引对所统计论文的篇名描述,结合所发表论文的期刊刊名以及著者所在单位等信息,对大部分可归类、可识别的论文的主题进行了归类和统计,其结果见表 8。

表 8　文献主题统计

文献主题	文献量(篇)	文献主题	文献量(篇)
图书馆史和图书馆学史	4	情报检索与情报源	8
图书情报事业和工作	11	情报学其他	4
图书馆学情报学教育	13	标引语言	4
图书采购与保护	2	文献计量	9
期刊工作与研究	6	科学计量	7
情报理论	4	知识产权	5
情报系统	16	档案学	2
计算机应用与自动化	5	出版	2

为了便于了解 SSCI 收录我国这一研究领域论文的具体内容,也为了能准确地表达表 8 中各类目的含义,笔者在此将表 8 中部分类目所收文献篇名译出并例述如下(包括汉译篇名、SSCI 收录年第一著者和所在单位):

——图书馆史与图书馆学史

上海公共图书馆的沿革,1849 — 1943 年(1993,Zhong WJ,上海图书馆)

中国图书馆学的发展,1949 — 1989 年(1992,Feng Q,中国图书馆学会)

美国图书馆学对中国图书馆学的影响,1840 — 1949 年(1991,Cheng HW,广州中山大学图书情报系)

——图书情报事业和工作

中国图书馆 1978 — 1987 年采取的管理措施(1988,Wu GW,华东师范大学图书情报系)

中国的图书馆和信息服务(1983,Luo XY,中国科技情报研究所)

中美两所医学图书馆的合作(1988,Xiong DH/第二著者,沈阳医科大学)

中国国家图书馆的馆际互借(1983,Huang JQ,北京图书馆)

中国的专业图书馆与情报服务(1995,Rui C,宁波大学情报服务

部）

建立中国的学术图书馆与情报网络（1996，Zhu Q，北京大学图书馆）

——图书馆学情报学教育

当前中国大陆培养科技学者的情报教育分析（1990，Liang ZJ，南京，河海大学图书馆）

中国图书馆学研究生教育[1990，Bo LC（第二著者），北京外国语大学]

中国图书馆学教师的管理与评价（1989，Wu GW，华师大图情系）

中国的情报学教育（1985，Shu FC，武汉大学图书情报系）（1985，Yimin Y，武汉大学图书情报系）

吉林工大情报工程研究生课程（1992，Jing JP，吉林工业大学情报工程系）

中国图书情报学教学模式（1994，Liu KJ，华中师范大学信息管理系）

——图书采购与保护

中国高校图书馆采购预算（1995，Li MM，山东金融学院图书馆）

——期刊工作与研究

中国期刊选订参考工具书介绍（1991，Tao H，上海图书馆）

上海图书馆期刊部介绍（1989，Tao H，加拿大 McGill 大学）

中国图书馆学信息学期刊文献综述（1989，Tao HY，上海大学文献情报管理系）

电子出版物环境的理论与实践（1994，Zheng M，北京大学计算机研究所）

——情报理论

信息的定义与信息学（1988，Zhang YX，北京社科院文献信息中心）

齐夫定律用于汉字的再处理（1992，Zhang QQ/第二著者，杭州粮食学院）

情报经济学的初步探讨(1987,Li SN,国家科技发展中心)

关于情报保存的法则(1990,Qi QY,北京师范大学图书馆系)

——情报系统

中国经济特区的情报活动(1991,Wang C,苏州医学院情报系)

开创中国的支持经营需求的情报系统(1991,Fu JH/第二著者,南京大学)

中国的科技情报系统(1990,Ge SX,中国科技情报研究所)

中国国家文献提供系统的建立(1988,Zhao YC,中国科技情报研究所)

中国科技情报系统的主要特点(1988,Lu TH,江西科技情报研究所)

中科院的图书馆和情报系统(1986,Gong YT,上海图书馆)

中科院声学情报系统(1985,Yu Y,中科院声学研究所)

中国的二次情报系统与服务的产生与运营(1995,Dong XY,北京大学信息管理系)

设计城市范围的信息系统(1995,Zhi YC,无锡企业管理培训部门)

——计算机运用与自动化

微机与只读光盘——中国图书馆自动化的最佳选择(1992,Ma ZW,北京邮电学院通讯工程系)

计算机汉字输入有效性研究(1983,Yu JF,北京大学图书馆系)

汉字结构和输入方法(1983,Yu JF,北京大学图书馆系)

中国化学化工领域计算机的应用(1990,Jingfeng H,北京化工部科技情报研究所)

——情报检索与情报源

中国文献情报源发展中的一些问题(1993,Gong YT,上海文献情报中心)

建立中国东部地区的联合馆藏(1993,ChenS,上海师范大学图书馆)

中科院的文献资源与分布(1993,Meng GJ,中国科学院文献情报中心)

中国计算机情报检索的现状与趋势(1989,Wang B,武汉大学图书情报学院)

中国的国际联机检索服务(1986,Zhang JX,中国科技情报研究所)

如何获得中文资料(1989,Tao HY,上海大学文献情报管理系)

Medline 中的中国传统医学文献(1994,Zhang HQ,国家药品与生物制品监督所)

——标引语言

中国的叙词与分类系统(1986,Zeng L,湖北大学)

组面分类法——从知识组织范例的角度对其特点的思考(1994,Xiao Y,山东大学信息管理系)

建立一种医学情报词表(1995,Ogg,NJ,美国密苏里大学情报科学系)

——文献计量

中国图书情报学出版物的统计(1988,WU GW,华东师范大学图书情报系)

三十二个国家科技出版物的齐夫分布研究(1993,Liming L,河南师范大学)

引文研究[1991,Zhu J(第二著者),上海核研究所]

三种医学图书馆期刊的著者特征(1995,Zhang HQ,国家药品和生物制品监督所)

针灸文献计量分析(1995,Zhang HQ,国家药品和生物制品监督所)

药物研究论文的著者研究(1996,Zhang HQ,国家药品和生物制品监督所)

中国 1986－1990 天文学文献的统计分析(1995,Liu JM,中科院上海天文台)

——科研计量

据年龄组分析主要科技成果的分布(1995,Liang LM,河南师范大学)

从科技生产力角度考察中国医科大学的研究行为(1996,Zhang HQ,国家药品和生物制品监督所)

——知识产权

中国专利法与专利情报服务(1994,Qi YL,北京大学信息管理系)

欧洲专利法的问题(1996,Tang HD,最高法院)

——出版

中国出版业的组织(1986,Keldman G,商务印书馆)

——档案

中美档案研究中的共同点与差异点(1992,Xu YQ,复旦大学)

由上述统计数据及文献篇名的例述,我们可以看到:

• 我国在境外发表的图书馆学情报学论文的主题范围比较宽,涉及该专业的许多方面,但以综合性、整体性的研究为主。

• 从总体上看,情报学的研究多于图书馆学的研究,这与国内情报学研究的上升趋势趋于一致。

• 计量研究在这些文献中占有不小的比例,不仅是本专业内的计量研究,还有不少科研计量的文章。

• 具体专业内容(如分类、编目藏书、情报需求、情报利用、用户研究、检索语言等)的研究文章甚少。

• 从篇名分析中我们可以看到,绝大多数的论文是介绍性、描述性的。介绍性的论文共有 50 余篇,而研究性的论文只有 20 余篇(还有少量仅凭篇名不能区分的论文未计在内),尽管研究性论文自 90 年代起逐年有所增加,但我国图书馆学情报学研究在走向世界时,还应从具体的研究角度去努力。

6 引文统计

SSCI 在来源索引中著录所收录论文的全部引文的详细数据,包括被引文献的著者、刊名、刊期以及引文总数,对引文分析提供了很大的便利。

在本文所统计的百余篇论文中,共查得引文 965 篇,篇均引文量为 9.3 篇,而引文为 0 的论文共有 28 篇,占论文总数的 27%。被引文献的语种绝大多数是汉语,有外文引文的论文多为外籍著者(包括中国留学生)或与外籍著者合作的产物。对于本专业在国外发表的介绍性、描述性论文来说,引文量低、0 引文(即引文数为 0)论文量高说明,我们许多论文仍然停留在经验、印象的阶段,我们在充分继承与借鉴已有的科研成果方面,在学科发展的前后连贯方面,在精确地考据、推敲、验证方面都还需要做出很大的努力。当然,这种情况自 90 年代起已有所好转,这是十分可喜的现象。

参考文献

1 Social Science Citation Index,1981 - 1996

2 华薇娜. 对中美图书馆学情报学期刊引文统计的比较研究. 中国图书馆学报,1995(3)

3 邵献图. 西文工具书概论. 北京:北京大学出版社,1988

4 邹志仁等. 情报研究定量方法. 南京:南京大学出版社,1992

原载于《图书情报工作》,1999 年第 10 期

对美国图书情报学院前20强的定量分析与实例研究

在世纪之交,人们正逐步进入知识经济时代。随着互联网在世界范围的普及和发展,图书馆学情报学教育在中国乃至全世界都处于一个发展的转折时期。面对着21世纪信息社会的严峻挑战,作为培养图书馆学情报学人才的高等学校图书馆学情报学院(系),我们在形式和内容上该怎样掌握其变化和发展的方向?本文根据《美国新闻与世界报道》(*US News and World Report*)出版公司公布的1999年和2000年美国图书馆学情报学研究生院排名的结果,通过网上检索,分别查得列于前20强的24所图书馆学情报学院的详细资料数据。在此基础上,进行了多方面的归类、统计和比较分析。

1 美国1999年和2000年名列前20位的图书馆学情报学院校

美国著名的《美国新闻与世界报道》出版公司(US News and World Report,Inc.)最近在因特网上公布了2000年(同1999年)美国图书馆学情报学研究生院20强的排名结果,其具体单位、综合得分和排名名次如表1。

表1　美国图书馆学情报学研究生院前20强

名次	综合得分	单位名称	单位网址
1	4.4	University of Illinois – Urbana – Champaign	http://alexia. lis. uiuc. edu
1	4.4	University of North Carolina – Chapel Hill	http://www. ils. unc. edu
3	4.0	Syracuse University(NY)	http://istweb. syr. edu
3	4.0	University of Michigan – Ann Arbor	http://www. si. umich. edu
3	4.0	University of Pittsburgh	http://www. sis. pitt. edu
6	3.9	Indiana University	http://www. slis. indiana. edu
6	3.9	Rutgers State University – New Brunswick(NJ)	http://www. scils. rutgers. edu
8	3.8	University of Wisconsin – Madison	http://polylot. lss. wisc. edu/slis/
9	3.7	Drexel University(PA)	http://www. drexel. edu
10	3.6	University of California – Los Angeles	http://www. ucla. edu
10	3.6	University of Texas – Austin	http://www. gslis. utexas. edu
12	3.5	Florida State University	http://www. fsu. edu
12	3.5	Simmons College(MA)	http://www. simmons. edu/gslis/
14	3.4	University of Maryland – College Park	http://www. clis. umd. edu
15	3.2	SUNY – Albany	http://www. albany. edu
15	3.2	University of North Texas	http://www. unt. edu
15	3.2	University of South Carolina – Columbia	http://www. libsci. sc. edu
18	3.0	SUNY – Buffalo	http://wings. buffalo. edu
18	3.0	University of Washington	http://www. washington. edu

续表

名次	综合得分	单位名称	单位网址
20	2.9	Kent State University(OH)	http://www.kent.edu
20	2.9	Texas Womans University	http://www.twu.edu
20	2.9	University of Tennessee – Knoxville	http://www.utk.edu
20	2.9	University of Wisconsin – Milwaukee	http://www.uwm.edu
20	2.9	Wayne State University(MI)	http://www.wayne.edu

需要说明的是,本文讨论的中心虽然是研究生院,但美国的图书情报学教育主要是面向研究生的教育,对于本科生的图书馆学情报学教育,在我所考察的院校中,几乎都是放在图书情报学研究生院进行的。从这个意义上说,在这一研究主题中,考察研究生院同样具有典型意义,并具有中外比较研究中的可比性。

US News and World Report 近年来每年都为商学、法学、教育学、医学、工程等学科做研究生院校综合素质的调研和排名。在所考核的各项指标中,除利用相当数量的客观指标外,很重要的一个测定项目是学术指标。对学术指标的考核主要包括两项调查,一是院系内调查,即考核所调查学院系科的主任和教员,请他们为所属学科专业的院校系科打分。分数共分五个级别:杰出(distinguished)、强(strong)、好(good)、一般(adequate)、及格(marginal)。然后,对每个系的打分结果进行处理,各去掉其最高分和最低分。二是校外调查,主要是对雇佣毕业生的单位或有意聘用毕业生的单位的有关人员进行调查,了解他们对相关专业各院校研究生院的看法,然后得出平均总分。继而据多种已有的研究成果和资料数据核实所收集的有关数据。并对每一参数赋以一定的权重。最后,在同类高校中,按权重排队。学术指标占所有考核指标的40%,其中,校内校外各占15%—25%,各校不等。总之,专家们认为,学术指标是考核高等教育单位的一个有确定根据的指标,一个优秀教育单位的毕业文凭,对其毕业生在求职竞争中获胜提供了相当有分量的砝码。对于图书馆学情报学来说,*US News and World Report* 今年考核了48所由美国图书馆协会(ALA)认可的图书馆学情报学学院,最后从中排出前

20 强。各项数据基于 1998 年秋对各研究生院(系)的院长、主任和教员的调查、个人问卷等。每所院系的学术质量指标也都分为五个等级。

2 关于院系名称

院系名称是一个外形特征,虽然不能对院系的本质特征起到决定作用,但也在一定程度上反映或影响着其主体的活动甚至其发展方向。国内的图书情报院系在 90 年代初期曾掀起过一股改名风,至今为止,许多院系都改名为"信息管理系"或与之相近的名称。这也许是我国这一时期图书馆学情报学的一个特色,反映了社会政治、经济、文化等因素对图书情报教育的冲击。本文也考察了美国图书馆学情报学学院的名称,似乎是希望能通过这一外形特征,来揣度、探究美国图书馆学情报学教育在美国高等教育中的学科角色、位置。表 2 对美国 24 所图书馆学情报学学院名称进行了归类排列。

表 2 美国图书馆学情报学学院名称

序号	院系名称	所属高校
1	School of Library and Information Science	University of Illinois – Urbana – Champaign Indiana University Texas Womanś University University of Washington University of Texas – Austin Simmons College (MA) University of Wisconsin – Milwaukee University of North Texas Kent State University (OH)
	College of Library and Information Science	University of South Carolina – Columbia
2	Library and Information Science Program	Wayne State University (MI)

续表

序号	院系名称	所属高校
3	School of Library and Information Studies	University of Wisconsin – Madison
4	Colleges of Library and Information Services	University of Maryland – College Park
5	School of Information and Library Science	University of North Carolina – Chapel Hill
6	School of Information Science	University of Michigan – Ann Arbor University of Tennessee – Knoxville
7	School of Information Studies	Syracuse University (NY) Florida State University SUNY – Buffalo
8	School of Information Science Dept. of Information Science & Telecommunication Dept. of Library & Information Science	University of Pittsburgh
9	School of Information Science and Policy	SUNY – Albany
10	College of Information Science and Techology	Drexel University (PA)
11	School of Education and Information Science	University of California – Los Angeles
12	School of Communication, Information and Library Science	Rutgers State University – New Brunswick (NJ)

如表2所示,24所图书馆学情报学学院的名称有12种之多,在很多情况下,几乎是一校一种名称。概括起来主要有如下几大类型:一是图书馆学情报学学院。完全符合这一名称的共有10所学院,另有3所学院名称有少许出入,以Program,Studies,Services取代Science一词(不用图书馆学情报学,而用图书情报研究,图书情报活动或图书情报

服务)，但总的来说应归入这一类。二是信息学院。若忽略信息学与信息研究的区别的话，有6所学院。但其中的匹兹堡大学，在信息学院下，又分设信息学与通讯系和图书馆信息学系，有少数教授在两系均有岗位。此外，还有一所信息学图书馆学院，一所信息科学与政策学院，一所信息科学与技术学院。还有把教育与信息学合系的，但其教员则分别设岗。也有把通讯、信息学与图书馆学几门学科合为一系的。

无论名称如何，现在几乎每一所院校都是传统与现代并重，图书馆学与情报学相提并论。但确实是，称情报学院的单位更强调现代技术，更加强调情报学的内容。结合后文对研究领域与课程设置的分析和例述，我们能清楚地看到这一点。

国内近年来常用“情报”与“信息”两个术语的争论，而实际上，这两个词在我们这一领域在某种程度上或者是通用或者是混淆的。而国外对于Information Science一词，看来也是有多重含义的。匹兹堡情报学院内，用了三个Information Science，并同时存在于两个系名中。只是有一点，在这24所图书馆学情报学学院中，尚无“信息管理学院”的名称。

3 师资状况分析

对一个教学单位的评价，很重要的一点是对其教员的考察。本文根据网上最新的资料，对上述图书馆学情报学学院教员的职称、性别及研究领域做了如下几方面的统计。由于各校在网上公布的数据标准及格式不尽统一，有些统计不能包括全部研究对象(如性别统计)，有些数据置于“不清楚”栏目。

3.1 人数与职称统计

表3 各校在编教员人数和职称统计

单位名称	职称				不清	数据库更新日期
	教授	副教授	助教	讲师与教员		
University of Illinois – Urbana – Champaign	5	4	9	1	1	11/10/99
University of North Carolina – Chapel Hill	6	6	7	1		06/08/99
Syracuse University(NY)	4	8	12	1	1	11/05/99
University of Michigan – Ann Arbor	14	10	7	2		11/17/99
University of Pittsburgh (DLIS and DIST)	10	14	10		5退	11/03/99
Indiana University	1	7	6	1	1	10/08/99
Rutgers State University – New Brunswick(NJ)	6	1	1	1	5	(07/28/99)
University of Wisconsin – Madison	5	3			4	(12/08/99)
Drexel University(PA)	11	6	7	3		12/04/99
University of California – Los Angeles	5	4	4		1退	08/25/99
University of Texas – Austin	11		4	1		11/07/99
Florida State University	7	5	6	1	1	10/20/99
Simmons College(MA)	8	4	3			12/03/99
University of Maryland – College Park	5	5	1	2	1	(12/09/99)
SUNY – Albany	1	5	1			11/11/99

续表

单位名称	职称				不清	数据库更新日期
	教授	副教授	助教	讲师与教员		
University of North Texas	4	3	4		2	11/10/99
University of South Carolina – Columbia	5	2	4	3	1	11/11/99
SUNY – Buffalo	4	4				11/05/99
University of Washington	1	8	6	1		09/07/99
Kent State University(OH)	2	6	3		1	10/01/97
Texas Woman's University	2	1	7		1	06/21/99
University of Tennessee – Knoxville	3	3	6			11/19/99
University of Wisconsin – Milwaukee	2	3	7		4	11/16/99
Wayne State University(MI)	6	2	2	3		Nov. 99

在表3中所统计的各校教员人数基本上均为各校全日制的常设的教员数,除此之外,许多图书情报学院都有兼职教员(Adjunct Faculty 和 Past-time Faculty)、访问教员(Visiting Faculty)、退休教员(Emeritus Faculty)、任课教员(Lecturer)以及办公室职员(Staff)等。

另外,有些单位主页中未交代最新的网页更新日期,故在表3的更新数据栏目中收录的是打开网页的日期,并在此日期上加括号。

由表3数据可见:

(1)各院系的正式教员人数相对来说都很少,只有个别学院的在编教员超过30人,不少学院就只有几个人。这在我准备本文之前是始料不及的。但几乎每个院系都聘请了许多有关领域或部门中的专家、学者作为兼职教员。如德克萨斯-Austin 的兼职教员有20人之多;纽约州立大学 – Albany 有兼职教员8人,另还有退休教授15人;印第安纳有非正式教员(Associate Faculty)20人,兼职教员(Adjunct Faculty)达27人,还有退休教员9人。

(2)两三个月之前打开网页收集的数据与两三个月后再收集的数据相比,许多单位的教员都有大小幅度不同的变动。变化最多的是助教这一层次。副教授级亦有少量变动。可见美国图书馆学情报学教学单位的人才流动也是比较普遍的。如:北卡罗来纳 - Chapel Hill,1999年6月8日比1999年1月7日的数据多2人;密歇根大学,1999年11月17日的数据比1999年3月29日的数据增加了2名助教和1名副教授,另有2名研究人员(Research Fellow)在这期间改为博士后;印第安纳大学,1999年12月8日数据比1999年8月29日的数据,减少了助教1人;锡拉科斯大学,1999年12月8日的数据比1999年8月9日的数据增加7人(其中助教5人、副教授1人、教员1人),减少助教1人;伊利洛斯大学,1999年11月10日的数据比1999年7月30日的数据减少了2名副教授等。

(3)教员职称主要是三种教授职衔:教授(Professor,包括Research Professor),副教授(Associate Professor)和助教(Assistant Professor)。各校讲师(Lecturer)与教员(Instructor)的人数都很少。各校各种教授职衔之间的比例也似乎是各行其是,各有标准,有的教授很多,而助教很少,有的则恰恰相反。

3.2 性别统计

表4 根据性别统计的教员数

单位名称	男	女	不清
Drexel University (PA)	17	9	
University of South Carolina - Columbia	11	4(1)	
SUNY - Albany	4	3	
Rutgers State University - New Brunswick (NJ)	7	7	
University of Wisconsin - Madison	4	6	2
University of North Carolina - Chapel Hill	11	9	
Syracuse University (NY)	14	6	6

续表

单位名称	男	女	不清
Indiana University	10	5	1
University of Texas – Austin	7	9	

表4是对教员性别的统计,有的是据网页所附的教员照片,有的是据教员简介里的英文用词 he, she, his, her 而确定的。由于各单位网页设计的思路与方法不同,故这类数据不是每个单位都具备的。

虽然表4没有收全24个单位的数据,但亦已给了我们一些足以进行分析的依据。表中数据告诉我们,在美国的图书馆学情报学教育中,女性教员的角色是不可忽视的,也可以说,起到了半边天的作用,不少女性同样承担了教授、副教授甚至系主任的职位。这里虽然没有统计其他学科的可靠数据借以比较,但从感性认识看,女性在这一学科的分量可能相对要大些。这可能与女性较多地介入图书情报工作有关。但由于该领域研究范围的扩大,男性教员数量又不少于女性教员。

另根据美国一篇论文对美国 Illinois 州图书馆学情报学专业著者的分析,近年来该地区发表1篇论文的著者中,56.39%是女性;2篇论文著者中,女性占69.23%;而6篇文章的著者就全部是女性了。这也许是对本文这一分析结果的一个实例佐证。

3.3 教员学历及知识背景统计

在24所图书情报学院中,打开任何一所学院教员的网页,都会留下深刻的印象。总结起来有这样几点:

(1)绝大部分教员,尤其是正式的全职教员,无论是教授还是助教、讲师,都具有博士学位,有的甚至还不止一个博士学位或不止一个硕士学位。如德克萨斯 – Austin 的 Davis 在1961、1963年分别获得史学学士、硕士学位,1964年获图书馆学硕士学位,1972年获图书馆学博士学位,1996年又取得神学研究班硕士学位。

(2)越来越多的教员不仅具有文科的教育背景,如具有文科类的学士或硕士学位，而且也具有理科类的教育背景，即拥有理科学衔。如果文献2在1995年的研究中认为当时美国图书情报学院“从整体上看具有文科背景的人数大于具有理科背景的人数”的话，那么，目前除了少数几所更强调图书馆学和档案学的学校外，其他更多的图书情报学院已达到文理科参半，有少数情报学院理科人数已略大于文科人数。

(3)许多人不仅拥有图书馆学情报学的学位，如MLS，MIS，MLIS等，而且还拥有其他学科的学衔。在美国，要攻读图书情报学博士学位，在许多学校已被明确要求需拥有其他相关学科的硕士学位。

(4)绝大多数教员的学位并不是在本校取得的，换句话说，本校毕业后留校教员的比例相对很小，有的学校甚至一个本校毕业生都没有。

(5)总的来说，教授的年龄一般不很年轻，但年长的人并不一定就是教授。在60、70年代取得学士学位的学者很可能在20世纪90年代又取得博士学位，并任助教职位的并不鲜见。

(6)继续教育非常普及。许多教授不仅取得的学衔多，而且时间跨度亦很大。有不少60年代甚至50年代取得学士学位的教授，在80年代甚或90年代又取得新的博士学位。

4 研究领域与课程设置实例分析

总的来说，图书情报学院的研究范围基本上集中在图书情报领域，包括图书馆学、情报学(或信息学)、档案学、出版印刷等。但各校又有各校的特色，有些差别还是很大的。以下是一些学院的研究领域与课程内容实例。

4.1 伊利诺斯大学图书情报学院教员的研究领域

情报存取；行为科学；商业与管理活动；儿童文学；交流(包括阅

读活动、学术活动、讲故事)；计算机操作；教育与心理训练(包括书目指导)；人文科学(包括图书情报学史、社会理论史)；认知形式；情报与图书馆活动[包括行政管理、资源人口、书目、音乐文献、情报利用、情报源管理(包括藏书发展)、情报检索、情报查询、情报服务(包括商业情报、社区情报、医学情报、科学情报)、情报传送、图书馆服务(包括儿童图书馆服务、参考图书馆服务、技术图书馆服务，青少年图书馆服务)、情报组织(包括编目、分类、标引)、文献保存技术]；情报技术(包括人工智能、数据库地图、分布系统、成组、人机界面、人机影响)；图书馆(包括图书馆学史、图书馆资源研究)；网络；公共政策(包括一般政策与信息政策)；政府出版物；终端用户；研究分析方法(包括情报计量学、研究与发展定性研究、系统分析、系统设计)；社会科学[包括情报经济学、组织、社会经济学(含信息产业)]；社会文化侧面(包括知识产权、情报系统、人种论、知识、组织文化)以及青少年文学。

4.2 北德克萨斯大学图书情报学院的课程目录

4.2.1 本科生课程

情报职业介绍；研究方法与评价；情报机构工作实践；基本情报组织；索引与文摘介绍；情报组织与档案记录控制；档案管理；情报机构行政管理；情报源评价与发展；儿童情报源；青少年情报源；基本情报标引与检索；电子情报服务；人文科学情报源；科技情报源；社会科学情报源；多文化社会情报源；情报技术介绍；多媒体生产；情报学专题讨论。

4.2.2 研究生课程

情报职业介绍；信息经济学；图书情报学基础、趋势与预测专题；图书馆、出版和文化媒体历史与发展；研究方法与分析；研究设计与分析；研究与研究方法论专题；实习与现场研究；情报机构介绍；情报索引、文摘与检索；情报检索设计；情报源组织与控制；连续出版物及其管理；档案管理；特藏与档案；文献保存；情报机构管理；情报机构高级管理；情报机构的财务与人事资源管理；系统分析与设计；情报源项目管理；公共图书馆；学术图书馆；学习资源中心及其服务；专业图书馆与情报中心；医学情报管理；法律图书馆管理；音乐图书馆与信息服务；特殊类型图书馆与情报系统专题；图书馆与情报中心检索服务；情报源的发展；高级情报源发展；成人文献与阅读兴趣；儿童与青少年文学；儿童与青少年文学问题与趋势专题；儿童与青少年情报服务；青少年问题与讲故事；珍本书；出版与其他情报产业；情报标引与检索介绍；高级情报标引服务；情报服务专题；电子数据库与情报存取服务；人文科学情报与存取服务；科技情报与存取服务；社会科学情报与存取服务；商业情报与存取服务；多媒体资源与服务；政府情报与存取服务；专门领域情报源与服务专题；专门用户情报源与服务专题；多文化社区情报源与服务；情报网络与资源系统；信息技术；互联网应用、服务与管理；图书馆情报中心横向相关技术；远距离通讯与情报职业；网络发展；用户指导文献的产生与利用；情报管理微机利用；自动化与情报处理、硕士论文指导；图书馆学情报学专题；情报学专题；情报检索理论；情报系统与过程评价及实验；组织情报源管理；情报学文献阅读；情报交流与利用专题；人类情报与交流行为；情报与交流测定；研究与方法论专题；情报科学与技术专题；学者与科学交流；情报职业；情报学博士论文。

4.3 匹兹堡大学情报学院

4.3.1 情报学与通讯系课程

(1)本科生

数据结构与程序技术；文件处理；程序设计与软件工具；数据统计分析；远距离通讯；数据管理系统；情报存储与检索；人类情报过程；行为模式；人机交互；人工智能介绍；数学交流理论；模拟方法。

(2)研究生

情报学介绍；通讯与编码理论；情报学数学基础；系统设计中人的因素；缩放理论；研究设计；远距离通讯基础；决策与决策支持系统；情

报存储与检索；人类情报过程；认知学基础；软件工具与检索；并行分布系统介绍；人工智能程序工具；互动系统设计；情报系统分析、设计与评价；用户服务器与工作站；网络设计；软件工具与技术；数据结构；程序语言与环境；可视性语言；数据库管理；数据库分析与设计；文件处理；互动图形；管理信息系统；信息技术标准；医学信息介绍；反向传输理论与应用（博士专题）；分布式数据系统研究专题；空间认知专题；计算复杂理论；情报空间（博士专题）；发展社会资本；系统与技术；神经网络、遗传算法和人造生命；博士专题Ⅰ、Ⅱ。

4.3.2　图书馆学情报学系课程

共有70多门，分为11大类，即核心课程；综合课程；图书艺术、保存、档案类课程；各类型用户情报源与服务类课程；情报组织类课程；各主题情报源与服务类课程；情报技术类课程；管理类课程；组织行为类课程；教员指导个人独立完成的项目；博士论文有关的研究。

4.4　北卡罗来纳大学－Chapel Hill 情报学与图书馆学院的课程

计算机基础；情报系统分析与设计；情报组织与检索；数据库应用；情报系统独立研究；书史与图书馆史；知识管理；储存（warehousing）与挖掘（mining）；情报道德；情报源与服务；情报源与服务课程计算机实验；自然语言处理；讲故事的原则与技术；青少年文学与相关技术；儿童文学与相关技术；情报机构管理；情报组织（包括情报结构、知识特征、数据结构、术语、索引语言功能和检索）；图书馆文献组织（文献描述、标引等主题编目、包括AACR2、MARC、DDC以及国会图书馆分类法和主题法）；资源选择与评价；情报系统应用的计算机非数字处理；系统分析；档案管理；自然语言处理应用；情报检索；人机交互；互联网应用、地方网络介绍；分布式系统及其管理；系统协议和网络管理；互联网协议与网络设计；情报安全；高级互联网应用；研究方法；情报系统效率；从国际与交叉文化的角度看情报管理；用户教育；网络数据库；集中与评价方法；图书馆自动化；特殊用户的图书馆服务；图书馆与情报中心的财务管理；儿童与技术；联机数据库与竞争情报；健康科学环境；情报源与服务Ⅱ；情报系统与服务的用户研究；用户教育；情报服务与特殊用户；科技情报；人文与社科情报；连续出版物；商业情报；公共文献；法学图书馆与法律情报；图书馆效率；情报系统机构管理；图书情报机构人的资源管理；情报服务市场；中小学图书馆媒体中心；中小学课程与图书馆员；公共图书馆儿童与青少年工作管理；档案与手稿管理；音乐图书馆员；专题图书馆与知识管理；文献组织Ⅱ；图书与档案文献保护；数据库系统Ⅰ；用户界面设计；数据库系统Ⅱ；网络数据库；基于知识处理的系统；情报检索中的文摘与索引；现场实习指导；情报与图书馆学独立研究；调研Ⅰ；调研Ⅱ；对情报与图书馆学的集中的与系统的调研、讨论；理论发展专题；教学与研究专题，教学实习专题；高级选题（互联网政策与未来、数字图书馆）；儿童文学专题；图书馆大众文学专题；公共图书馆专题；学术图书馆专题；珍本书专题；情报检索专题；情报检索专题（博士生个人与小组进行）；交流的理论与方法专题；交流研究（博士生个人与小组进行）；研究论文；博士论文；情报与图书馆学研究（个人与小组进行）。

4.5　Wayne 大学图书与情报系（Program）的课程目录

情报职业介绍；情报设计与处理；参考情报源与服务；电子情报存取；图书馆技术服务；教育技术；用户指导性资料研讨；教学媒体、方法与材料；幼童读物调查与分析；少儿读物调查与分析；青少年文学；讲故事；档案管理；图书馆行政与管理；公共图书馆；学术图书馆；专类图书馆与情报中心；人文科学情报源与服务；科技情报源与服务；社会科学情报源与服务；儿童与青少年规划与服务；中小学图书馆媒体项目；作为教师和教员的媒体专家；藏书发展与资料选择；教学设计；多文化情报源与服务；城市图书馆专题；情报组织的微机应用；图书馆员与情报专家的互联网资源；儿童与青少年文学专题；健康科学情报源与服务；健康科学电子情报存取；健康科学情报中心行政与管理；实习（公共馆、医学图书馆、学术馆、专门馆、中小学馆）；档案方法介绍Ⅰ、Ⅱ；

照片保存与管理;档案与图书馆保存介绍;口述史;档案与档案资料管理微机应用;图书、印刷和出版史;情报定量研究;对主题情报领域的测定;图书馆学问题;有指导的研究;高级实习;硕士论文指导与研究方法;政府情报政策与资源;商业与工业情报源;高级分类与编目;索引与文摘;图书馆系统与服务;图像技术;高级情报设计与处理;情报合作系统分析与设计;专家研究。

4.6 Syracuse 大学情报研究学院的课程目录

4.6.1 本科生

情报管理与技术介绍;数据收集分析与管理;情报技术;情报技术实验;情报系统应用程序;情报源管理(概念与事件);情报源(组织)计划;情报管理咨询;计算机网络介绍:情报机构管理介绍;情报检索技巧;情报系统应用;组织系统的情报分析;情报学介绍(基本理论与方法);用于情报系统的 C 语言;情报机构求职;情报研究与服务讨论会;情报管理与咨询讨论会;情报技术财务分析;商业情报源与竞争情报(小组与个案研究);情报系统与远距离通讯讨论会;情报工作研究讨论会;情报用户行为调查与分析;情报时代评论;情报研究写作与报告;地方网络;远距离通讯计划;办公室系统;情报政策与决策;数据库管理系统介绍;情报管理与技术工作介绍;情报管理与技术实习(实习课时与合作教学课时都要求学生需与现场指导人员签订协议,下同);情报管理与技术合作教学;远距离通讯现场设计项目;情报管理研究技术;图书馆与情报职业介绍;发展情报产业;档案记录管理(包括组织、更新、保存、检索、字处理以及其他自动化技术、缩微技术);情报系统分析(理论与实践);情报网络;解决问题的情报系统;情报工作中的分布式计算机系统;无线电交互系统;自然语言处理;管理信息系统;情报图形学。此外目录中还列有几门教师与学生都感兴趣的专题(Special Topics),课程名称不确定,但有课程标号。

4.6.2 研究生

情报管理研究技术;图书情报职业介绍;发展情报产业;档案记录

管理；情报系统分析（理论与实践）；情报网络；解决问题的情报系统；情报工作中的分布式系统；无线电交互系统；自然语言处理；管理信息系统；情报图形学；情报咨询；情报源的组织；情报源与服务；法律情报源与服务；政府情报；科技情报；生物医学情报源与服务；中小学情报服务；图书馆、情报中心与青少年服务；图书馆、情报中心管理；图书馆、情报中心政策、社会与经济问题；情报系统；理论与设计；情报利用激励机制；情报源管理介绍（理论、背景和职业选择）；软件周期管理；商业情报源与竞争情报；分类与主题理论；特藏管理与组织；藏书发展；图书馆情报服务规划与评价；联机检索服务；索引与文摘系统与服务；情报用户行为；电子商务；美国联邦信息政策；讲故事；人机交互；情报系统高级论题；情报工程的工具与技术；作为情报处理者的管理者；远距离通讯与网络管理介绍；办公室系统设计与管理；情报学基础；远距离通讯与情报网络技术；计算机检索系统介绍；数据管理理论与数据库管理；情报工作指导策略与技术；情报中心媒体服务；图书馆与情报中心的情报技术；非数字情报处理的计算机程序；情报工作机构规划；用户/服务器环境下 C 语言程序；远距离通讯项目；远距离通讯政策与规划；情报技术促成变化的管理；情报管理高级论题；情报机构的管理与设计；中小学情报管理；用户情报需求高级论题；软件管理工具；技术基础高级论题；情报传送高级论题；情报服务高级论题；高级系统分析；高级远距离通讯与情报网络管理；情报源策略管理；高级计算机检索系统；媒体应用高级论题；中小学与图书馆情报技术；研究方法高级论题；情报系统程序技术；情报处理产业；情报传送统计研究；情报传送统计方法；情报源高级论题；国家与国际情报策略；情报组织高级论题；行为科学讨论会；研究实习（由学生提建议、讨论正在进行中的研究项目、准备研究统计的评价、参加研究过程）、研究方法讨论会；情报系统讨论会；实习；情报研究实习；情报研究合作实习；阅读与研究；论文；博士论文。

从以上课程目录可以看出：

（1）美国各图书情报学院都提供很多的课程，而且很细致、很深入。例如，一门情报检索课也许能数到十门课程名称，如参考与情报源管理、科技情报源、人文科学情报源、社会科学情报源、医学情报源、生物科学情报源、政府情报源、法律情报源、商业情报源、联机检索、网络检索等，此外还有情报源组织、情报源策略等课程。

(2)各校都提供图书馆学情报学两大领域的课程，但几乎在每个学校，情报学的课程都远远多于图书馆学课程。而在匹兹堡大学，因其情报学院分为两个系，故在其信息学与远程通信系，就明确提供信息处理以及计算机类的课程(该系有些课程标号同时注有计算机专业课程标号)。

(3)在那些将本科生与研究生课程分开编排的目录中，研究生的课程数都远远多于本科生的课程数。

(4)学院(系)名为情报学院(系)的单位在某种程度上确实更强调情报学的内容。

(5)许多学校都安排有在教员指导下由学生独立完成的课程(Individual)，或与现场指导人员签订协议的实习课程。

(6)许多院校都设有这一研究领域中各类主题的专题课程(Topics，Special Topics)或讨论会(Seminar)。

(7)若仅考察传统的图书馆学课程的话，不难发现，其图书馆学课程则又显得特别"传统"。我们在这些目录中，仍然能够找到书史、印刷史、出版史、口述史、图书档案保管保存，以及特藏及珍本书之类的课程名称。

(8)几乎在所考察的每个图书情报学院，儿童与青少年的图书馆都是一个不可或缺的研究内容，各单位都设有一门以上的专业课程，各校都有研究儿童文学的教员，许多院系还提供"讲故事"类的课程。更有甚者，把儿童文学再细分为幼童文学(Younger Children Literature)和少儿文学(Elder Children Literature)。但在我国，这方面的研究几乎没有纳入图书情报学科的研究范围，对儿童文学的研究绝不会与图书文献服务联系起来。也许不能不说，这是我们的一个研究盲点。在美国的图书情报学博士论文中，用定量方法、内容分析方法研究青少年文学作品的不在少数。

(9)管理类的课程,有些单位的课程内容同样很细,直到深入图书情报机构的财务管理、人事管理、计划管理,有的单位要求亦很高,如匹兹堡大学的图书情报学系明确说明对于图书馆学硕士学位(MLS)来说,某些管理方面课程为必修课。

(10)有些单位还公布了各门课程的学分数。对于图书情报学院来说,大部分的课程都是3个学分。联系到美国高校教学体制中对总学分的要求来考虑,这些单位能够提供的课程是很多的,但其中绝大部分都是选修课,而在如此之多的选修课程面前,其中某一门课的选修人数就不一定很多了,小班课会远远多于大班课。

(11)结合前文对师资力量的统计分析,再看如此之多的课程名称,可知在美国图书情报学院,对一个教员来说,其研究领域都不少,在网页上,似乎哪个教员都有五六种研究兴趣,有的还跨学科,讲书史的,也会讲情报检索;讲分类编目的,也会讲数据库。

(12)兼职教师制在美国图书情报学院的课程设置中发挥了很大的作用,许多专业性、实践性很强的课程,多由兼职教师承担。

(13)从上述大量的课程名称中,我们不难看出,美国图书情报学院的课程中,纯理论性的课程比例较小,至少"……学"的名称是很少见的,取而代之的则多为"……服务""……专题讨论"等。也许,总是认为只有"……学""……研究"才是课程名称,只有在教室里讲学才为上课的观念需要在某种程度上有所改变。

(14)另外,继续教育(Continuing Education)、远程教育(Distance Education)也是美国图书情报学院的工作内容之一,许多单位都有专门的职员和专门的教员负责。美国图书情报学院许多教员具有多个学衔,与继续教育是分不开的。

研究国外图书情报教育的状况是为了有所借鉴,我们的目的是要根据我们的国情、体制、特点以及具体的现实状况来改革和调整我们教学宗旨、目标和手段。总之,不管如何,面对新的世纪,面对社会的新发展、新需求,面对世纪转折点上成长起来的新的教育对象,对于我们图书情报教育来说,改革和调整是必然的趋势。

参考文献

1 Kathleen E Joswick. Article publication patterns of academic librarians: an illinois case study. College & Research Libraries, July,1999

2 华薇娜. 1990—1993 年美国图书馆学博士论文定量分析. 中国图书馆学报, 1996,22(3)

3 张进. 美加图书情报学教育分析. 情报学报,1995,14(2)

原载于《情报学报》,2000 年第 5 期

1988—1996年A&HCI收录我国人文科学文献的定量分析

美国科技情报社出版的系列引文索引对于测定科研人员的声誉，评估科研工作的社会效果，预测科研活动的布局及科研力量的变化等，起到了有效的作用。其中，《科学引文索引》（SCI）已成为我国理科学术榜的重要统计源之一。然而，该系列索引中1978年创刊的《艺术与人文科学引文索引》（*Art & Humanities Citation Index*，简称A&HCI）在国内的影响却很小，利用率也很低。本文拟对A&HCI反映我国人文科学研究成果的具体情况做一次实证性的定量分析，便于人们了解走向世界的我国人文科学研究的现状与实力，也便于人们对A&HCI在我国的实际应用价值及特点做出较为中肯的评价。

本文收集了A&HCI1988－1996年间所收录我国内地人文科学文献的全部数据（包括少量港台文献，而主要港台文献在A&HCI中另计）。首先在“机构索引”（Corporate Index）中地理部分“中华人民共和国”（People R China）标目下查得全部的著者数据。再按已查得的著者名为检索点，逐一在来源索引中进行核对，并查出其他有关数据，如合著者、文献篇名、著者单位及所在城市以及参考文献数等。在此基础上，对所查数据进行归类统计分析。

1　文献数量分析

在1988－1996年各年中，A&HCI收录我国人文科学研究领域的论文数量如表1所示。

表1　文献数量统计(篇)

年份	1988	1989	1990	1991	1992	1993	1994	1995	1996	合计
文献量	102	41	41	52	77	45	40	49	59	506

表1所提供的信息表明:

a. 1988年是本文所统计时间段中我国人文科学研究论文被A&HCI收录最多的年份,这一方面是因为这一时期国内人文科学的研究较为活跃,另一方面也与A&HCI收录的期刊有关。每年被该刊录用的期刊不是一成不变的,且每刊的被录用文献量也经常变化。

b. 与自然科学,甚至社会科学研究有所不同的是,人文科学的研究论文量并不一定呈现逐年上升的趋势,这可能与人文科学研究的特殊性有关。在一些人文学科,如文学、语言、历史、哲学、考古、美术等领域的某些研究侧面不一定很强调现时性。

c. 据对文献类型的统计,在506篇论文中,有140余篇文章不属于研究论文,而是简讯、备忘录、信件、编者的话、书评、传记、小说、诗歌创作等,但这些同样属于A&HCI的收录范围。

d. 总的来说,我国已有一些人文科学的研究成果走向了世界,但相对于世界上其他国家,包括其他非英语国家而言,我们的文献量还很少。以1996年下半年A&HCI中机构索引收录的文献量为例,美国138栏(每页5栏),英国31栏,加拿大15栏,德国10.5栏,法国10栏,日本3栏,中国1栏。尽管其中不乏A&HCI在收录各国文献、各语种文献方面不平衡的偏差,但也有国内人文科学研究力量相对仍显薄弱的因素,需要引起人们的注意,走向世界的我国人文科学研究还需要更多的努力。

2　著者分析

表2是有关著者分析的统计数据,表3是发表3篇以上论文著者

的统计。

表2　著者统计(人)

全部著者数	篇均著者数	独立著者数	第一著者数	两篇以上论文著者数
651	1.29	418	433	46

在表2中,“全部著者数”是指被统计文献的所有著者,包括合著者;“独立著者”是指独立完成论文的著者,没有合著者;“第一著者”是指以第一著者身份发表论文的著者,一人发表多篇论文时不重复计算;“两篇以上论文著者”是指第一著者中发表两篇以上论文的著者,这一数字已计入第一著者数中。

由表2数据可见:

a. 在走向世界的我国人文科学研究方面已拥有一定数量的著者,且有一些高产著者,尽管高产著者人数还不多。

b. 每篇文章的合著者为1.29人,单独一人独立完成的论文占总量的4/5还多,可见,国内人文科学的研究多以个人著者独立进行,或以小作坊的合作形式进行的,大范围合作研究的形式还很不普及。

c. 相当数量的著者是瞬时著者,他们在这九年中只有一篇文章被A&HCI收录。

d. 结合表3的数据看,我国人文学科的高产著者人数还很少,涉及的地区与单位也很有限,研究的主题也还不够普及。

表3　发表3篇以上论文著者的统计

论文量	著者名	著者所在单位(按英文翻译)	论文所属学科、主题
8	Zong B H	北京大学	诗歌创作
7	Pritchard S	暨南大学	诗歌创作
5	Huang C R	中科院	语言
4	Pan S L	故宫博物院	故宫藏画评析
4	Shen D	北京大学英语系	语言
4	Stuart K	青海教师学院	民俗学
4	Zhang Z	北京大学、人民大学、合肥教院	文学、民俗学

续表

论文量	著者名	著者所在单位(按英文翻译)	论文所属学科、主题
3	Hsu C Y	中科院、美国匹兹堡大学	历史
3	Pan J X	中科院历史所	历史
3	Qiu G Y	郑州大学物理系	考古
3	Qiu X L	上海社科院	诗歌创作
3	Taylorbriggs PR	长春古代文明史所	历史
3	Walsh W J	厦门电大、厦门大学	宗教史
3	Xu L J	复旦大学外语系	语言

3 地区、单位分析

本文对 A&HCI 收录的我国人文科学的文献按著者单位所在的城市进行了统计。文中的城市与单位均按来源索引中的著者单位统计而成。A&HCI 来源索引中一般著录的是第一著者所在的单位或著者所提供的第一单位,而机构索引则会反映出所有著者的单位或著者所提供的所有的单位。表 4 反映的是这九年中被 A&HCI 收录两篇以上论文的国内各城市的统计数据。

表 4　发表两篇以上论文的各城市的统计(篇)

城市名	北京	上海	广州	南京	武汉	西宁	天津	合肥	长春	杭州	厦门	重庆	济南
论文量	251	53	23	20	12	11	9	8	7	5	5	4	4
城市名	南宁	郑州	成都	贵阳	昆明	长沙	福州	哈尔滨	宁波	泉州	苏州	西安	合计
论文量	4	4	3	3	3	2	2	2	2	2	2	2	443

除了表4中所统计数据外，国内还有大连、敦煌、阜新、桂林等这些城市在本文所统计时间段中各有一篇文章发表在A&HCI所收录的期刊中。此外，国外学者或国内在海外的留学生发表了一些A&HCI期刊上的论文（这些论文或是因为有国内合著或是因为有国内合作单位，故在机构索引中被反映在我国的标目下），具体为：美国30篇、英国5篇、澳大利亚3篇、日本3篇、加拿大2篇、比利时1篇（另有一篇未署国名），国外对中国人文科学的研究绝大部分是在大学进行的。

上述统计结果告诉我们：

a. 北京是我国人文科学研究的重地，其文献量几乎占全部被统计文献量的一半，起着绝对举足轻重的作用。

b. 省会城市是我国人文科学研究的主要地区，在所统计年份中，有23个省、市、自治区的省会城市有文献被收录在A&HCI中。

c. 除北京外，上海的人文科学研究力量强于国内其他城市。

d. 经济发达的沿江沿海城市在人文科学研究中也产生较多的成果，但与这些城市的经济与科研实力自然科学研究成果相比，与京沪地区相比，它们在人文科学方面的研究成果还不够丰盛，在这方面的投入还有待加强。

e. 边远地区、少数民族地区也有少量的人文科学研究成果产生，其中，成果较多的是西宁，西宁的几位基层学者与外籍学者合作，把对西北地区民俗方面的一些研究成果推向了世界。但总的来说，同经济发展相同的是，在人文科学研究方面，我国东部与西部、沿海与内地的差距也是很明显的。

f. 沿海特区在改革开放后加快了经济发展的步伐，但人文科学的研究力量相对还很薄弱，成果很少，与其经济发展的规模与速度还不同步，应该引起重视。

g. 在我国人文科学研究中，高等学校是一支重要的力量，这里人才荟萃，同样是人文科学研究的重要基地。九年中，国内有近百所高校发表了被A&HCI收录的文章260余篇，占文献总量的半数。其中，北京大学以绝对的优势居于榜首，充分展示了这所名牌大学在人文科学研究方面雄厚的人才基础。此外,占据优势地位的除了一些教育部直属的文理科综合性大学外,还有许多省属的师范大学以及美术学院、戏剧学院。尤其令人兴奋的是,不少专业性院校,甚至是理科专业院校和一些名不见经传的小型学校同样颇有建树。相比而言,国内许多的名牌院校反而悄无声息,希望能引起人们的注意。还有一点需要总结的是,从总体上说,在人文学科,高校的文献量虽占到一半,但与自然科学与社会科学研究相比,这个数字还不够高,高校的人文研究力量还应加强。表5是对总计4篇论文以上高校的论文主题的统计,通过这些数据,人们可了解到这些学校被A&HCI收录文献的具体主题内容。

表5　部分高校论文主题统计(4篇论文以上)

学校名称	学科主题及论文篇数
北京大学	创作10,文学7,历史7,语言7,哲学6,考古5,宗教3,政治2,人类学1,大熊猫1,其他3
南京大学	历史5,文学3,哲学3,考古2,创作2
复旦大学	语言4,哲学4,历史1,图情1
中央美院	美术10
中山大学	人类学4,哲学3,考古1,文学1,其他1
华东师大	哲学4,创作2,文学1,心理学1,语言1
北京外研大学	语言2,历史1,文学1,文化1,其他1
暨南大学	创作7
南开大学	语言3,历史1,宗教1,文化1,经济史1
青海教院	民俗7
武汉大学	哲学3,建筑1,历史1,文学3
清华大学	哲学3,建筑和建筑美学2,其他1
北京师大	创作1,语言1,民俗1,文化1,心理学1
人民大学	文学2,哲学1,宗教1,新闻1
同济大学	语言(德语)2,建筑与建筑美学2,其他1
北京语言文化大学	语言2,文学2
郑州大学	考古4

h. 除高校外,我国人文学科的研究力量主要在中科院与社科院的一些研究所,如历史所、哲学所、古脊椎动物和古人类学所等,以及作协、文联、博物院、美术中心、剧院等。

4 期刊分析

九年中,被 A&HCI 收录的刊载有关中国人文科学研究成果的期刊共有 183 种,平均每刊 2.76 篇,其中有德文刊 9 种、法文刊 2 种、西班牙文和葡萄牙文刊各 1 种、其余均为英文。刊登 4 篇以上论文的刊物共 30 种(见表 6),包括了 313 篇论文,占论文总量的 61.9%。

表 6　核心期刊统计

论文量	A&HCI 缩写刊名	全称刊名
107	Chin Lit	Chinese Literature
21	Chin ST PH	Chinese Studies in Philosophy
19	J Chin Phil	Journal of Chinese Philosophy
16	J Chin Ling	Journal of Chinese Linguistics
11	B Inst H PH	Bulletin of the Institute of History and Philology Academia Sinica
11	J Pop Cult	Journal of Popular Culture
10	Chin Stud	Chinese Studies in History
8	Asian Folk	Asian Folklore Studies
7	Chin Soc A	Chinese Sociology and Anthropology
7	I Horizon	Indian Horizons
7	J Am Hist	Journal of American History
7	Int J Soc L	International Journal of the Sociology of Language
5	Chin Quart	China Quarterly
5	Early China	Early China
5	Hyper Inter	Hyperfine Interactions

续表

论文量	A&HCI 缩写刊名	全称刊名
5	Int J Psyco	International Journal of Psychology
5	Leonardo	Leonardo
5	Stud Sov TH	Studies in Soviet Thought
4	Anthropolog	Anthropologie
4	Anthropos	Anthropos
4	Asian Theat	Asian Theatre Journal
4	Cent Asia J	Central Asiatic Journal
4	Chin Sci B	Chinese Science Bulletin
4	DH Lawren	DH Lawrence Review
4	Int J Naut	International Journal of Nautical Archaeology
4	ISIS	ISIS
4	Philos EW	Philosophy East & West
4	Poetry Wale	Poetry Wales
4	Semiotica	Semiotica
4	TDR	The Drama Review-A, Journal of informance Studies

由上述统计结果可见：

a. 从期刊的语种来看，英文刊物种类最多，此外，还有少量的德文、法文等外文刊物。

b. 从单位期刊被收录的论文量来看，专题研究中国人文科学的刊物为最，大约有十种专题英译的期刊被收录论文200余篇。论文量最集中的是 *Chinese Literature* 一刊，九年中被收录百余篇文章，占全部文献量的20%；此外，*Chinese Studies in Philosophy*, *Journal of Chinese Linguistics*, *Journal of Chinese Philosophy* 等，也有不少文章被 A&HCI 所收录。与《社会科学引文索引》(*Social Science Citation Index*，简称 SSCI) 相比，A&HCI 收录的专题研究中国人文科学的英译期刊数量较多。

c. 有不少国内著者的文章是直接用外文发表在国外的期刊上的，

可见,国内人文科学研究领域中一些学者具有较高的专业外语表述能力。

d. 表6中所统计的30种期刊是目前A&HCI收录我国人文学科研究成果的核心期刊,但美国这类引文索引的收录期刊不是永恒不变的,一般根据被收录刊物的被引用率、文摘率等决定取舍。因此,保证期刊本身的质量是取得A&HCI中的地位的重要因素。

5 学科主题分析

本文据来源索引中论文的篇名,结合著者的单位和发表论文期刊的名称等项目,对所考察论文的主题进行了归类与统计,其结果如表7所示。

表7 论文主题统计

学科主题	历史	语言	哲学	文学	美术	创作	考古	民俗学	人类学	戏剧	音乐舞蹈电影	科技	政治
论文量	67	54	51	48	46	41	35	19	17	14	12	11	10
学科主题	宗教	文化	美学	经济	民族学	社会学	建筑	图书情报	心理学	教育	新闻	其他	合计
论文量	9	8	7	6	6	6	5	5	5	4	3	17	506

从表7的数据可见:

a. 在走向世界的我国人文科学研究中,学科的涉及面较为广泛,几乎各学科都有文献收录。

b. 社会科学与人文科学的交叉研究相当普遍,除了文学、创作、美术、音乐外,其余学科都有不同程度的交叉。

c. 文、史、哲、语言、艺术是人文科学研究的主要内容，也是出成果的重要领域。

d. 考古和人类学研究在我国 80 年代和 90 年代前期取得了较为可观的成果，在 A&HCI 和 SSCI 中都收录了一定数量的论文，在这方面，北京大学、中科院的研究所、中山大学都出了较多的文章。

e. 美术、戏剧、音乐的研究多在专业院校进行，但也有分散在其他单位的，如故宫博物院的藏画研究及美术史的研究、上海剧院的戏剧研究等。

f. 民俗学的研究相对比较集中，青海的几篇论文都是围绕这个主题。

总的来说，我国人文科学的研究已经走向了世界，并有了一定的规模，各学科都有所成就。但我们的成果还很有限，与国外相比，我们还有较大的差距，需要多方面做出更大的努力。我们还需要大幅度地增加文献量，各门学科都应争取在国外的专业刊物上占有更多的领地；需要更多的著者产生更多的 A&HCI 文章，特别需要更多的高产著者；各种研究机构，尤其是高等院校应大力加强对人文学科的科研投入，包括思想上的重视和人力、财力上的投入；经济发达的沿海地区应唤起对人文学科研究的重视，加强领导、加强投入；边远地区则应依靠本地的力量和人文研究的资源，加强开发性的研究；国内人文学者还应逐步增强对核心期刊的认识，注意文章的投向，保持已有的核心期刊，发展重点期刊等。

通过本文几个方面的统计分析，用定量数据说明了近年来我国人文科学研究的实际情况，从一个侧面反映了我国人文科学研究的特征、优势、薄弱环节、发展趋向等。人们还可根据本文提供的数据进行更深入、更全面、更具体的分析与探讨。

参考文献

1 Institute for Scientific Information. Art & Humanities Citation Index，1988 – 1996

2 华薇娜，张岚. 对中国五所重点大学理工学科 1990 — 1995 年科研现状的定量

分析. 情报资料工作,1998(3)
3　华薇娜. 1982 — 1996 年 SSCI 收录我国社会科学文献的定量分析. 南京大学学报(哲学. 人文科学. 社会科学),1999(3)
4　邹志仁等. 情报研究定量方法. 南京:南京大学出版社,1992

原载于《情报杂志》,2001 年第 2 期

美国图书情报学院继续教育现状分析*

世纪之交,图书馆正面临重大变革。未来图书馆的现代化、信息化、智能化、国际化是跨世纪图书馆的重要特征。图书情报学院是培养图书情报专业人员的教学组织,美国是目前图书情报业最发达的国家之一,了解分析美国图书情报学院继续教育的现状,对发展我国图书情报人员的继续教育,一定是有帮助的。

最近,由美国出版著名的《美国新闻与世界报道》的出版公司(US News and World Report,Inc.)在因特网上公布了2000年美国图书情报学院前20强的排名结果。这20强共包括美国图书情报学院24所,均为美国图书馆协会(ALA)认可的教学单位。访问这些学院在因特网上的网站,层层级级深入点击其有关继续教育类目下的内容,如继续教育(Continuing Education)、远程教育(Distance Education)等,其中共有15所学院能查得有关继续教育的数据资料(这15所院校均可通过图书情报学院网站直接点击到继续教育节点,其他院校有些查无继续教育栏目,有的需从学校网页链接,因此,均不列入本文调研范围)。本文将这15所学院作为调查对象,从诸多方面调查分析他们继续教育的具体内容,并对调查结果进行归类整理,便于人们详细了解、深入分析美国图书情报学院继续教育的现状。

* 本文与张蓓蓓合写。

表 1 美国图书情报学院 20 强及列为本文调查对象的单位

名次	单位名称	列为本文调查对象
1	University of Illinois – Urbana – Champaign 伊利洛大学厄巴那香潘分校	√
1	University of North Carolina – Chapel Hill 北卡罗来纳大学查珀尔系尔分校	√
3	Syracuse University(NY)锡拉克兹大学	√
3	University of Michigan – Ann Arbor 密执安大学—安那堡	√
3	University of Pittsburgh 匹兹堡大学	
6	Indiana University 印第安纳大学	√
6	Rutgers State University – New Brunswick(NJ)新泽西州立大学新布伦斯威克	√
8	University of Wisconsin – Madison 威斯康星大学麦迪逊分校	
9	Drexel University(PA)德莱克塞尔大学	√
10	University of California – Los Angeles 加利福尼亚大学洛杉矶分校	√
10	University of Texas – Austin 得克萨斯大学奥斯汀分校	
12	Florida State University 佛罗里达州立大学	
12	Simmons College(MA)西蒙斯学院	√
14	University of Maryland – Collegg Park 马里兰大学帕克学院	√
15	SUNY – Albany 纽约州立大学阿尔巴尼分校	
15	University of North Texas 北得克萨斯大学	√
15	University of South Carolina – Columbia 南卡罗来纳大学	√
18	SUNY – Buffalo 纽约州立大学布法罗分校	
18	University of Washington 华盛顿大学	√
20	Kent State University(OH)肯特州立大学	
20	Texas Woman's University 得克萨斯女子大学	√
20	University of Tennessee – Knoxville 田纳西大学诺克斯维尔分校	√

续表

名次	单位名称	列为本文调查对象
20	University of Wisconsin – Milwaukee 威斯康星大学米尔沃基分校	√
20	Wayne State University(MI)韦恩州立大学	

1 继续教育的名称

美国图书情报学院继续教育的名称一般包括这样几种:

继续教育(Continuing Education),这是应用最广的名称,而且是很多单位网站进入"继续教育"节点的一级类目的名称。不仅图书情报学院如此,其他专业亦多用这一名称。

远程教育(Distance Education),大有取代前者之势,被越来越多的单位所选用。如果说,前者说明了这种教育的目的与性质的话,那后者则强调了这种教育的方法与手段。这类教育大多基于因特网施行继续教育,贯彻教学内容。有许多单位以继续教育这一名称作为一级类目列在单位的主页上,而在其表达具体内容的下位网页上则又选用远程教育的名称。

扩展校园教育(Campus Outreach),有些单位(如密执安大学、华盛顿大学)用这种名称来表示他们继续教育在校园外的职能。

终身学习(Lifelong Learning),田纳西大学用的这一名称,把继续教育这一模式的目的充分表达了出来。

2 继续教育的形式

硕士学位教育(Master Degree Program):所调查的大多数单位都

提供这种教育,目的是让人们在工作的同时,或在家里亦能进行图书情报专业的学习,并获得硕士学位。德莱克塞尔大学对其因特网硕士学位教育的宣传中说,这是为在任意时间、任意地点需要获取德莱克塞尔大学硕士学位的学生提供的一种简单易行的有效的方法。也有非注册学生硕士学位课程教育,如华盛顿大学就安排有对未被正式录取(Graduate Nonmatriculated Status)但希望取得研究生课程学分的教学对象的继续教育。

专业证书教育(Professional Certificate Education):不少单位从事这类教育,如新泽西州立大学青少年文学与技术专业证书教育,通过因特网、电子邮件与其他电子/通信技术为图书馆员、中小学教师和其他有关人员开办;印第安纳大学的公共图书馆五级、四级专业证书教育、中小学媒体专家专业证书教育等;德莱克塞尔大学承担竞争情报专业证书教育,是一种全部在线、不授学位的教育。也有些单位既有学位教育又有专业证书教育。许多专业证书教育均与硕士学位教育接轨,即在专业证书的基础上继续选学一定学分的课程,可取得学位。

每月专题讨论会(Monthly Seminar):南卡罗来纳大学以这一形式开展他们的继续教育。

周末专题讲座(Weekend Workshop):如密执安大学的扩展校园教育即为这种形式。

周五讲坛(Friday Forums):北卡罗来纳大学与加州洛杉矶大学均为此例,伊利洛大学除硕士学位教育外,另有周五学习班。

合作学位教育(Corporate Education):如得克萨斯女子大学就与得克萨斯大学,英国的爱丁堡大学等单位合作进行授予学位的继续教育。

还有一种实地参观的形式,如北卡罗来纳大学继续教育栏目下就列有名为"图书馆、图书馆学的过去、现在和将来"的项目,具体内容是为选课对象安排一次两个星期的去英国参观牛津大学博德来恩图书馆(Bodleian Library)的旅行。博德来恩图书馆成立于1602年,是英国最早的一所大学图书馆。

当然,也有不定期的专题讲座,如德莱克塞尔大学 2000 年春的讲座即属这一类型。

3 继续教育的招生对象

美国图书情报学院继续教育的受教育对象非常广泛,一般来说,有校友、图书情报工作者、本校在校生和任何有情报需求的公众。这里的空间很大,一般是对专题讲座或短期学习班而言。

有的单位的招生对象限制在本地区或本州,如:田纳西大学就明确说明限制在田纳西州和弗吉尼亚州;有的则几乎覆盖全美,进而扩展至全世界,如伊利洛大学 1999 年春季有 99 人注册了该校的继续教育项目 LEEP3,除本州外,还有美国其他 28 个州以及日本和泰国的学生。该校 1996 年注册的 31 名继续教育学生中,已有 29 人在 1998 年年底通过 LEEP3,并取得 MS(理学硕士)学位。其毕业去向包括阿拉斯加大学、芝加哥 Newberry 图书馆、哈佛商学院、芝加哥公共图书馆、Brehm 公共纪念馆、Marquette 大学图书馆等。

对于招生对象的条件,一般来说,专题讲座、讨论会等没有提出特定的要求,但对于学位、学分教育和专业证书教育,许多单位都有明确规定。如伊利洛的 LEEP3 教育,其招生标准与正常学生几乎相同。如申请时除需递交成绩单外,还需递交两篇论文,供考核申请者的研究水平与写作能力,国外学生还要求有 GRE 成绩、TOEFL 成绩等。印第安纳大学对公共图书馆专业证书教育申请者要求需具备学士学位,中小学图书馆专业证书申请者除需具备学士学位外,还需具备本州教师资格等条件。德莱克塞尔大学竞争情报专业证书教育对招生对象要求的前提条件更多,首先需要有学士学位,还要有对市场情报利用策略的理解,有在商务决策中利用情报的经验,还要有应用因特网的能力,具有使用一些办公软件,如微软 Office 软件的知识,以及使用个人计算机与因特网的条件等。

4 继续教育的学费

美国是高等教育高收费的国家。在学位课程教育中，不少学校都在其网页上公布远程教育或继续教育的收费与在校生相同。各类讲座的价格也不低（以伊利洛大学为例见下表2）。

伊利洛大学：以非本州学生为例（许多学校对本州的学生收费标准都相应低一些），其所有功课都为 LEEP3 课目，2 年学制，基于 1998－1999 年学费标准计算的结果如表 2 所示。

表 2 伊利洛大学 LEEP3 项目收费例述

学期	选课数量	学费	注册费	申请费
1999 年夏	1 门课（需住校）	$704	$30	
1999 年秋	2 门课	$3753	$60	
2000 年春	2 门课	$3753	$60	
2000 年夏	2 门课	$2815	$60	
2000 年秋	2 门课	$3753	$60	
2001 年春	2 门课	$3753	$60	
合计		$18531	$330	国际 $50 国内 $40

一方面是高学费，但另一方面，又有各种助学费用。继续教育的学生可以与在校生有同样的机会获得各类学费资助。以锡拉克兹大学为例，该校网页上就有同样为继续教育学生提供的各类助学金和奖学金名称与申请条件。

德莱克塞尔大学则在网页上公布，凡该大学所在地的宾夕法尼亚州公共图书馆和学院、研究机构的图书馆员们参加继续教育讲座或其他培训的，只要所学课程与其当前工作有关，可申请 600 美元以内的资助。

5 继续教育的课程

对于继续教育的课程,真可谓百花齐放,令人目不暇接。其中既有最新、最现代化的技术,也有很传统的图书馆学、档案学的课程。有的单位网站在继续教育节点下设置了继续教育的课程,有的还包括简要介绍甚至教员介绍。从其课程名称、课程周期、教员安排并比较该院系正规课程的内容,不难发现,继续教育与正规教育在课程设置这一点上没有很大的差距。

加州大学洛杉矶分校2000年周五讲坛内容有:

让今天的图书馆适应于明天的技术

闪光的抄本书:照明与现代图书馆

与婴幼儿谈话:图书馆如何为婴幼儿服务

不用HTML设计的网页

为用户设计手工操作

筛选与否:管理你所在图书馆的因特网

家庭作业中心:怎样做,做什么,什么时候做,在哪里做

如何接触勉强读书的年轻读者

儿童文学发展趋势:文学评论

互动式的儿童故事宣讲

儿童与因特网

图书馆空间规划问题

从新观点看志愿者

图书馆管理者的谈判技巧

用Adobe Photoshop创作图像网页

使用PERL的网络程序

向非编程人员介绍Java

图书馆网络作者介绍

图书馆高级网络作者技术

利用因特网开展参考咨询

介绍 PowerPoint97

介绍 Window95/NT 界面

Netcape Plug-ins

指导公众利用因特网

从这些继续教育的课程安排来看,至少有这样几个特点:

(1)课程内容具体实在,几乎没有太多的纯理论的课程,都是日常生活和工作中切实需要的,有的单位甚至包括申请资助报告撰写的课程,可又有谁能说,这些课没有实用价值呢。

(2)美国图书情报学院的继续教育丝毫不逊色于校园内的正规教育。无论是课程内容,还是课程的时间周期都证明了这一点。

(3)一方面,课程的名目多,而同时,课程的单元又很细很小,或者说很专业,真可谓广度深度兼顾。

总的来说,美国图书情报学院继续教育的层次多,既有面向公众的情报普及教育,又有起点较高的学位教育;形式多,有学位课程教育,也有专题讲座,有网上教学,也有集中面授,还有定点送教;但教学要求并未降低,虽然没有途径考察其有关继续教育的考核方法,但从招生条件和课程安排来看,其继续教育一点也不逊色于正规教学。据美国教育委员会(The American Council of Education)估计,在 1995 年时,美国有 1/3 高校提供远程教育,而到 1998 年年底,有 85% 的高校已经或即将提供远程课程。最近,又得知美国大学与研究图书馆协会(Association of College and Research Libraries,简称 ACRL)于 1998 年冬经该协会董事会通过,并由美国图书馆协会(American Library Association,简称 ALA)标准委员会年会批准了 ACRL 远程教育图书馆服务指导方针(ACRL Guidelines for Distance Learning Library Services)。这是一个修订文本,是在非传统性教学形式在高等教育中越来越普及、各种受教育机会不断增加且环境愈加优良的前提下修订的,从图书馆的角度来定义、规范、协调、加强远程继续教育工作,并强调图书馆在远程教育中的重要角色作用。该指导性文件的贯彻,定会使美国图书情报学的远程教育工作更好地向着正确的方向发展。

参考文献

1 Kirk Elizabeth E, Bartelstein Andrea M. Libraries close in on distance education. Library Journal, April 1999:40 - 42

2 http://www. ala. org/acrl/guides/

3 http://alexia. lis. uiuc. edu

4 http://istweb. syr. edu

5 http://www. clis. umd. edu

6 http://www. drexel. edu

7 http://www. ils. unc. edu

8 http://www. libsci. sc. edu

9 http://www. slis. indiana. edu

10 http://www. scils. rutgers. edu

11 http://www. si. umich. edu

12 http://www. simmons. edu/gslis/

13 http://www. twu. edu

14 http://www. ucla. edu

15 http://www. unt. edu

16 http://www. usnews. com

17 http://www. utk. edu

18 http://www. washington. edu

原载于《图书馆建设》,2001 年第 2 期

20世纪上半叶走向世界的中国科学研究实况

20世纪上半叶的中国，处在一个十分复杂的社会大转型的时期，却又是现代科学技术在中国的奠基时期。中国的科学技术从传统到现代的过渡，中国知识分子的科学文化运动均是在这一时期实现与完成的。追溯这一时期中国科学研究的成果，用量化的数据来整理、分析与总结那一个时代凝聚着中国那一代学者们智慧与学识的科研文章，可以帮助我们准确而深入地了解那一个重要时期中一个国家科学技术发展的历程，有利于我们正确地把握一个特定时代的科学史。

美国科技情报社ISI出版的系列引文索引收录世界上最有影响的、经过影响因子筛选的核心期刊上发表的研究成果，在一定程度上代表着世界科学研究的水平，尤其是基础学科研究的最高水准，一个国家科研论文被ISI引文索引收录和引用的情况，是评价该国的国际学术地位、基础科学研究水平、科技实力和科研论文质量的一个重要指标。2005年，这个系列索引中的《科学引文索引》(*Science Citation Index*，简称SCI)将收录文献的起始时间回溯至1900年，这对人们回顾科学发展史，了解20世纪上半叶自然科学领域的核心期刊论文，提供了可能与方便。本文便试图利用这个数据库，检索中国内地被收录在这个数据库中自1900年至1949年的全部论文。并从文献量、著者、机构、学科主题、核心期刊、引文等角度进行归类统计和分析，以期从科研定量数据的角度反映走向世界的中国内地科学研究的历史实况、研究水平。同时也希望能对我国的科学史，以及科学计量学方面的实用性和可靠性的研究提供具体的实例。

本文首先检索了上述数据库 1900 — 1949 年间所收录中国内地的全部论文数据。具体的检索过程为:在著者地址字段输入检索式:AD(地址) = China not(China same hong kong),检索结果为 988 条。由于国外有些机构的名称中有“China”的字样,如美国弗吉尼亚州的 Homer Laughlin China Co,美国俄亥俄州的 Hall China Co,美国新泽西州的 Cook China Co 等,而这些机构并没有与中国内地的某个单位的学者合作进行研究,不应列入本文的收录范围,故在检索结果中删去这些与本文研究范围无关的条目共 18 条,得到最终结果共 970 条。这便是我国内地在 1900 — 1949 年间在世界公认的核心期刊中发表的研究论文,它们在历史上曾经是,甚至有些至今仍然还是国际科研界了解中国科研成果的一个重要的窗口。本文便以这一检索结果为基础,对这 970 篇文章进行了如下多方面、多角度的归类、整理、统计与分析。

1　文献量统计

1.1　各年文献量

表 1 是美国 SCI 数据库中根据上述检索式所检索到的中国内地按年代统计的文献量。各年具体详细的数据变化则反映在图 1 中。

表 1　按年统计的文献量(篇)

年份	文献量	年份	文献量	年份	文献量	年份	文献量	年份	文献量
1900	1	1914	4	1923	15	1932	30	1941	67
1904	1	1915	4	1924	49	1933	27	1942	48
1906	1	1916	3	1925	24	1934	37	1943	21
1908	1	1917	5	1926	49	1935	45	1944	46
1909	1	1918	2	1927	29	1936	74	1946	1

续表

年份	文献量	年份	文献量	年份	文献量	年份	文献量	年份	文献量
1910	3	1919	1	1928	27	1937	50		
1911	1	1920	8	1929	32	1938	49		
1912	4	1921	6	1930	49	1939	53		
1913	1	1922	7	1931	42	1940	52	合计	970

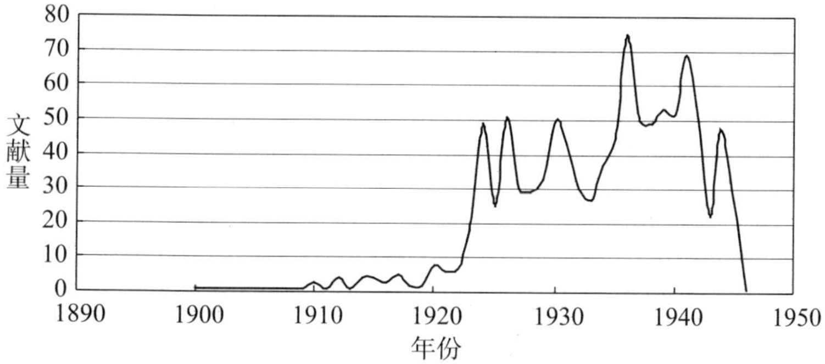

图 1　SCI 数据库收录 1900—1949 年间中国在国外核心期刊上发表的文献量

由表 1 数据和图 1 图示可见：

(1)我国在 1900 年就有论文被这两个数据库所收录。这是一篇由天津帝国大学(Imperial Tientsin Univ, Tientsin, CHINA)的 Drake, NF① 所做的有关山西或陕西(SHANSI)煤矿的一篇文章(The coal-fields around Tse Chou, Shansi, China)。早年的论文几乎都是由看似外国人姓名的著者完成，直至 1920 年时，除了在 1919 年有一位名为 Yen, KL 的作者看似中国人名外，其余的几乎都是外国人名；最早期的作者主要分布在天津，如在 1911 年前的 9 篇文章作者中有 5 个作者的工作单位在天津，其余有 2 个山东和 1 个上海的作者，还有 1 篇是 Zose 天文台的。早期研究的主题多为医学、天文、工程和化学。1912 年至 1920 年间逐渐有北京、广东、唐山和长沙的作者出现，如北京协

① 在本文所用的数据库中对于人名的著录方式统一规定为姓在前，缩写名在后。

和医学院(Union Med Coll,Peking,CHINA)等,并发展为以北京的作者为多,研究的重点是医学。联系当时的社会背景来看,20世纪之初,近代大学开始创办,但发展有限,还无法在短期内培养高水平的科技人才,所以我们看到,早年中国在国际上发表的科研论文有限;自1913年始,中国陆续有一些学术性的社团建立起来,于是,在国际性的科技期刊中,也陆续出现了中国学者的身影。而医学是与人类生存和社会发展联系最密切的学科之一,在当时的中国,由于贫困、战乱等诸多因素,使得医学研究的社会需求尤其紧迫与强烈,因此成为20世纪上半叶走在中国科学研究工作最前端的研究领域。

(2)从1908年开始,到1944年为止,中国内地每年都有文章在世界的核心期刊上发表,没有空白的年份。

(3)从1920年起,文献量开始逐步攀升,到1924年出现了第一个飞跃,之后数年的文献量呈螺旋式上升的状态,这反映了我国20世纪上半叶的科研工作在磕磕绊绊中前进的实况。

(4)直到1936年,时值抗日战争爆发之前,经十多年持续发展后,这一年的文献量在本文所统计的时段中达到了顶峰。这是一次突飞猛进的发展,是科学技术的繁荣,在当时相对比较稳定的社会大环境下,在比较发展的政治、经济、文化、教育的大背景下,许多的科研成果在这时争相涌现出来。这是因为五四运动后,科学开始确立了它在中国现代社会中的地位。1928年起建立了以中央研究院为代表的一系列国立科研机构,大学教育也得以迅速发展。随着大批留学生相继归国,国内大学的科学教育水平快速提高,开始逐渐缩小与世界先进水平的差距。公立大学(国立大学、省立大学等)、私立大学和教会大学并存,既相互竞争,又互为补充,促进了教学和研究的进步,直至抗日战争之前,中国的科学研究逐步发展,并开始出现繁荣。

(5)与现当代科研论文量年年攀高的现状形成鲜明对照的是,1936年后的科研文献量并没有在已有的基础上逐步上升。可见,科学研究需要一个安定的环境。如果不是战争,中国科研工作的进展也许本该从此大踏步地开始。然而,1937 年,抗日战争全面爆发。日本侵略者的大规模入侵,几乎摧毁了刚刚形成一定基础的各类大学和科研机构,严重影响了现代中国科学技术的发展。

(6)从 20 年代开始的年年有文献的局面到 1945 年时也被打破了,1945 年没有论文,1946 年仅有 1 篇论文,之后 0 篇论文的纪录一直维持了下去,直至本文收集文献的下限。从这个角度上来看,战争对科学研究的打击是何等的沉重。由于战争的原因,不少学生中断了学业,失去了进一步深造的机会,更多的青年流亡失学。同时,我国丧失了几乎是一代学有所成,处于科研巅峰的科学家,并影响到几代学人的科学事业,不少教师颠沛流离、失业,甚至冻、饿而死。中国的科研事业几乎是遭受了灭顶之灾,以致在之后多年都缓不过气来。

1.2 文献类型

表 2 按文献类型统计的论文量

文献类型	期刊论文	信函	综述	合计
文献量	916(94.44%)	47(4.84%)	7(0.72%)	970

由表 2 数据可见:

(1)研究性的论文在整个样本中占绝大多数,这首先是因为这个数据库是以期刊文献为主的,但同时也说明了我国早年的科学研究中原创性研究的比例较高。

(2)信函的比例在这一文献集合中虽然看不出有多大的比例,但若与其他的文献集合比较的话,这个数据就显得很突出。如在同样的数据库系统中检索中国内地 1966 — 1979 年的研究成果(包括自然科学,社会科学与人文研究),其信函类的文献仅占这一集合中文献总体的 0.02%。由此看来,表中 4.84% 的信函类文献的比例,一方面与当时的通信条件有关,也与当时科学家的人员数量较少有关,因为信函往往是小范围文献交流的重要手段。随着社会的发展、通信手段的日益先进以及科技人员的增加,科学技术本身的进步,这一类型的文献在总体上会逐渐减少。

(3)综述类论文的内容高度浓缩,被引率高,其本身的引用文献也多,可读价值也较高,而且一般是在某个较为成熟的研究领域或研究程度才出现,是文献交流活动中的一种很重要的文献类型。在本统计集合中,尽管当时中国的科学研究还处于初级的阶段,但在某些学科某些研究项目中也出现了一定数量的综述性文献,真是可喜可贺。遗憾的是,这类综述性的论文量显得还很少。可以推测,如果没有外界环境和诸多不稳定因素的影响,我国科研界一定会有更多的学科,更多的研究项目在之后较短的时期中循序渐进地发展成熟的。

(4)会议摘要是指参加学术会议提交的会议论文的摘要,以及会议内容的介绍,这类文献在本文的覆盖范围中未能出现。可见,当时我们的国家处于艰难时期,很少有条件主办国际会议,科研人员也难以得到经济资助或成行的条件去参加科学研究的国际会议。

1.3 文献语种

表3是根据文献的语种进行的统计结果。由表3数据可见,在本统计集合中,绝大多数是英语语种的论文。这一方面是由该数据库决定的,因为这是美国的数据库,收录的期刊以英文为主;另一方面也说明,国内著者,尤其是学术研究人员当时涉及的外文语种主要是英语。

表3 按语种统计的论文量

语种	英语	德语	合计
文献量	942	28	970

表3中英语之外的其他语种只有德语,德语论文从1922年开始出现,到1941年为止。主要的研究主题是在化学、病理学和生物学的范围中。全部是研究论文性的文献。比较集中地发表在德文期刊 *Berichte Der Deutschen Chemischen Gesellschaft* 上。在所有的德文论文的著者中,共有第一著者12人,其中Sah,PPT和Chuang,CK各发表了8篇文章。全部参加德语研究论文的有24人,其中,还有Tien,YL;Kao,YS;Brull,W参加了3次以上的德语论文的研究过程。从中可明显看

出是中国人姓名的有 13 人。研究的地点主要集中在北京、上海和广东。比较集中的单位有北京辅仁大学、广东中山大学、中科院上海化学研究所等。

表 3 的数据也告诉我们,旧中国科学研究的国际合作的研究伙伴主要来自西方国家,最主要的是美国、英国和德国。

2 著者统计

2.1 著者总体情况统计

在所统计的时间段中,中国的 970 篇论文共有第一著者 439 人,平均每人 2.2 篇,这在中国各类各阶段的科学研究中,是个很大的数字,比如,1976—2005 年江苏省社会科学研究成果中,平均每人只有 1.23 篇。可见,新中国成立前的科学研究的力量相对比较集中。

按第一著者统计,其中有 190 人完成 2 篇以上的论文共 721 篇,占本统计集合文献总量的 74.3%,仅发表了一篇文章的著者是 249 人。此数据说明了同一著者在所统计数据库中重复出现的频率较高这一事实。

独立著者(即无合著者参与研究的情况)完成的论文共 542 篇,可见我国早年的科学研究中有 55.8% 的研究仍然是个人的、小作坊式的研究,而非集体行为,许多研究还没有大范围、大幅度地发展开来。

包括所有合著者在内,共有著者 1511 人次,平均每篇文章 1.56 人;共有 659 位论文著者,他们当中绝大多数是国内的科研人员,也有很多是在中国内地工作与研究的国外学者,还有不少是与国外学术研究机构合作的研究人员。他们或者报道自己或单位的研究成果,或者综述国内某学科或某主题的研究成果并介绍给世界,或者积极参与国际国外的科研,他们在世界科学技术的舞台上扮演了重要的角色,为走向世界的中国科学技术研究做出了杰出的贡献;同时,这一数据也告诉了我们,新中国成立前的科学研究的普及面很小,主要集中在少数的科研精英阶层，以及国内与国外科研的合作方面。

最多合著者的论文共有著者为6人，是一篇关于临床医学方面的研究论文，由北平协和医学院医学系（Peiping Union Med Coll，Dept Med，Peiping，CHINA）的国内学者组成。

2.2 核心著者统计

表4是以第一著者为据统计的7篇以上论文的著者，并以降序排列。本文还进行了全部著者（即包括所有合著者）文献量的统计，在表5中列出了其中共参加了10篇以上论文著者的数据（包括合著在内），用以说明这些著者在科研工作中既作为第一著者，也作为合著者的全部科研工作量。

表4 以第一著者为据统计的7篇以上论文的著者

著者名*	文献量	单位	年份	研究主题
Sah，PPT	37	北京**天主教辅仁大学***，清华大学，协和医学院	1930—1942年	化学
Band，W	16	燕京大学	1930—1942年	物理，化学物理
Chi，YF	14	中科院国立上海（广西）化学研究所，广西大学化学系，浙江大学化学系，上海国立医学院药学系	1932—1942年	化学
Kuo，ZY	12	国立中央大学，浙江大学，复旦大学，重庆生理学心理学研究所	1923—1942年	心理学，实验动物学
Frazier，CN	11	北京协和医学院医学系，解剖系	1925—1943年	皮肤病，内分泌

续表

著者名*	文献量	单位	年份	研究主题
Tang, PS	11	国立武汉大学生理实验室	1936—1941年	生理学
Robertson, OH	10	北京协和医学院，美国芝加哥大学医学系	1924—1934年	实验医学，生物学
Chen, KK	9	北京协和医学院药学实验室	1924—1937年	药学
Chow, BF	9	北平协和医学院生化系	1935—1938年	实验生物学
Liu, SH	9	北平协和医学院医学系	1928—1943年	营养学、医学调研
Chuang, CK	8	中科院国立上海（昆明）化学研究所	1935—1941年	化学
Miltner, LJ	8	北平协和医学院外科系整形外科部	1932—1937年	整形外科，妇科
Woo, YH	8	国立清华大学物理系	1930—1932年	物理
Wu, TY	8	国立北京大学物理系，中科院天文所	1937—1944年	化学物理
Adolph, WH	7	燕京大学化学系，山东大学	1921—1942年	营养学
Hu, CK	7	北平协和医学院医学系皮肤病与梅毒部	1930—1941年	实验医学
Lim, RKS	7	北京协和医学院生理系	1925—1933年	实验医学
Pillat, A	7	北平协和医学院眼科学系	1929—1933年	眼科学

续表

著者名*	文献量	单位	年份	研究主题
Read, BE	7	北京协和医学院,美国耶鲁大学药学与毒物学系	1924—1930年	实验医学,生物学
Wong, SC	7	北平协和医学院免疫系	1938—1941年	细菌与免疫

*:由于该数据库中的著者名是以著者姓的全称和著者名的首字母合成的,有些著者自己在书写英文名和拼音名时的表达不一致,也有时是数据库本身有误,如Yen, CH与Yen, A CH; Woo, SC与Woo, S; Tung, TC与Tung, T或TUng, T是否是同一人名?这种情况在表4、表5中不能被统计在同一著者名下。但有些材料经过仔细核实,如本表中的Sah, PPT与Sah, APT,下表中的Sia, RPH与Sia, RHP,由于其所在研究单位相同,且论文的专业一致,故疑为笔误,或其他遗误,于是,在本文中便作为同一人统计的,特此说明。

**:北京抑或北平,是根据原始数据记录的。

***:本文中所有专有名词,如人名、地名、单位名等均据该数据库中的英文名称汉译而成。

表5 以全部参与研究的著者为据对10篇以上论文著者的统计

著者名*	文献量	著者名	文献量
Sah, PPT	40	Kuo, ZY	12
Band, W	26	Zia, SH 全部作为合作者,与北平协和医学院免疫系作者合作	11
Frazier, CN	18	Sia, RHP 北平协和医学院,医学实验	11
Hu, CK	16	Miltner, LJ	11
Wu, H 北京协和医学院,生物化学	15	Hu, CH 北平协和医学院整形外科,病理科	11
Chow, BF	14	Wu, TY	10
Chi, YF	14	Wong, SC	10
Robertson, OH	12	Kao, YS 全部作为合作者,多与中科院上海(昆明,广西)化学研究所作者合作	10
Miltner, LJ	12	Chen, KK	10

*:表5中与表4重合的著者不再列出其具体所在单位;本文所用的数据库未清楚说明合作著者的所在单位。

从这些著者的统计数据中，我们看到，中国20世纪上半叶的科学技术研究，是以高产著者为主的研究，结合表4、表5的数据，我们看到表5的著者中绝大部分都与表4中的著者有重合，可见这些著者除了作为第一著者外，还作为合作著者参加了更多的科研活动，在他们所在单位某些特定的学科中起到了科研带头人的作用。也有些作者完全是作为合作者加入到科学研究中的。

结合文献发表的年份来看，在这些相对高产的著者中，他们研究的高峰期也不尽相同，有的是集中在某个时间段中的研究热点人物，如北平协和医学院生化系的Chow，BF的生物实验研究的9篇论文是集中在3－4年中完成的；武汉大学的Tang，PS的11篇有关生理学的研究也是集中在4－5年中完成的。但更多的学者出成果的年代都延续了10年以上。如果不是战争的影响，他们的成果也许还会继续下去，也许会有更多更伟大的成果问世。

3　地区、机构统计

根据著者所在地区和单位统计文献量，可帮助人们从地区研究的角度和机构整体的衡量来考察或了解某一地区、某一单位的科研业绩和科研实力，便于及时进行科研评价，调整科研策略。作为这些机构本身，也可从中了解自己的科研布局和科研的长项与短处，了解本单位科研人员之间的合作情况。就本文而言，从这个角度进行的研究可以丰富科学史层面上的意义。表6是按著者当时所在的城市（或省份，按原文记录为准）统计的论文量，表中有些外国国名，这是因为这些国家的一些学者与国内某些单位合作进行了某项科研活动。表7则是按作者所在单位统计的论文量。由于当时战局不稳，造成了很多科研单位颠沛流离，多次变更地址，也不排除有些地址只是学术文章的投递地址，而与单位地址无关这样的个案。如国立中央大学，就有南京、成都、重庆，甚至上海的地址；清华大学，除了在北京外，还有在昆明、长沙的记录；浙江大学当时大部分的成果是在贵州产生的；就连国立北京大学，也有著录在昆明的个案。

表 6　按著者所在地区统计的论文量

地名	文献量	地名	文献量
北京（包括北平）	607	厦门	5
上海	83	沈阳（奉天）	5
昆明 + 云南	51	开封	4
南京	30	福州	4
成都 + 四川	26	哈尔滨	2
重庆	17	海南	2
广东	17	荷兰	2
美国	15	安庆	1
贵州 + 遵义	13	峨眉	1
济南 + 山东	13	加拿大	1
长沙	12	泸州	1
武昌 + 汉口 + 湖北	12	日本	1
天津	10	苏州	1
浙江 + 杭州	10	太原	1
桂林 + 广西 + 梧州	8	香港	1
唐山	8	其他	6

表 6 中的数据似乎带给我们很大的视觉冲击：

（1）北京（包括北平）在 1900 — 1949 年间，在不同的政治体制下都充当着重要的角色，是社会政治、经济、文化的中心，同时也更是名副其实的科学研究的中心。新中国成立前将近 2/3 的科研成果是在这里产生的。本文所统计的数字说明，当时北京科研力量的集中程度远远胜于当前，在医学研究领域尤甚。

（2）对于上海、南京、广州（在本文的原始数据中基本上都用“广东”一词表示）、成都、重庆、武汉、杭州等这些目前的省会城市或直辖市，它们在新中国成立前的科研状态，所处的科研地位，几乎与现当代的实际相符，可见，这些城市在很大程度上保留了当年的科研基础，保持了当年的科研优势，继承和发展了一些特色学科甚至是研究方向，在科研活动中继续发挥着省会城市的带头和引导作用。

（3）天津、济南、沈阳这些城市在新中国成立前早期的科研活动中非常活跃，但后来这些城市的科研力量逐渐向其他城市，尤其是向北京转移。

4）昆明、贵州、广西这些边远地区在半个世纪前的中国的科学研究活动中十分地积极，产生了丰厚的科研成果。这与战时许多科研单位，高校的迁徙有关。可见，科学研究活动首先是人的活动，科研的实力与科技人员之间有着十分密切的联系。

5）新中国成立前的科研活动中同样也有大量的国内外合作的成果，包括科研人员间的合作以及科研单位间的合作。除了表6中反映出来的以国外机构作为第一著者地址的研究外，还有很多国外著者或机构作为合作者或合作单位的研究。就合作的国家而言，在当年我国与国外的科研合作研究成果中，以与美国合作的研究为最多。与美国之外的其他国家的合作力量相对较弱。

表7　按作者机构对10篇以上论文的单位所做的统计

单位	文献量	主要著者	主要研究主题
北京（北平）协和医学院	470	Wu, H; Wong, SC; Wang, CW; Van Allen; Tung, CL; Robertson, OH; Shih, HE; Read, BE; Pillat, A; Miltner, LJ; Mills, CA; Meleney, HE; Meleney, FL; Liu, SH; Lim, RKS; Hu, CK; Frazier, CN; Hu, CH; Horvath, AA; Frazier, CN; Faust, EC; Chung, HL; Chow, BF; Chen, KK; Cheer, SN; Chang, HC	医学，化学，生物
清华大学（北平，昆明）	58	Sah, PPT; Ma, TS; Woo, YH; Chung, KL; Chern, SS; Huang, TC	物理，化学，数学，心理学，
燕京大学	52	Adolph, WH; Band, W; Luh, CW	物理，化学，生物

续表

单位	文献量	主要著者	主要研究主题
中央(南京)大学	45	Kuo, ZY; Yu, TF; Lee, JS; Tsai, C; Chang,TS	医学,农学,动物学
北京辅仁大学	27	Sah,PPT	化学
上海 Lester 医院和 Lester 医学研究所	18	Tang,FF;Wei,H;Paterson,JLH	医学
浙江大学(杭州,贵州)	17	Pa,C;;Wang,KC	数学,植物学,化学,物理
北京大学	14	Wu,TY;Ma,ST	物理,化学
上海国立医学院	14	Chi,YF;Chi,TK	医学
中科院上海化学所	14	Chi,YF;Kao,YS;Chuang,CK;Woo,SC	化学
武汉大学	10	Tang,PS;Lin,CY	生理学

注:本表中的机构基本上以从数据库中检索出的原始数据为准,未按当前的机构名称归并。

从表7的结果看,北京(北平)协和医学院一枝独秀,他们的研究成果在新中国成立前时独占鳌头,他们的论文量在本文的统计集合中占到近半数,真是旧中国科研界的半壁江山啊。确实,医学是最牵动人民生死的,这对于新中国成立前时笼罩在战争中的旧中国而言,实在是有着巨大的社会需求的。在这些科研文章中,我们看到有不少关于战地急救方面的,如腿部骨折的外科处理等,也有许多与当时的高发病、多发病有关的,如肺结核、血吸虫的文章。

在高校中,清华大学、燕京大学、中央大学、北京辅仁大学、浙江大学、北京大学、武汉大学都有很好的建树。尽管时事动荡,在华北难以放得住学生一张课桌、大学被迫流动迁徙的社会环境中,高校的教研人员仍然十分艰苦地坚持着他们的研究,并有如此的科研成果走向世界,着实令我们这些后辈学人感动。

除了医学院和高校外,还有研究所的成果,表 7 中就有中科院上海化学所的 10 余篇文章。可能在本文中还有些研究所因为几易其名,或者因为不同的人用不同的翻译方法,而使这些研究所的文献量未能集中到 10 篇以上。

4 期刊统计

通过对刊载最多的中国内地学者论文的国际期刊的寻找、统计与分析,可以帮助我们更好地了解那些曾经吸引过中国最多的学者,扮演过研究成果中心角色的期刊,便于人们追溯有关学科或课题发展的轨迹,承继和发展前人的研究成果,使之循序渐进,更快更好的发展。

970 篇论文刊载在 124 种期刊上,绝大部分期刊都刊载了 2 篇以上的文章,显得非常集中,仅刊载过 1 篇文章的期刊只有 29 种,这与当今国内研究现状相比有很大的不同。

在当代的 SCI 数据库中,我国有十多种中英文期刊被收录在内。但在本文所统计的时间段中,还没有一份中文的期刊被 SCI 所覆盖。正如前文语种统计的结果所反映的,这里所统计到的全部都是外文期刊,主要有英、德两种语言。

刊登最多论文的期刊是美国的 *Proceedings of the Society for Experimental Biology and Medicine*,覆盖医学和生物学方面的内容,多由北京协和医学院的学者发文。

在本文所统计的时间段中,中国学者以及在中国的研究机构中工作或服务的外国学者在世界一流的综合性刊物 *Science* 上共有 8 篇论文,最早在 *Science* 上发文的是 1910 年天津的帝国实验室的名为 Tingle, A 的一篇有关化学物质的信函;之后直到 1924 年长沙的耶鲁医学院才又有研究论文发表,济南的天主教大学、北京协和医学院、武汉大学、燕京大学均陆续有文章发表。在 *Nature* 上也有 16 篇中国学者早年的成果。最早的仍然是 Tingle, A 于 1904 年在山东的帝国省立学院所做的一篇有关竹子开花的信函。但这两份杂志上的文章被他人引用的程度都不高。

在医学领域,著名的医学杂志 *Lancet* 上也有中国学者的身影,这里刊登了 13 篇中国学者的文章,最早是 1911 年 4 月天津帝国军医学院 Lien-Teh, W 在奉天的有关瘟疫的国际会议上的演讲。这里发文量最高的是上海 Lester(雷士德)医院作者有关战区医院的介绍性文章。同样,这些文章的被引率也不高。

表 8 对收录 10 篇以上中国大陆著者文章的期刊的统计

期刊名	文献量	学科
Proceedings of the Society for Experimental Biology and Medicine	172	医学,生物学
Physical Review	39	物理
Journal of Experimental Medicine	31	医学
Journal of the American Chemical Society	23	化学
Journal of Chemical Physics	23	化学物理
Recueil Des Travaux Chimiques Des Pays-bas	22	化学
Journal of Biological Chemistry	20	生物化学
Annals of Surgery	19	医学
Journal of the American Medical Association	17	医学
Journal of Comparative Neurology	17	医学
Journal of Clinical Investigation	17	医学
Berichte Der Deutschen Chemischen Gesellschaft	16	化学
Nature	16	综合
Archives of Neurology and Psychiatry	15	医学
Archives of Dermatology and Syphilology	15	医学
Phytopathology	14	生物

续表

期刊名	文献量	学科
Journal of Bone and Joint Surger	14	医学
Archives of Ophthalmology	14	医学
Archives of Internal Medicine	14	医学
Lancet	13	医学
Anatomical Record	13	医学
British Medical Journal	11	医学
Proceedings of the National Academy of Sciences of the United States of America	10	综合
American Journal of Psychology	10	心理学
American Journal of Hygiene	10	公共卫生

表8是对收录10篇以上中国内地学者研究论文的期刊的统计。25种杂志共刊登了583篇文章,占总量的60%。其中,医学研究成果是相对最集中的,已经有一些核心期刊集中了大量的中国内地学者的研究成果。此外,化学、物理、生物方面的研究也基本形成了一定数量的核心期刊。

5 研究主题统计

这里对论文所研究主题的统计,主要依据原始论文的篇名、摘要、关键词,结合考虑刊载该论文期刊所属的学科以及著者所在的单位而确定的。由于学科交叉等原因,如化学与物理、统计与数学、生物学与医学等学科的联系都是非常密切的,很难准确地进行唯一性的或排他性的分类。故本数据仅供大方向的参考。

对于统计前的归类过程,本文以《中国图书资料分类法》为据,但补充了三点细则规范。一是按主类目归类,如:化学物理则入物理,物理化学则入化学;二是对跨学科的文章,能归入在本文中收录范围小的主题的，就不列入大主题，如同时涉及生物与医学的文章则入生物，化学系人员对动物植物营养学方面的研究则入营养学；三是按论文量确定类目的等级，对于论文量不多的类目，则归并到上位类，反之，细分至下位类，如动物学、植物学、微生物学、生理学均被合并到生物学，实验心理学并入心理学，分子物理并入物理，而医学类目下的文献量在本文中占到半数以上，故稍做细分。表9便是据此原则对本文所收集的数据所做的主题分类统计。

表9　对研究主题的归类统计

主题	文献量	主题	文献量	主题	文献量
生物医学实验调研	111	内分泌	20	寄生虫	9
化学	105	病理学	19	妇科	9
物理	91	眼科	18	材料科学	8
生物	85	传染病	16	化验	7
外科	58	小儿科	15	工程	6
生物化学	39	公共卫生	15	天文学	5
药学	35	遗传学	13	农学	3
数学	33	皮肤科	12	考古	3
精神病	30	营养学	11	声学	2
解剖	30	心血管	11	综合	13
内科合集	30	放射与核医学	10	其他病例	68
神经科	20	免疫	10	合计	970

表9的数据告诉我们：

(1)生物医学实验调研，主要是指实验室的工作和大范围的临床及社会调研，这在本文涉及的范围中占很大的比例，包括对动物、植物、微生物的实验，临床疾病的调研，传染病、流行病的调研、调查等。诸如实验的对象有：破伤风杆菌、伤寒杆菌、猪瘟杆菌、肺炎球菌、垂体刺激生殖腺、鸡蛋、蛋黄、鳕鱼肝油、菌类、植物根、酱油，盐、煤焦油、食物等；实验的动物对象有老鼠、猪、兔、狗、小鸡胚胎、臭虫、青蛙、鸽子、猴、人(包括观察比较)等。诸如这样的实验有：北京厕所里分类出的破伤风杆菌的类型；北平流行斑疹伤寒病中的鼠虱实验；先天手足抽搐症中钙与磷代谢的不同形式等。此外，医学各科、药学、生物化学方面的研究都是以北京协和医学院的研究为最。在医学方面，上海医科大学和上海的医院，长沙的耶鲁医学院等，也有较多的研究成果。

（2）化学、物理、生物、数学这些基础学科在当时的中国的科学研究中同样占有较大的比例。物理学的研究中除综合性的物理学研究外，还有大量的化学物理研究、应用物理研究、光学研究，燕京大学、北京大学、清华大学、中科院北京物理所、上海镭研究所、天主教北京辅仁大学等单位在物理学方面颇有建树。化学研究的单位比较多地集中在大学的实验室，如清华大学、天主教北京辅仁大学、燕京大学，还有一些医学院，如北京协和医学院、上海国立医科大学等，中科院上海化学研究所也有较多的研究成果。在生物学研究中，除了北京协和医学院实验生物学的研究成果外，高校的植物学的研究也占较大的比例，其中，中央大学在植物病理学的研究中有比较集中的研究成果，同时还包括一些动物学的研究成果，在植物学方面有较多研究成果的还有四川省农业改进研究所（Szechuen Provincial Agriculture Improvement Institute）。数学的研究单位主要有清华大学、浙江大学等。

（3）心理学的研究有燕京大学、浙江大学、中央大学、复旦大学、清华大学、武汉大学、北京协和医学院等。

（4）由于本文所用的数据库主要覆盖自然科学基础研究方面的期刊论文，故工程领域、社科人文领域的研究成果均不在本文之列。但也有少量一些与自然科学基础研究的成果相交叉的，如工程方面的研究主要有石油工业方面的，较多的与工程化学相关，重庆的 Tung Li 石油加工厂、菜油加工厂、燕京大学等单位的研究成果；考古研究主要是对周口店遗址的研究。

（5）农学的研究主要是由南京大学和四川农业研究所进行的。

（6）医学的研究除了表 9 列出的一些文献量较多的成果或上位的概念外，还有一些很分散的、典型疾病的研究，涉及医学的方方面面，如在泌尿科、心血管、耳鼻喉、白血病、食疗、牙科、寄生虫、甲状腺、糖尿病、狂犬病、职业病等方面也都有研究。

(7)当时的医学与当时的社会需求也是密切相关的,如肺病、伤寒、疟疾、营养、黑死病、血吸虫病、战地外科等都占较大的比例。

6 引文统计

已发表的文献被新发表的论文所引用的次数是已发表文献质量的特征之一,也是新旧论文间所表达科研课题联系程度的一个重要标志。一般来说,论文的被引用次数越多,说明该论文的科学知识生产质量越高,含原始创新的成分越多。在本文所统计的范围中,0 引文的论文为 256 篇,1 篇引文的论文为 121 篇;全部论文的引文量为 8519 次,平均每篇论文被引 8.78 次;被引百次以上的论文共有 10 篇,被引 2054 次,几乎达到全部被引文献的 1/4,被引最多的 1 篇论文被引 408 次;而被引 50 次以上、100 次以下的也有 16 篇文章;少于 100 篇引文的论文共有 960 篇,被引 6465 次。在本文所统计的范围内,有部分论文已达到较高的被引率。表 10 就是对百次以上高被引论文的统计结果。

表 10 百次以上高被引论文的统计

第一著者	被引论文发表年份	被引次数	被引文献篇名(主题)	著者第一单位名称
Van Slyke, DD	1923	408	Studies of gas and electrolyte equilibria in the blood. V. Factors controlling the electrolyte and water distribution in the blood 医学	北京协和医学院
Meleny, FK	1924	370	Hemolytic streptococcus gangrene 医学	北京协和医学院

续表

第一著者	被引论文发表年份	被引次数	被引文献篇名(主题)	著者第一单位名称
Liu,SH	1943	290	Studies of calcium and phosphorus metabolism with special reference to pathogenesis and effects of dihydrotachysterol(A T 10) and iron 医学	北京协和医学院
Lu,GD	1939	212	Studies on the metabolism of pyruvic acid in normal and vitamin B-1-deficient states. I. A rapid, specific and sensitive method for the estimation of blood pyruvate 生化	上海 Henry Lester 医学研究所
Loo,YT	1931	196	The forebrain of the opossum, Didelphis virginiana Part 11. Histology 动物学	国立中央大学医学院
Chen,KK	1924	125	The action of ephedrine, the active principle of the Chinese drug MA Huang 药学	北京协和医学院
Band,W	1939	116	Dissociation treatment of condensing systems 物理	燕京大学
Kuo,ZY	1932	116	Ontogeny of embryonic behavior in aves 动物学	国立中央大学
Keefer,CS	1930	111	The beriberi heart 医学	北京协和医学院
Chern,SS	1944	110	A simple intrinsic proof of the Gauss-Bonnet formula for closed Riemannian manifolds 数学	美国普林斯顿高级研究院,清华大学

(1)本统计样本中被引率较高的这些论文的第一著者中既有国外的著者(但一般或有中国著者的合作,或在中国工作的成果),也有中国的著者;既有统计时段前期的,也有后期的;有些人可能比较熟悉,但更多的还鲜为人知。

(2)被引率较高的论文的主题主要是医学方面的论文。医学文献中以医学实验学、生物实验学的内容为多。但也不乏物理、数学、生物、化学方面的力作。

回顾这段科学历程发现,中国的科学技术发展经过了一段非同寻常的过程。中国的科学研究受到了中国社会变革的深刻影响,受到了战争的重创。然而,一代又一代专家学者坚持着科学救国的信念,他们为中国科学事业的发展,为缩小中国科学与世界先进水平的差距,做出了不可磨灭的贡献。在许多学科,他们的研究为后来的事业首开冰河,奠定了良好的基础。通过研究,我们由此打开一个研究这段科学史的窗口。

参考文献

1 Web of Science. http://www.isinet.com/isi/products/citation/wos/

2 路甬祥. 中国近现代科学的回顾与展望. 科学史研究,2002,21(3)

3 张利华,高建. 北平研究院的组织、管理及其成就(1929—1949). 科学学研究,1989,7(4)

4 王建设. 开放与中国近现代的科学. 洛阳师专学报,2000,19(1)

原载于《科学学研究》,2006 年第 3 期

美国 WoS 数据库收录的中国南北极研究论文的调研与分析*

引言

南北极研究涉及众多学科和研究领域[1]。为了更好地了解和评价中国科研人员在南北极研究方面所做的努力、已有的成果、现状、发展的趋势等，利用美国的核心期刊数据库 Web of Science（简称 WoS）[2]，全面地收集中国作者在 1982 — 2008 年间发表的有关南北极方面的期刊论文，并用文献计量学的方法，对这些论文在序化的基础上从多个角度进行深入的统计分析，以期多方位地反映和展示中国南北极研究领域走向世界的研究成果[3]。

WoS 是美国汤森—路透公司（Thomson Reuters）的主打数据库产品，包括 3 个系列的引文索引，即“科学引文索引”（*Science Citation Index*，简称 SCI，其纸质刊创刊于 1961 年，网络数据回溯到 1900 年），“社会科学引文索引”（*Social Sciences Citation Index*，简称 SSCI，其纸质刊创刊于 1973 年，网络数据回溯到 1956 年），和“艺术与人文科学引文索引”（*Art & Humanities Citation Index*，简称 A&HCI，其纸质刊创刊于 1978 年，网络数据回溯到 1975 年）。这是一部国际性的核心期刊

* 本文与张洁、刘芳、邓三鸿合写。

检索工具,目前收录有世界范围内各学科的核心期刊 8000 多种,所选用的刊物来源于 40 多个国家、50 多种文字。这些国家主要有美国、英国、荷兰、德国、俄罗斯、法国、日本、加拿大等,2008 年该系统收录中国出版的各类期刊将近 100 种。

首先确定极地研究课题下相关的英文检索词,包括:南极("SOUTH POL*" OR SOUTH-POL* OR ANTARCTI* OR SUBANTARCTI*)、北极(ARCTI* OR "NORTH POL*" OR NORTH-POL*)、极区(POLAR OR CUSP-REGION OR CUSP-LATITUDE)、极光(AURORA*)、并有选择性地扩展到南北极附近的区域诸如南大洋("SOUTH* OCEAN*")、白令海(BERING)、格陵兰岛(GREENLAND)、南印度洋("SOUTH* INDIAN*")、南太平洋("SOUTH* PACIFIC*")、北太平洋("NORTH* PACIFIC*")、南大西洋("SOUTH* ATLANTIC*")、北大西洋("NORTH* ATLANTIC*")等(在检索操作时,这些地域扩展词要与其他关键词,如"涛动",进行"与"运算),以及相关的地点如乔治王岛(KING GEORGE ISLAND)、罗斯海(ROSS SEA)、威德尔海(WEDDELL SEA)、格罗夫山(GROVE MOUNTAIN*)、布兰斯菲尔德海峡(BRANSFIELD)、普里兹湾(PRYDZ BAY)、阿德雷岛(ADELIE)、中山站(ZHONGSHAN STATION)、长城站(GREAT WALL STATION)、黄河站(YELLOW RIVER STATION)等[这里的星号(*)表示词尾截断,即允许词尾的任意变化;引号("")表示短语],选择在标题(TI)、地址(AD)字段同时检索(对于地址字段,本文在确定检索式前经过大量的试检,排除或修正了那些不形成研究机构的检索词或产生误检的检索词),即要求凡在 WoS 数据库所覆盖的期刊中,只要是作者单位标注了中国,并且在论文的篇名、关键词、摘要(后两项限定中心词,诸如南极、北极、中山站之类)或者作者的地址(包括作者的工作单位)中出现了上述检索词的,均为命中文献。本次检索不限定中国作者为第一作者的文献,只要是中国作者参与的,均为命中结果,包括中国作者与国外有关南北极研究人员、研究机构的合作成果。

检索的时间范围始自数据库的最早回溯年份 1900 年,截止于

2008 年。在实际检索结果中查得国内最早的被收录在世界核心期刊中有关南北极的期刊论文始于 1982 年。初始检索结果有数千篇文献,但这一数据中有半数以上的结果为误检。主要是因为上述检索词中的“POLAR”和“AURORA *”不是极地研究专有词,尤其是“POLAR”一词在其他领域,如物理、化学领域,有大量的应用。经过对大量原始论文的篇名、刊名、作者单位、研究领域等要素的核实、整理和反复的推敲后,对检索词进行了排除和限制的处理,得到最终结果 1142 篇。以这一数据为基础,对这 1142 篇文章进行了多方面、多角度的归类、整理、统计与分析。值得说明的是,本项研究样本的采集是通过国际核心期刊数据库来操作的,而人们关于南北极研究的论文在期刊中的投向却是分散的、无序的,因此数据的收集难免存在遗漏。这里的检索式也只是尽可能在最大的程度上提高数据的全面性和准确性。如,当把检索要求从限制在文章的题名字段扩大到关键词和摘要字段时,许多题名中未出现诸如南极、北极、中山站、普里兹湾等与本项研究相关的文章被收集过来,但同时不少次相关的文章也出现了,例如南极涛动对长江、淮河的影响,南北极附近土壤的研究,南北极生物,如磷虾、鲑鱼、鲇鱼的研究等,也都被收集过来。

1 各年文献量统计与分析

通过对特定信息源中特定主题文献数量的统计,有助于从文献量这个外部特征的角度,来管窥这一领域的发展状况、走势等。表 1 是在美国 WoS 数据库中根据上述检索式所检索到的中国作者在世界核心期刊中的有关南北极研究方面的论文按年代统计的文献量。文献量的发展态势则反映在图 1 中。

表 1　中国南北极研究各年论文量(1982—2008)

年份	1982	1983	1984	1985	1986	1987	1988	1989	1990	1991	1992	1993	1994	1995
文献量(篇)	3	1	2	3	1	8	10	4	6	9	8	20	8	20
年份	1996	1997	1998	1999	2000	2001	2002	2003	2004	2005	2006	2007	2008	合计
文献量(篇)	15	24	19	34	36	54	58	84	93	125	128	167	202	1142

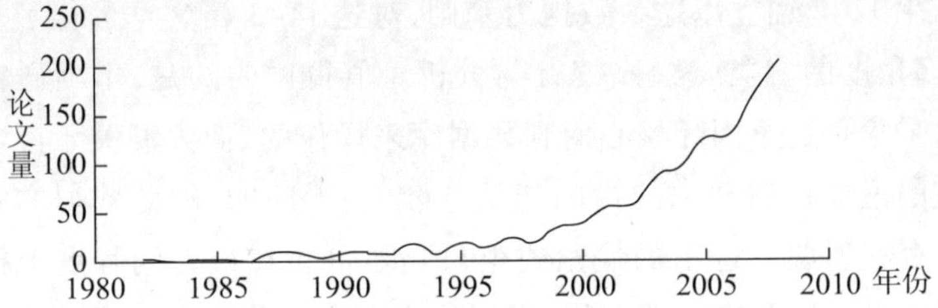

图 1　中国南北极研究领域国际期刊论文发展趋势图

(1)从总体上来看,中国南北极方面的国际核心期刊论文量是逐年递增的,其中 1999 年是一个分界线,1999 年之前的论文量相对较少,呈迂回徘徊的趋势。而 1999 年后的论文量增长加快,呈逐步增长的趋势。

(2)尽管 1999 年之前的文献量较少,但却是中国南北极研究中一个很重要的酝酿期、铺垫期,许多探索性的、开创性的研究在这一时期产生。

(3)从 1982 年开始至今的 20 多年中,中国南北极研究方面的国际论文发文量虽稍有起伏,但却没有空缺的年份。

(4)在本项统计的对象中,最早期的研究主要是一些自发的、零散的、与南北极稍有关联的有关大气、天文、地理方面的探讨。例如,1982 年由中国科学院大气物理研究所的 Fu CB 发表在期刊《科学通报》上的题为《长江流域的梅雨与南极洲以及南大洋的雪冰覆盖之间可能的关系》(*A possible relationship between pulsation of plum rains in Changjiang Valley and snow and ice cover on Antarctica and the Southern*

Ocean)的论文;中国科学院空间物理研究所的 Zhang GL 有关极冠研究的论文(*On the low-energy limit of the polar-cap absorption events*);1983 年起有学者基于国外的一些极地站点进行比较专业的研究,例如 1983 年由 Carpenter DL,Bao ZT 合作进行的有关南极赛普尔站超低频传输产生的导管哨声模式信号的性能研究(*Occurrence properties of ducted whistler-mode signals from the new VLF transmitter at Siple Station, Antarctica*);1984 年和 1985 年中国科学院地理所的 Xie YY 连续发表两篇有关南极戴维斯站地区和南极西福尔丘陵地区周围环境的研究。之后诸如此类的研究越来越多、越来越集中,也越来越深入。还有一点要说明的是,在 1998 年前有中国作者参与的核心期刊论文中,绝大多数是中国作者作为第一著者的。

(5)到 1998 年时,中国极地研究领域走向世界的核心期刊论文在数量上还是有限的,没有任何年份超过 25 篇论文。直到 1999 年,中国南北极研究的论文有了数量上的飞跃,WoS 论文量陡然增加,并自此之后连年增长,且呈直线增长的趋势。这与中国南北极研究的具体发展也是同步的,反映了中国科学界在南北极研究方面的进步。

2 来源期刊统计与分析

对于一个比较成熟的学科领域来说,往往会形成 80% 的论文刊载在 20% 的期刊上的趋势。这样只要抓住核心期刊,人们就可以用较少的时间,较经济的资源,获得较多的科学研究信息。通过统计所有刊载中国作者南北极研究论文的 WoS 来源期刊,可以将论文量比较集中的那些期刊看作中国作者南北极研究方面的核心期刊。由于本文主要分析的是中国作者在南北极研究方面的论文成果,故其统计结果具有一定的地域性,尽管这一结果并不就是国际南北极研究的核心期刊,但却是中国作者的集中"发言地"。此外这一组数据也反映了中国南北极研究领域中颇受关注的学科或主题。

本次统计的1142篇论文分布在327种来源期刊上(其中有几种期刊包含两个以上分册,各分册按一种期刊计算)。其中刊载1篇论文的期刊多达175种,占中国作者南北极研究论文所在期刊总数的半数以上(53.5%)。表2反映的是载文量在15篇以上的期刊。

(1)表2中罗列了收录中国作者南北极研究论文较多的14种期刊,其中中国出版的期刊有6种、美国出版的3种、荷兰2种、英国2种、德国1种。

(2)这14种期刊中,有中国学者参与的论文量约占本项研究统计的全部期刊论文量的43%,但期刊种数仅占4%。可见,这14种期刊是国内学者在国际学术舞台上反映南北极研究成果的最核心的期刊。

(3)很显然,中国作者更容易在国内期刊上发表研究成果。《科学通报》和《中国科学》各辑是刊载中国作者研究成果最多的两种期刊,它们都是由中国科学院、国家自然科学基金会主办,中国科学杂志社出版的,为国内科学家提供学术交流与发言的平台。其次,分别由中国海洋学会、中国科学院地质与地球物理研究所和中国地球物理学会主办的《海洋学报》《地球物理学报》,也是发表国内南北极研究成果的主要期刊。

(4)中国作者发文比较集中的几种国外的期刊包括《地球物理研究快报》《冰川年报》《地球物理研究杂志》《极地生物》等,这体现了中国作者参与世界先进水平的研究主要集中在地球物理、冰川、地球化学、古地质以及极地生物这几个领域。

(5)除了表2中这些集中了较多中国作者南北极研究论文的期刊外,其他的期刊收录中国作者的文章相对较少,绝大多数国外的期刊上只刊载过1篇或2篇中国作者参与的南北极研究论文,其中刊载过1篇论文的期刊有175种之多,刊载过2篇的论文也有67种。当然,这与WoS数据库主要收录英文核心期刊有关,但也反映了中国南北极研究方面国际性的研究成果还比较分散,还未形成拳头之势,或者说这个研究领域还没有成熟到足以形成一个很有威势的核心期刊群的程度。

表 2　核心期刊载文量(15 篇以上)

期刊名称	期刊简介	载文量
科学通报(CHINESE SCIENCE BULLETIN/KEXUE TONGBAO)	中国科学院、国家自然科学基金委员会主办,中国科学杂志社出版	103
中国科学D辑:地球科学(SCIENCE IN CHINA SERIES D-EARTH SCIENCES)	中国科学院、国家自然科学基金委员会主办,中国科学杂志社出版	59
海洋学报(英文版)(ACTA OCEANOLOGICA SINI-CA)	中国海洋学会主办,双月刊	44
冰川学年报(ANNALS OF GLACIOLOGY)/英国	国际冰川学协会(IGS)出版的刊物	41
地球物理研究快报(GEOPHYSICAL RESEARCH LETTERS)/美国	美国地球物理联合会主办	37
地球物理学报(CHINESE JOURNAL OF GEOPHYSICS-CHINESE EDITION)	中国科学院地质与地球物理研究所、中国地球物理学会联合主办	35
大气科学进展(英文版)(ADVANCES IN ATMOSPHERIC SCIENCES)/中国	中国科学院大气物理研究所主办	34
地球物理研究杂志大气(JOURNAL OF GEOPHYSICAL HESEARCH-ATMOSPHERES)/美国	美国地球物理联合会主办,月刊	33
极地生物(POLAR BIOLOGY)(南极,德国;北极,美国)	德国 Institute for Polai-Ecology,和美国 Institute of Marine Science,University of Alaska 主办	21
古地理学、古气候学与古生态学(PALAEOGEOG-RAPHY PALAEOCL1MATOLOGY PALAEOECOLO-GY)0031-0182	荷兰 Elsevier 出版社,全年 52 期	18

续表

期刊名称	期刊简介	载文量
国际系统与进化微生物学杂志(INTERNATIONAL JOURNAL OF SYSTEMATIC AND EVOLUTIONARY MICROBIOLOGY)	英国普通微生物学学会主办	16
自然科学进展(PROGRESS IN NATURAL SCIENCE)	中国国家自然科学基金委员会主办,月刊	15
陨星学与行星科学(METEORIT1CS & PLANETARY SCIENCE)	美国陨石学会主办,月刊	15
前寒武纪研究(PRECAMBRIAN RESEARCH)	荷兰 Elsevier 出版社,全年 32 期	15
合计		486

(6)一些国际性的一流期刊也出现了中国极地研究科研人员的论文。国际一流期刊 *Science* 收录有中国作者参与的南北极研究的论文 6 篇。其中包括:2008 年由美国弗吉尼亚大学环境系 Galloway J N 和美国科罗拉多大学北极和阿尔卑斯山研究所的 Townsend A R 合作主持,包括中国科学院南京土壤研究所 Cai Z C 在内的 10 余所单位的科研人员参加的有关全球氮循环转换的现状与趋势的研究(*Transformation of the Nitrogen Cycle*: *Recent Trends*, *Questions*, *and Potential Solutions*);2006 年,美国俄亥俄州立大学伯德极地研究中心极地气象研究所 Monaghan A J 为第一作者,美国、俄罗斯、意大利、澳大利亚、挪威、德国、中国等国家共 16 位作者合作的论文,其中有上海师范大学地理系的作者 Wen J H 参与其中,他们统计了 50 多年来南极降雪的数据,试图讨论是否因降雪量影响南极冰层变化(*Insignificant Change in Antarctic Snowfall Since the International Geophysical Year*);2005 年,由丹麦、美国、挪威、中国、冰岛等国 5 位作者合作,中国科学院气象物理研究所参与的关于大西洋副极地海洋涡旋对温盐环流影响的文章(*Influence of the Atlantic Subpolar Gyre on the Thermohaline Circulation*);2004 年,北京的 Yang J X 在 *Science* 上发表了《中国跨出了勇敢的一

步,向南极腹地进发》的消息报道(*Polar Science — China Takes Bold Steps into Antarctic's Forbidding Interior*);2004 年,美国佐治亚大学海洋科学系 Cai W J 主持,厦门大学海洋环境科学国家重点实验室 Dai M 参与的一篇评论性的文章(*Comment on "Enhanced Open Ocean Storage of CO_2 from Shelf Sea Pumping"* ①);2003 年,由法国 Caillon N 主持,美国、中国、俄罗斯等国共 6 人合作的关于南极温度改变对大气中 CO_2 值影响的文章,中国极地研究中心的 Kang J C 参与其中(*Timing of Atmospheric* CO_2 *and Antarctic Temperature Changes Across Termination III*)。这一检索结果数据也表明,目前在国际一流期刊 *Science* 中,中国作者主要以合作者身份参与发表南北极研究的成果。

在本文的数据中,另一份国际一流期刊 *Nature* 收录有中国作者参与的论文 3 篇,包括:2008 年由中国科学院岩石圈演化国家重点实验室 Liu C Z 主持的,德国、美国的多个合作者参加的关于北冰洋古地质方面的研究(*Ancient, Highly Heterogeneous Mantle Beneath Gakkel Ridge, Arctic Ocean*);2007 年荷兰 Utrecht 大学地球科学系 Dupont-Nivet G 主持的、兰州大学和中国科学院西藏高原研究所作者参加的关于西藏高原干燥与始新世—渐新世过渡时期全球变冷关系的研究(*Tibetan Plateau Aridification Linked to Global Cooling at the E-ocene-oligocene Transition* ® ②);2000 年由中国科技大学极地环境研究所的 Sun L G 等 3 人发表的对企鹅种群 3000 年的古生态学研究论文(*Palaeoecology — A* 3,000-*year Record of Penguin Populations*)。

(7)在本文所统计的范围中,1140 余篇中国作者参与的研究论文通过 4 种语种完成,其中英语论文占绝大多数,共有 1077 篇,约占总数的 94%;中文论文 63 篇,约占总数的 5%;其余的语种只有 1 篇法语文章和 1 篇德语文章。这 1 篇法语文章是 1999 年法国里昂大学、智利大学与中国地质矿产部沈阳地质研究所的作者们合作完成的关于

① 该文有关键词为北冰洋(ARCTIC OCEAN)。

② 该文第二个关键词为南极冰川(ANTARCTIC GLACIATION)。

南极西部、中国和智利的一种中生代的树木萨尼木属的比较研究(*Sahnioxylon, a Mesozoic Wood with a Loose Distribution: China, India and Western Antarctica*)。这1篇德语文章是1997年青岛海洋大学渔业系Song W与Packroff G合作的关于两种海洋生物种属分类的文章[*Taxonomy and Morphology of Marine Ciliates from China with Description of Two New Species, Strombidium Globosaneum Nov Spec and S-platum Nov Spec(Protozoa, Ciliophora)*]①。总的来说,中国在南北极研究方面的国际交流中,除英语之外的其他语种的利用还很少。

3 著者统计与分析

3.1 著者总体情况统计与分析

在本文统计的时间段中,共有第一著者744人,平均每人1.53篇。

以第一著者为据,共统计到中国人名作为第一著者的有584人(由于本文所用数据库的语种为英文,其中的著者姓名完全是以英文表达的,故这里仅据习惯意义上的以拼音表达的中国人名统计)。其中有417人仅发表了一篇文章。有167人完成2篇以上的论文,共543篇,约占本统计文献总量的47%。此外,还有相当多的研究成果是中国学者作为合作者加入到国外学者的研究团队中完成的。

独立著者(即无合著者参与,仅作者一人独立操作)完成的论文共有44篇,在总论文数中仅占很小的比例,其中早期的独立著者论文量占多数,可见中国南北极的科学研究多以大范围的研究课题、大型的集体行为为主。

包括所有合著者在内,共有著者3000多人。若按参与频率统计,共有5500余人次,平均每篇文章4.8人左右,这也再次说明南北极研究多为团体的、多人的合作研究。10人以上的合作论文共有52篇,其

① 该文第四个关键词为南极洲(ANTARTICA)。

中 20 人以上(含 20 人)的合作论文共有 19 篇,合著者最多的一篇论文共有著者 55 人,是 2005 年一篇关于南极冰雪化学成分的研究论文,由新西兰维多利亚大学南极研究中心(Victoria Univ Wellington, Antarctic Res Ctr, Wellington, New Zealand)的 Bertler N 主持,来自多个国家的 55 个研究人员对南极 520 个点的雪样进行了分析,其中也有中国的几位学者。多著者的研究多由外国学者主持,中国著者主持的多著者研究的参与人数以 10 人之内的为多,但也有少量的 10 人以上合著者的研究。国内学者参与人数超过 10 人以上的研究有:2008 年由中国科学院遗传与发育研究所 Chen Z Z 主持、Chen L B 为通讯作者的,共有 15 人参加的关于南极抗冻鱼在永恒低温状态下的转录与基因进化的研究(*Transcriptomic and Genomic Evolution under Constant Cold in Antarctic Notothenioid Fish*);2008 年由中国科学院紫金山天文台 Chang J 主持,有多个国家多达 23 位研究人员参加的关于电离层方面的研究(*Resolving Electrons from Protons in ATIC*),该文的摘要中说明这项研究的数据采用了在南极麦克默多站(McMurdo, Antarctica)放飞的气球的测试数据;2005 年由中国极地研究中心 Liu R Y 主持的关于极地站点对极区地磁、电离层和极光现象的卫星测量研究(*The Chinese Ground-based Instrumentation in Support of the Combined Cluster/Double Star Satellite Measurements*),共有 13 人参加这个项目。合作研究的论文多见于最近几年,2000 年前鲜见中国学者参加的 10 人以上合作研究的论文。

3.2 核心著者统计与分析

表 3 是以第一著者(即不统计作为合作著者的论文量)为据统计的发表 5 篇以上论文的国内著者的数据,并以降序排列。本文还做了全部参与著者(即包括所有合著论文在内)文献量的统计,在表 4 中列出了其中共参加了 12 篇以上论文的著者数据。结合表 3、表 4 的数据,可以看到,表 4 的著者中绝大部分都与表 3 中的著者有重合,可见表 3 中的这些著者除了作为第一著者外,还作为合作著者参加了更多的科研活动,在他们所在单位或合作单位的南北极研究中起到了科研

带头人的作用。还有些作者完全是作为合作者身份加入到科学研究中的。

表3的统计数据集中了中国南北极研究方面的高产著者,他们的研究总量约占本项统计的1/6。通过对第一著者的统计,可以看到,研究院所和高等院校是中国极地研究方面的两大类主要研究机构。这两大类研究机构各有特征,相对于学校来讲,研究院所人员数量较少,但人员整体水平高,研究领域集中;而高校的研究人员数量较多,研究领域广泛,涉及各个学科专业(但在南北极研究中往往只是某一院系参与其中)。

表3　国内第一作者发文量(仅列出发文量不小于5篇的第一作者)

作者姓名	作者单位	发文量	研究领域
Zhu RB 朱仁斌	中国科技大学	16	南极大气环境
Qin DH 秦大河	中国科学院寒区旱区环境与工程研究所	13	南极冰川、表层雪
Gong DY 龚道溢	北京师范大学,北京大学地球物理系	13	南北极涛动、气象
Sun LG 孙立广	中国科技大学	11	南极大气环境,南极生物种群史
Lin YT 林扬挺	中国科学院地质与地球物理研究所,广州地球化学研究所	10	格罗夫山,陨石,岩石
Wu BY 武炳义	中国科学院大气物理研究所,中国气象科学院	10	气象、北极涛动
Xiao CD 效存德	中国气象科学院	9	南印度洋,南极冰川等
Liu XD 刘晓东	中国科技大学	8	南极古生态
Wang HJ 王会军	中国科学院大气物理研究所	8	极光,南北极涛动
Xie ZQ 谢周清	中国科技大学	8	地球化学

续表

作者姓名	作者单位	发文量	研究领域
Yao TD 姚檀栋	中国科学院寒区旱区环境与工程研究所	8	气象、冰芯
Chen M 陈敏	厦门大学	7	海洋生物
Fan K 范可	中国科学院大气物理研究所	7	南极涛动影响
Song WB 宋微波	中国海洋大学	7	海洋动植物
Zhang D 张德超	中国海洋大学,农业大学,中国科学院微生物所	7	北极细菌
Miao BK 缪秉魁	桂林理工大学,广州地球化学研究所	6	格罗夫山岩石、矿物
Zhao Y 赵越	北师大,中国地质科学院地质力学研究所	6	南极菲尔德斯半岛,拉斯曼丘陵
Bian LG 卞林根	中国气象科学院	5	南北极浮冰
Liu RY 刘瑞源	中国极地研究中心	5	空间、地磁
Wu LX 吴立新	中国海洋大学	5	水产、地球物理
Xie YY 谢又予	中国科学院地理科学与资源研究所	5	南极建站,沉积岩

除了在表3中列出的核心著者外,还有近百位发表了2—4篇WoS论文的科研人员,其中有许多是近年来涌现出来的中青年学者。

表3中,作者名中的英文名来自数据库中的原文,中文名则是本文作者根据英文名称,结合表中作者的研究方向或主题等,搜索国内的期刊数据库和网站后翻译的,有些业内人员也提供了相关的信息。WoS数据库中早年的著者数据是以著者姓的全称和著者名的首字母合成的,有些著者自己在书写英文名或拼音名时的表达不一致,也有时是数据库本身有误,因此系统在著者名的显示时会有一些错误,如Jia G与Jia GG. Lu R与Lu RY是否是同一人名？这种情况在本文中一般不能被统计在同一著者名下。但有些材料经过仔细核实,比如论文作者所在研究单位相同,有同样的合作者,且论文的研究方向一致

等细节，在本文中便作为同一作者统计，如中国科学院地质与地球物理研究所、中国科学院广州地球化学研究所 Lin Y 有几篇文章的合作者和工作单位以及研究主题与 Lin YT 一致，故在本文中被作为同一作者。而那些无据可鉴的便被视为两个不同的作者。也有缩写人名相同，但全称不同的情况，如 Liu XC，经与原文核对，分别是中国地质科学院的 Liu Xiaochun 和中国科学院地质与地球物理研究所的 Liu Xiaocan。如果确认是同一人，则不要求该著者一定是同一个单位的。表 3 中所统计的著者是其原文中以国内机构作为第一著者所在机构的，有些著者只著录了其在国外研究时所在的单位，或国外的单位作为其第一著者机构，这些论文则不被统计到表 3 中。

表 4　以全部参与研究的著者为据对 12 篇以上论文著者的统计

著者名*	文献量	著者名	文献量
SUN, LG	52	WANG, YH　中国科技大学（全部作为合作者）	16
QIN, DH	44	BIAN, LG 中国气象科学研究院	15
REN, JW 中国科学院寒区旱区环境与工程研究所	30	CHEN, M	15
YAO, TD	30	LIN, YT	15
XIE, ZQ 中国科技大学	29	Drange, H（挪威卑尔根大学，全部作为合作者）	14
WANG, HJ	28	GONG, DY	14
ZHU, RB	27	LI, ZQ 中国科学院寒区旱区环境与工程研究所	14
YIN, XB 中国科技大学	24	LIU, YH 中国极地研究中心	14
LIU, XD	23	KANG, JC 中国极地研究中心	13
LIU, RY 中国极地研究中心	22	MAYEWSKI, PA 美国缅因大学气候变化研究所	13

续表

著者名*	文献量	著者名	文献量
LIU,XH 中科院地质与地球物理研究所	22	LU,LH 中国气象科学研究所	12
ZHAO,Y	18	LU,LH 中国气象科学研究院	12
XIAO,CD	17		

*表4中与表3重合的著者不再列出其所在单位。

4 地区、机构统计与分析

根据著者所在地区和单位统计文献量,可帮助人们从地区研究的角度和机构整体的视野来衡量、考察或了解某一地区、某一单位的科研业绩和科研实力,便于及时进行科研评价,调整科研策略。作为这些机构本身,也可从中了解自己的科研布局和科研的长项与短处,了解本单位的南北极科研在全国这一领域所处的位置,所发挥的作用。就本文而言,以机构或地区的整体发文量为指标可以帮助确定那些科研实力较强的机构及地区。通过机构、作者之间的相应关系来掌握核心研究机构中的核心研究专家,以及专家的主要研究领域,从而加深对该领域研究机构、研究人员的了解,推动科研人员相互间的进一步的合作。

4.1 第一著者机构所在城市统计与分析

表5是按国内第一著者机构所在城市统计的论文量,表中仅列论文量在3篇以上的城市。

表5　按国内第一著者所在地区统计的论文量

城市	北京	青岛	兰州	上海	合肥	厦门	南京	广州	武汉	杭州	香港	西安	昆明	成都	桂林	贵阳	大连	济南	汕头	长沙
论文	333	86	75	57	53	46	45	36	30	24	20	10	9	9	6	5	4	4	4	3

此外,还有几个省市,如台湾、长春、新乡、湛江、漳州、肇庆、内蒙古、哈尔滨、连云港、天津、威海、温州、西宁、无锡、威海,都各有1—2篇南北极研究方面的论文。

表5中的信息表明,在中国各城市中,北京是中国南北极研究方面科研机构最为集中的城市,尤其是中国科学院的多个研究所集中了许多南北极研究的专家以及南北极研究的课题。另外,北京的一些高校,如北京大学、北京师范大学等都在不同程度上参与了中国南北极方面的具体的研究工作,并且他们的研究涉及多个研究领域。

国内其他地方的许多高校也都以各自的特色研究力量加入到中国南北极的研究中,如中国海洋大学、中国科技大学、厦门大学、兰州大学、武汉大学、南京大学、中山大学等。高校以各校在其专业领域中的强项或特色参与到南北极研究领域中来,加强了国内南北极研究的专业力量。如中国海洋大学的与极地有关的海洋学研究已经形成了特色;兰州大学与本题有关的大量的研究则侧重南北极与中国西北部地区,尤其是青藏高原的地形、地貌、地质、气候的关系与影响。国内还有很多的高校同样蕴藏了很大的潜力,如果能更大程度地将这些潜力挖掘出来,将会为中国南北极的研究带来更多的成果。

地处安徽合肥的中国科技大学极地环境研究室为中国的极地科学研究做出了很大的努力。有多位研究人员,如 Sun LG、Zhu RB、Yin XB、Xie ZQ、Wang YH、Liu XD 等人,成为这一领域的重要作者。

地处兰州的中国科学院寒区旱区环境与工程研究所是个十分专业的研究所,以冰芯和气象方面的研究为最,发表了大量的成果。

青岛、杭州和厦门则因分别是国家海洋局第一、第二、第三海洋研究所的所在地,使这些地区都成为南北极研究成果的重要产地。其中,青岛还因为有中国海洋大学的加入,而厦门还因为有厦门大学的加入，更加大了这两个城市在中国南北极研究成果发表方面的力度。

由于中国极地研究中心地处上海，该中心集中了几个重要领域的研究人员，这让上海成了南北极研究的重地。

4.2 参与研究的国内机构发文频次统计与分析

首先统计到全部文章的所有参与机构的计数结果是800多个（指所有参加研究的机构，包括合作的机构或国外的机构，还有少量的机构因为更名或作者的不同表达形式而被系统重复计数），可见中国南北极的研究引起了多方的关注。

在本项统计范围内，多机构合作进行研究的文章一般以国外作者主持的为多。近年来国内作者主持的研究项目也开始向多个合作参与机构发展，并且国内国外合作并存，出现了多项跨国合作的项目。许多极地方面的研究具有这样的国际合作性质。

本文所统计到的发文量较多的几家机构（发文20篇以上，包括主持或参与合作的）如表6所示。表6中除中国科学院之外的科研机构论文量由数据库所提供的分析功能自动获得，而系统中有关中国科学院属下的所有论文量被统一记录在中国科学院的名下，即系统对中国科学院的自动计数未做明细区分。故本表中有关中国科学院所属院所的分析数据由人工计量获取。但由于系统提供下载的每条记录的合作单位数量有限制，因此对表中有关中国科学院所属单位数据的查全率有少量的影响。

表6 按参加研究的机构统计的发文量

机构	发文量	主要研究者
中国海洋大学（OCEAN UNIV CHINA/ OCEAN UNIV QINGDAO）	77	Song WB, Wu AQ, Zhao, JP Wu LX 等
国家海洋局（STATE OCEAN ADM，包括1所，2所，3所）	76	Gao AG, Liu CL, Wang ZP, Chen LQ, Xiao X, Zhang JW 等
中国科学院大气物理研究所	75	Wang HJ, Fan K, Wu BY 等

续表

机构	发文量	主要研究者
中国极地研究中心（POLAR RES INST CHINA/POLAR RES CTR CHINA/CHINESE POLAR RES CTR）	71	Liu RY, Liu YH, Hu HQ 等
中国科技大学	65	Sun LG, Zhu RB, Liu XD, Xie ZQ 等
中国科学院地质与地球物理研究所	59	Fang AM, Xu WY, Hong MH, Yu LJ 等
北京大学（PEKING UNIV/BEIJING UNIV）	54	Shen CS, Gong DY 等
中国科学院寒区旱区环境与工程研究所	52	Qin DH, Yao TD, Xiao CD, Ren JW, Wang NL
中国气象科学院	45	Bian LG, Zhao BT, Wu BY, Zhou LX 等
厦门大学	42	Chen M 等
中国地质科学院	39	Wang YB, Liu XC, Ren LD, Nutman AP 等
中国科学院广州地球化学研究所	35	Wang XM 等
北京师范大学	32	Gong DY 等
兰州大学	29	Chen FH, Li JD 等
武汉大学	26	Ma SY 等
南京大学	20	Wang HN, Zhu C 等

4.3 与国外的合作统计与分析

这一部分统计由国外的机构作为第一著者主持的、有中国著者合作的南北极研究的论文量。表 7 以国外机构所在的国家为据统计了外国与中国在南北极研究方面进行合作的论文量，表 8 则是参与中国极地合作研究较多的国外机构发文频次的统计。

表7　外国与中国在南北极研究方面的合作论文量(以第一著者单位为准)

国家	论文量	合作研究主题	主要合作机构
美国	101	南北极研究各领域	阿拉斯加大学费尔班克斯分校、俄亥俄州立大学、威斯康星大学、国家海洋大气局、缅因州大学、俄勒冈州立大学、科罗拉多大学等
澳大利亚	25	岩石、冰河、环境等	澳大利亚南极局、国立大学、纽卡斯尔大学等
日本	24	岩石、大气、生物等	日本国立极地研究所、神户大学、气象研究所、名古屋大学、北海道大学等
德国	17	大气、生物、环境等	马克思布朗克研究所、阿尔弗里德·韦格纳极地与海洋研究所等
英国	15	气象、大气、地磁等	Univ Cambridge, British Antarctic Survey, Univ Liverpool, Plymouth Marine Lab 等
法国	14	大气、冰河、地磁等	国家科学研究中心等
韩国	13	涛动、冰河、气象、古环境等	Korea Ocean Res & Dev Inst、Chosun Univ、Seoul Natl Univ 等
加拿大	13	冰河、大气、生物	Univ British Columbia, Univ Calgary, Inst Queen Sci 等
挪威	8	大气、气象、海产	Univ Bergen、Univ Tromso 等
俄罗斯	5	生物物种、古海洋学、抗冻裂焊接	俄罗斯科学院动物所、工程物理北极研究中心
新西兰	4	海床、冰雪化学	Canterbury 大学、Victoria 大学
瑞士	4	古环境、海洋	ETH Zentrum、ETH Zurich 等
奥地利	3	地理分析	Vienna 大学矿石研究所
比利时	3	冰河	维萨里大学

续表

国家	论文量	合作研究主题	主要合作机构
荷兰	3	生态、海洋文明	Vrije 大学、皇家海洋研究所
丹麦	2	大西洋近极回旋	Faroese Fisheries Lab
西班牙	2	海洋地理、海洋生物	Granada 大学、Barcelona 大学
意大利	2	环境污染与极地动物	Parma 大学
捷克	1	植物	Charles 大学
巴基斯坦	1	极光	巴基斯坦政府学院大学物理系
芬兰	1	北冰洋冰雪	Finnish Inst Marine Res
瑞典	1	涛动	Stockholm Univ
苏格兰	1	南极绕极流	DUNDEE 大学
威尔士	1	北极鲑鱼	Univ Wales
合计	264		

表 8　参与中国极地合作研究较多的外国机构发文频次统计(13 次以上)

机构	频次	主要研究主题	主要合作的中国机构
美国阿拉斯加大学	39	海洋、气象、生物	中国科学研究院南海海洋研究所、中国科学院大气物理研究所、中国气象科学院、厦门大学等
德国马克思布朗克研究所	23	大气、地磁、气象	北京大学、武汉大学、中国科学院等
美国科罗拉多大学(北极与阿尔卑斯研究所)	20	气象、氮循环，同位素，冰芯等	中科院青藏高原研究所，中国气象科学院

续表

机构	频次	主要研究主题	主要合作的中国机构
澳大利亚南极局	18	冰河、大气、气象	中国科学院寒区旱区环境与工程研究所、北京大学等
日本国立极地研究所	18	空间、岩石、大气、水生生物	中国国家极地研究中心、中科院地球化学所、动物所、水生生物所、武汉大学、浙江大学等
美国国家航空航天局(NASA)	15	极光、冰层、气候、辐射	中国极地研究中心、上海天文台、香港科技大学、北京大学等
美国国家海洋和大气局(NOAA)	15	臭氧探测、海洋污染、台风	中国极地研究中心、香港保护局、台湾大学等
挪威卑尔根大学	14	南北极气候	中国科学院大气物理所、北京师大等
德国 ALFRED WEGENER INST POLAR & MARINE RES	13	冰河、气候、海洋生物、物种、岩石	中国科学院青岛海洋所、杭州第二海洋所、同济大学、中山大学、南京大学等
澳大利亚国立大学	13	格陵兰地质研究	中国地质科学院等

在20世纪80年代，以及20世纪90年代中期之前，中国的极地研究多与国外合作进行。随着科学研究的互相渗透和综合发展，科研合作已成为当代科学研究的大趋势，尤其是涉及面广、内容复杂的课题，更需要通过科学的组织形成合理的研究群体，开展合作研究。因此论文合著情况也能够间接反映出科学研究所达到的规模和深度。在中国的南北极研究中，中国的学者们在很大程度上组织和参与了国内国际的合作研究，南北极研究国际化、全球化的倾向十分明显。

世界上许多发达国家，如美国、澳大利亚、日本、英国、德国、法国等国家与中国的合作研究相对多一些，但还有一些南北极研究方面比较发达的国家与中国科研人员的合作还没有达到比较密切的程度。

5 研究主题的统计与分析

对关键词词频的统计与分析,有助于对当前南北极研究领域国内作者比较集中关注的专题、比较热门的研究方向有一个较为准确和全面的把握。表9是按本项研究所使用的数据库系统提供的1142篇论文中的关键词出现频率的高低所统计的论文量(仅统计关键词使用频率10次以上的)。这一统计结果有助于了解中国在哪些研究主题上投入大,人员集中,哪些还比较薄弱,哪些还少有问津,从而微调现有的科研方向,更有效地进行南北极研究领域的科研决策与科研管理[4]。

由表9可以看出,中国在气象与大气科学领域研究成果较多,这一方面说明全球气候变化引起中国研究人员的关注,从而在气象与大气科学研究领域开展了大量工作,另一方面也说明南北极在全球气候变化监测中起着重要的作用。中国气象科学院、中国科学院寒区旱区环境与工程研究所、中国科学院大气物理研究所等单位都在这一领域做出了很多的贡献。

表9 我国南北极研究主题统计(关键词使用频率10次以上)

研究主题	出现频次	研究主题	出现频次
地球科学(综合)	283	天文与空间科学	34
气象与大气科学	164	生物化学与分子生物学	30
交叉学科	132	化学(综合)	30
地球化学与地球物理	111	生物多样性保护	28
海洋学	92	地质学	24
环境科学	89	生物技术与应用微生物学	22
自然地理	66	渔业	17
水生生物学	51	动物学	13
生态学	47	水资源	13

续表

研究主题	出现频次	研究主题	出现频次
微生物学	42	物理化学	11
古生物学	40	空间工程	10
植物学	38		

因南北极是地球的两极，对其进行地球化学与地球物理方面的研究是人类了解地球运动与变化规律所不可或缺的。具体包括对地球空间结构、物质化学特性、冰雪气之间的物理变更、地球磁极与地极偏离等多个角度、多个方面的研究。中国极地研究中心、中国科技大学、中国科学院多个研究所、中国科学院紫金山天文台等在这一领域都有大批的论文发表。还有一些研究机构，如美国科罗拉多大学的北极与阿尔卑斯研究所与中国青藏高原研究所等多个单位合作进行了对地球第三极青藏高原、喜马拉雅的调查与探索。

对南北极的海洋学研究，包括海洋物理、海洋化学性质、洋流变化等，也是这一领域的一个专题性的研究内容。国家海洋局第一、第二、第三海洋研究所，中国海洋大学，中国极地研究中心，中国科学院的多个研究所，以及上海、武汉的几所高校在这方面都有建树。

中国在南北极的生物、生态、地质、岩石、冰川、古环境、古生物等研究领域也有重大成果。这是因为自古以来南北极在地理位置上与人类活动范围隔离，尚有很多未知的东西等待人类去发现，这就需要从南北极展现的生物、地质、岩石、冰川等入手去勘探、分析，对矿石、沉积岩、花岗岩、地球岩层、陨石等进行理化、考古分析，对冰芯、河流、湖泊进行科学考察，对南北极地形地貌进行勘查，还包括研究浮游生物、微生物、动物、古生物等的生活与生育变更等。

对南北极环境污染、元素含量的多项研究也被中国的学者纳入研究视野，并迅速发展。

对地貌的研究在南北极考察初期较多，空间方面的研究则主要是将南北极作为观测平台去探索宇宙，对太阳、月球、行星、星系等进行观测与研究。

还有一些分支领域,如水生生物学,渔业等,也随着南北极考察的拓展和研究的深入而逐渐活跃起来。

表9的数据还表明,南北极的研究涉及诸多学科领域,在很大的程度上是跨学科的综合性研究,在许多学科的交叉部分、边缘部分都得到了很好的发展。即使在同一个学科中也有很大程度的跨专业、跨专题的综合性研究。这从著者统计的数据中反映的研究人员间的合作也证明了这一点,包括多个国家间的合作、多个单位部门间的合作、同单位不同系科间的合作,以及同系科不同实验室间的合作等。

在表9的数据之外,还有一些数据值得关注,如社会科学领域,就有2006年由中国科技大学Sun LG主持,Yin XB、Liu XD、Zhu RB、Xie ZQ、Wang YH参加的6人合作的1篇对西南极洲乔治王岛的湖中心收集到的覆盖过去2000年的海豹毛发中汞及磷、钾、钠元素浓度的记录看文明演进发展的研究。实际上这是一项文理交叉的、以理科的实验手段操作的考古研究。2004年由美国加州圣地亚哥大学主持,美国的多所高校的海岸与海洋研究所人类学系,波兰华沙的科学院南极生物系,俄罗斯的极地大学社会生态学系,中国的北京大学基础医学研究所,巴林的阿拉伯湾大学生理学系作者参加的对隔离环境(如南极)中人类心理学方面的跨文化差异的研究。这两篇文章是在本项研究的范围内可以从WoS数据库的人文社会科学数据子库中检索到的有中国作者主持或参与的有关南北极的社会科学类的论文。其中中国著者作为第一著者的只有中国科技大学的1篇。总的来说,当前中国人文社会科学领域的科研人员涉足极地研究的甚少。再有,能源问题是现今世界各国之间发生冲突与战争的一个焦点,向南北极发展以求缓解能源紧张局势也就成了一个世界性的话题,在本项统计中,看到中国的南北极研究也涉及能源这一主题,包括能源(热能、化学能、原子能等)的传递、熵、平衡等。

6 引文统计与分析

已发表的文献被新发表的论文所引用的次数是已发表文献质量的特征之一,也是新旧论文间所表达科研课题关联程度的一个重要标志。一般来说,论文的被引用次数越多,从一个角度上说明该论文对他人的影响越大,公众对该文的关注程度越高。通过文章的引文(引用他人文献作为参考文献)数量可以在一定的程度上反映文章作者的创新程度以及作者借鉴其他科研成果的能力;而通过文章的被引(被他人引用)数量又可以反映文章的影响力以及学术价值。

6.1 引文统计

本文首先检索到每篇文章的引文(Reference,也称参考文献,即参考他人的文献),并统计了引文数量,得到本项统计的1142篇文章的总引文数(即全部的参考文献数)为40 107篇,篇均引文数=40 107/1142=35.1篇。这是一个比较大的数字,说明从事南北极研究需要大量借鉴他人的研究成果,也说明中国这一领域的研究与国际接轨的程度较高,中外科研人员通过文献间的广泛交流以达到相互学习、合作探索、共同进步的目的。其中,高引文量的论文多数是多合作者的论文,最多的一篇文章的引文高达352篇,是由美国宾州Villanova大学与英国南极调查机构主持的、有35人合作的关于南极雪样的光化学综述。最早的参考文献回溯到1910年的*Second Norwegian Arctic Expedition in the "Fram"*。但多数文章是以论文发表前10年内的文献为主。参考文献为0的文章共有30篇,多为20世纪80年代的文章,因为当时国内的许多期刊对作者的参考文献没有要求,影响了作者对参考文献的著录。

6.2 被引统计

本文也统计了每篇文章的被引数量,具体的被引数据见表10。

表 10 被引数据统计

被引数	0	1	2	3	4	5	6	7	8	9	10	11—20	>20
文章数	357	149	108	90	60	37	45	34	29	19	26	87	91

由于中国南北极研究成果多为近年所取得,所以被引数为 0 的文章较多,但其中也不乏高频被引的文章。

本项统计中所有论文的总被引数是 8032 篇,篇均被引数 = 8032/1142 = 7.03 篇。最高被引论文是 1995 年由中国地质大学与西澳大利亚大学的 Li,ZX 等 3 人所著的关于《Rodinia 古大陆中的华南地块:东南极澳大利亚与劳仑之间的断裂》(*South China in Rodi-nia-part of the Missing Link Between Australia, East Antarctica and Laurentia*)文,到 2009 年 5 月时已被引 222 次。该作者的另一篇关于东南极地质岩床方面的文章也得到较多的引用。1999 年,北京大学地球物理系的 Gong DY 与 Wang SW 合作发表的题为《南极涛动指数的定义》(*Definition of Antarctic Oscillation Index*)的文章,被引 139 次。近年来的高被引论文大多是国外学者为第一作者,如 2005 年由美国俄亥俄州立大学伯德极地研究中心,极地气象研究小组的 Monaghan AJ 主持的,有多个国家 16 位作者合作的发表于 *Science* 杂志上的题为《地球物理年以来南极降雪无太大变化》(*Insignificant Change in Antarctic Snowfall since the International Geophysical Year*)的调研被引 30 次。近年来,也有一些国内学者主持的高被引论文,如 2005 年由中国科学院广州地球化学研究所 Wang XM 等 9 人合作的论文《从渤海到北极途中采集的空气微粒中多溴联苯醚的测定》(*Polyhrominated Diphenyl Ethers in Airborne Particulates Collected during a Research Expedition from the Bohai Sea to the Arctic*),被引用 30 次;2004 年中国科学院广州地球化学研究所 Xu JF 为第一著者的有关地球化学方面的研究(*Geochemical and Nd-Pb Isotopic Characteristics of the Tethyan Asthenosphere: Implications for the Origin of the Indian Ocean Mantle Domain*),已被引 30 次;2004 年由中国科学院 Fan K 和 Wang HJ 合作发表的关于《南极涛动与中国华北沙尘气候》(*Antarctic Oscillation and the Dust Weather Frequency in North China*)的文章,被引 25 次。

7 讨论与建议

对走向世界的中国南北极研究成果的调研与分析,实际上也是对中国在极地研究领域科研实力的了解和摸底。而南北极研究又是中国科研的一个缩影,通过对这个专题的分析,也从一个侧面反映了中国科学研究的一些普遍情况。

中国南北极研究的历史不长,起步较晚,但在 20 年左右的时间里迅速发展成为一个地理区域分布广泛、研究课题较为系统、研究成果大量涌现的学科领域。这与国家的支持、社会的需求、多学科间的合作、广大科研人员的努力是分不开的。

南北极研究中国际合作广泛开展,无论是中国学者参与到世界其他国家的南北极研究中,还是外国学者与中国学者的合作,都带动了中国南北极研究的国际交流,推动了中国南北极研究的发展。

同时,国内多个科研机构间的合作也在增强,科研院所间的合作研究随着中国南北极研究的发展和学术研究的深入逐渐地展开和发展。不少高级别的国外核心期刊中也不乏中国南北极的研究成果。南北极研究涉及的学科主题几乎是全方位的。

基于上述统计分析,从科技情报开发与利用的角度,提出下列几点建议。

(1)鼓励已取得较好科研成果的单位和个人,在原有基础上继续努力,巩固、加强已有优势的学科并建立一定的学科带头人的群体。

(2)对具有能力创造和应创造较多科研成果的单位及学科,在资助与鼓励的同时,也提出一定的要求,或给予一定的压力。

(3)加强合作,包括国内外科研单位的合作。在加强与国外合作的同时,也不可忽视与国内同行的合作。

(4)在加大对中英文核心期刊的投稿量的同时,也还应考虑扩大核心期刊的范围。

(5)到目前为止,在走向世界的中国南北极的研究中,自然科学领域的研究占很大的优势,相信业界会在巩固现有优势学科的同时,加强其他应出成果的学科的力量,加大对薄弱学科的人力物力投入,同时也要加强相关的人文社会科学研究的力量[5]。

(6)国际论文的著者人数在20多年中局限在数百人的范围内,可见中国的南北极研究方面的科研力量大有潜力可挖。应争取在较短的时期内让更多的科研人员在国际上出更多的成果[6]。2008年,中国极地考察国内基地码头在上海建成并投入使用,2009年1月中国首个南极内陆站——昆仑站在南极冰盖最高点的冰穹A地区(DOME-A)成功建立,这些都为中国的极地研究事业提供了更好的条件。期待有更多的学者加入到南北极的研究中来,希望有更多更好的研究成果面世,使中国跻身于世界南北极研究的强国之列。

参考文献

1 玛丽.A.麦克惠妮;高玉香等译.南北极研究的现状与未来.北京:海洋出版社,1981

2 Dastidar, Prabir G., Persson, Olle. Mapping the global structure of Antarctic research vis-à-vis Antarctic Treaty System. Current Science, 2005,9(89)

3 曲探宙.中国极地考察的现状与未来发展.中国海洋报,2006-09-08

4 "极地未来对中国影响重大"——专访中国海洋大学极地问题专家郭培清 http://www.sast.gov.cn

5 极地研究关乎中国在国际事务中能否享有发言权——访极地问题研究专家、中国海洋大学法政学院郭培清副教授.中国海洋大学校报电子版,2007(1539)

6 华薇娜.20世纪上半叶走向世界的中国科学研究实况.科学学研究,2006(3)

原载于《极地研究》,2009年第2期

中国高校人文社会科学走向世界的历史进程

——基于SSCI和A&HCI的数据调研与分析*

改革开放30余年以来，在人文社会科学这个学术舞台上，中国的高等院校做出了很大的努力，有了长足的进展。无论是在学科建制、精品论作，还是在优秀学者的成长方面，高校都取得了巨大成就。同时高校的国际对话能力也得到大幅提升，在“国际化”的努力上取得了良好成效，尽管距其真正确立在世界学术领域的领先地位仍任重道远。为了更好地了解和评价我国高校在人文社会科学国际化方面所做的努力、已有的成果、现状、发展的趋势等，本文拟采用国际性的核心期刊数据库Web of Science（简称WoS），全面地收集中国高校作者在1956－2008年间主持或参与的有关人文社会科学方面的期刊论文，并用文献计量学的方法，对这些论文在序化的基础上从多个角度进行深入的统计分析，以期多方位地反映和展示我国高校人文社会科学研究领域走向世界的研究成果。

WoS[1]是美国汤森－路透公司（Thomson Reuters）的主打数据库产品，包括三个系列的引文索引，即“科学引文索引”（*Science Citation Index*，简称SCI，其网络数据回溯到1900年），“社会科学引文索引”（*Social Sciences Citation Index*，简称SSCI，其网络数据回溯到1956年），

* 本文为2008年度教育部人文社会科学研究规划基金项目“国内文科重点高校走向世界的人文社会科学研究成果的调研与分析”（项目批准号08JA870007）系列成果之一。本文与刘艳华合写。

和“艺术与人文科学引文索引”(*Art & Humanities Citation Index*,简称A&HCI,其网络数据回溯到1975年)。这是一部国际性的核心期刊检索工具,目前收录有世界范围内各学科的核心期刊8000多种,所选用的刊物来源于40多个国家、50多种文字。本文选用其中的社会科学(SSCI)、艺术人文(A&HCI)这两个专辑。收集数据的检索命令为“People's R China SAME UNIV”,回溯年代为数据库的起始年代1956年,即要求凡在SSCI和A&HCI这两个数据库所覆盖的期刊中,只要是作者地址同时标注了“中华人民共和国”和“大学”的,就为命中文献。本次检索不限定中国作者为第一作者的文献,只要是中国作者参与的,或者是主持,或者是合作,均为命中结果,包括中国高校的作者与国外有关研究人员、研究机构的合作成果。检索覆盖的时间范围始自数据库2009年时的最早回溯年份1956年,截止于2008年的数据(检索操作时间截止于2009年7月底,以保证收集到数据库中基本上完整的上年数据)。在实际检索结果中查得这一时间段中,国内最早的被收录在世界核心期刊中的期刊论文始于1966年。初始结果数据为19 680篇(包含1997年后香港高校的相关文献)。后经对著者所在机构信息项的检查,排除误检文献28篇,最终剩余文献19 652篇。其后运用文献计量学的方法,对这19 652篇文献从文献的年代分布、合作国家或地区、文献类型、语种等方面进行了进一步的统计与深入的分析。

一、各年文献量的统计与分析

SSCI和A&HCI收录我国高校的文献最早始于1966年,各年份所收录文献的具体数据如表1所示;在1966－2008年之间我国高校的文献数量随年代的变化趋势如图1所示。

表 1　按年代统计的 SSCI、A&HCI 收录我国高校学者的期刊论文数

年份	发文数	年份	发文数	年份	发文数	年份	发文数
1966	1	1977	1	1988	74	1999	444
1967	0	1978	0	1989	89	2000	1063
1968	0	1979	2	1990	94	2001	1169
1969	0	1980	8	1991	117	2002	1268
1970	0	1981	23	1992	98	2003	1342
1971	0	1982	34	1993	108	2004	2850
1972	0	1983	49	1994	112	2005	1633
1973	2	1984	42	1995	127	2006	1945
1974	3	1985	54	1996	147	2007	2474
1975	2	1986	41	1997	187	2008	3612
1976	3	1987	103	1998	331		

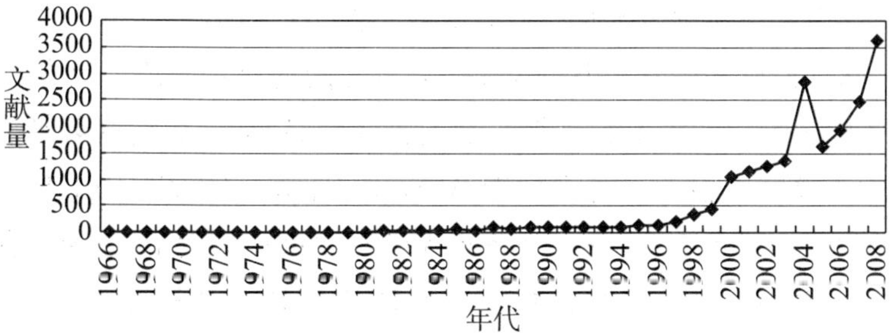

图 1　SSCI、A&HCI 收录我国高校学者文献各年分布图

表 1 和图 1 提供的数据表明:1966 —2008 年间被 SSCI 和 A&HCI 收录的国内人文社会科学领域的文献量在总体上呈逐年增长趋势,尤其是在 2000 年之后增长趋势明显加快,并在 2004 和 2007 这两年突破 2000 篇,2008 年达到 3612 篇,创历史高峰。这说明我国在进入新世纪之后,学术界积极与国际接轨,朝着国际标准看齐,试图与国际学术同行进行平等的交流和对话,并且取得了显著的进步。

(一)1966年至1979年是我国高校人文社会科学走向世界的萌芽阶段

这期间只有14篇文献被收录,占文献总量的0.07%,年均文献量1.0篇,最高年文献量仅为3篇,而且1967－1972年连续6年没有文献被收录。这种情况与当时我国正处于"文化大革命"这个社会环境密切相关。在这种情况下,我国高校人文社会科学走向世界的萌芽被遏制。

对萌芽阶段的文献进一步的分析可以发现:被SSCI和A&HCI所收录的最早文献是1966年以上海大学为作者机构的、署名为DUK,P(以独立著者身份发表)的《拉特尔和蛇——美国的模式和悖论》,用英语发表在《新共和》(*New Republic*)杂志上,属于政治学领域。《新共和》杂志是美国著名的期刊,其观点、文章对朝野影响甚巨。但是之后这一作者再无文章被SSCI和A&HCI收录。

这一阶段的研究成果极少通过著者之间的合作完成。仅有1976年的1篇是由三人合作完成,而且是同一高校、同一机构内著者合作完成;有2篇文献是由外籍学者WINFIELD,GF和TASCHDJI. E以早期的教会大学的名称,即济南齐鲁大学和北京辅仁大学,作为作者机构的作品,其他均由我国高校著者独立完成;除去2篇编辑材料和1篇小说、散文作品外,其他均为论文。可见在当时的社会条件下,我国高校间缺乏同行之间的合作,与国际学术界的交流较为缺乏。尽管如此,我们也应该看到当时高校还是有少量具有较高外语能力和学术能力的著者,他们在如此贫瘠的土地上辛苦地耕耘着,努力地坚持着学术性的研究,成就了国内早期的国际性的学术论文。

这一阶段有学术成果的高校有上海大学、辽宁大学、北京大学、南京大学、齐鲁大学、辅仁大学、复旦大学、吉林大学、清华大学、东吴大学(现苏州大学)等,其中,北京大学、南京大学和复旦大学各有2篇文献,其他高校各有1篇文献。齐鲁大学、辅仁大学和东吴大学是早年的教会大学,虽在解放初期就已被更名,但有些外籍人士还一直沿用其原有的名称。

这一时期的学术成果主要集中在政治学、教育和教育研究、亚洲研究、国际关系、哲学等学科领域，另外也有少量的论文涉及经济学、保健科学与服务、卫生政策与服务、法律、文学评论、物理学、心理学、社会问题等学科领域，这说明在学术氛围整体比较萧条的时期，我国人文社会科学的研究领域虽然遭到了极大的限制，但是相对于极少的文献数量来说，这些研究所涉及的学科还是比较广泛的。

（二）1980 年至 1989 年的十年是我国高校人文社会科学走向世界的起步阶段

改革开放后，国家开始进行教育改革，十年间出台了一系列政策，特别是 1983 年中共中央、国务院发出《关于引进国外智力以利四化建设的决定》以及邓小平提出的“教育要面向现代化，面向世界，面向未来”[2]等一系列政策和措施，确立了教育在整个社会主义现代化建设中的战略地位，科学研究也逐步走出国门寻求合作。这一时期我国高校著者被 SSCI 和 A&HCI 收录的文献量开始缓慢增长，10 年间共有 517 篇文献被收录，约占文献总量的 2.63%，年均文献量为 51.7 篇，10 年中没有文献空档期。这一时期我国高校人文社会科学走向世界的文献量虽然不大，但是毕竟开始起步，并且在持续的增长之中。

对起步阶段的文献进一步分析可以发现：这一阶段我国高校人文社科领域的研究成果已经开始较多的通过著者之间的合作完成。有 193 篇文献是由至少两个著者合作完成，占该阶段文献总量的 37.33%，其中至少 80 篇文献是由不同高校之间的著者合作完成的。这说明在起步阶段，我国学术界开始重视高校间和著者间的合作，学者们互相协作，取长补短，向国际学术界公布了更多的成果。

该阶段的文献语种以英语为主，另外有德语 17 篇、汉语 7 篇、法语 3 篇、日语 1 篇，其中汉语文献中有 4 篇发表在《中国语言学报》上，另外各有 1 篇分别发表在《古脊椎动物学报》《地理学报》和《地质学报》上。中德两国于 1979 年签订文化交流协定，20 世纪 80 年代以来两国教育交流发展很快,两国文化交流活跃,这也正是 1980 到 1989 年这 10 年间我国高校德语发表的文献量突然增多的原因;除此之外,法语和日语也都有文献发表,这在一个侧面反映了当时我国高校学术界拥有少量具有较高外语能力和学术能力的著者。

该阶段的文献类型有论文、书评、诗、注释等 13 种,其中艺术展览评论和脚本是 1966 到 2008 年间被 SSCI 和 A&HCI 所收录的唯一一篇中国高校著者发表的文献。这说明在我国高校人文社会科学走向世界的起步阶段,在人文社会科学国际核心期刊上发表文献的途径是较全面的,文献质量较高的论文和书评占文献总量的绝大多数。同时也涉及一些较为冷僻的发文途径,如个人条目、编辑材料、脚本等文献类型。

(三)1990 年至 1999 年的十年是我国高校人文社会科学走向世界的逐步增长阶段

这一时期共有 1765 篇文献被收录,占文献总量的 8.98%,年均文献量为 176.5 篇,从整体上看,这一阶段的文献量较上一阶段有了明显的增长。年代分布图也告诉人们:这一时期的文献量既没有空白的年份,也没有大起大落的波动,处于比较平稳的增长状态。这一时期,国家对自费和公费出国留学政策出台了一些改革方案、不少学者从国外留学归来、各高校硕士生和本科生不断增多、1995 年和 1998 年陆续在高校间实施的“211 工程”和“985 工程”,以及政府对多项科研资金的注入、各高校人才的扩充等措施,学者们有了更多的走出国门与国际同行交流和对话的机会,这些都促进了我国高校人文社会科学研究的国际化发展。

对逐步增长阶段的文献进一步分析可以发现:这一阶段著者间的文献合著量显著增加,有 1007 篇文献至少由两位著者合作完成,占该阶段文献总量的 57.05%,其中至少 652 篇文献由不同机构之间的著者合作完成。

这一阶段文献的语种依然是英语为主,与起步阶段相比,德语文献量有明显的下降，法语文献量有少许上升，没有日语文献出现，但是出现了俄语和葡萄牙语文献。文献语种的发表情况与当时我国的国际情况有一定的关系，1994 年中法建交，使得中法两国教育界的交流与合作得到发展；1991 年中俄两国签署会谈纪要，此后，两国间的友好合作关系不断得到巩固和发展，此种情况反映到学术界，使得我国人文社科领域的俄语文献在国际核心期刊上出现。

这一阶段的文献类型依然以文献质量较高的论文和书评为主，并且首次出现了会议论文，这说明我国高校学者开始参与国际会议，并且有较多的学术成果面世。

（四）2000 年至 2008 年是我国高校人文社会科学走向世界的飞速发展阶段

这一阶段的发文量呈直线上升状态，共有 17 356 篇文献被收录，占文献总量的 88.32%，年均文献量为 1928.4 篇。这一时期我国人文社会科学领域研究成果的飞速增长除了与我国加入 WTO、加强对外开放、学术界试图与国际接轨、国家重视学术、在教育界采取一系列措施密不可分。“211 工程”和“985 工程”建设成效显著，各高校快速积聚了一批优秀人才充实了师资队伍，取得了一批接近或达到世界先进水平的研究成果；教育部于 2004 年启动中国高校人文社会科学文献中心（CASHL）项目，引进了大量国外人文社会科学印本期刊和电子文献资源，借助现代化的服务平台，在资源、服务和服务运行体系方面取得了长足的发展，成为全国高校哲学社会科学教学和科研的高水平文献保障体系。各高校师资力量的增强以及人文社科文献资源与服务体系建设取得的成绩，有力地推动了我国人文社会科学的研究走向世界。

对飞速发展阶段的文献进一步分析可以发现：这一阶段著者间的文献合著量较上一阶段有大幅度增长，有 12 359 篇文献由至少两位著者合作完成，占该阶段文献总量的 71.21%，其中至少 10 608 篇文献是由不同机构之间的著者合作完成的。随着我国高校学者越来越多地走出国门，使得中外国际交流日益增强，不同机构间、著者间的合作也越来越密切。

汉语语种的文献量较前三个阶段增长迅速，此阶段用汉语语种发表的文献共计 409 篇，是前三个阶段总和的约 27 倍，相关期刊共计 11 种，可见汉语的人文社会科学类学术期刊的质量在 2000 年之后有很大的提高，并得到世界同行的认同。英语语种依然占全部文献的一大部分；德语、俄语文献量有一定程度的增加；法语文献量有少许下降；日语文献在 2000 年之后，又有 1 篇文献出现；另外，该阶段还有新语种文献发表，即西班牙语 4 篇，克罗地亚语、捷克语、丹麦语、芬兰语、韩语文献各 1 篇。这反映了 2000 年之后我国人文社会科学领域研究人员科研水平的提高和外语水平的多样化。

此阶段的文献类型中，论文、会议摘要、书评、会议论文、编辑材料、评论、通讯、诗、传记、书目等类型的文献量均有不同程度的增加；小说、散文作品文献量有所减少；另外，此阶段也有一些新的文献类型出现，如更正勘误、影评、再版、新闻、戏剧评论、数据库评论、摘录、记录审查、软件评论等。这说明我国人文社会科学研究成果在注重文献量和质增长的同时，也注重文献类型的多样化。

通过对国内学者被 SSCI 和 A&HCI 所收录文献的年代分析，展现出我国人文社会科学领域四个明显的发展阶段，清晰地勾勒出我国人文社会科学研究的国际化发展轨迹。年代分析显示我国人文社会科学研究的总体水平是上升的，在国际学术界的影响正不断扩大。

二、论文著者所在国家或地区的统计与分析

为了了解我国高校与其他国家或地区的合作交流情况，本文按文献全部著者的单位所在国家或地区进行了统计，得出在 1966 —2008 年间 SSCI 和 A&HCI 收录的文献中与我国高校作者合作的全部作者所在的国家或地区有 112 个，其中，与我国高校合著 2 篇文献以上的

国家或地区有 88 个,占合著国家或地区总数的 79.28%。表 2 是对与我国高校合著 20 篇以上文献的国家或地区进行统计的结果。

表 2　与我国高校合著多篇文献的国家或地区(文献量≥20)

合著国家/地区	合著文献数	% of19652	合著国家/地区	合著文献数	% of19652
美国	3754	19.10%	西班牙	56	0.28%
英国	878	4.47%	意大利	52	0.26%
加拿大	725	3.69%	爱尔兰	49	0.25%
澳大利亚	657	3.34%	芬兰	44	0.22%
日本	296	1.51%	奥地利	36	0.18%
新加坡	262	1.33%	挪威	33	0.17%
德国	226	1.15%	丹麦	29	0.15%
荷兰	158	0.80%	马来群岛	28	0.14%
韩国	158	0.80%	南非	27	0.14%
法国	113	0.58%	希腊	26	0.13%
新西兰	94	0.48%	波兰	25	0.13%
瑞士	83	0.42%	俄国	23	0.12%
苏格兰	76	0.39%	土耳其	23	0.12%
瑞典	69	0.35%	巴西	21	0.11%
比利时	65	0.33%	泰国	21	0.11%
威尔士	64	0.33%	北爱尔兰	20	0.10%
印度	62	0.32%	菲律宾	20	0.10%
以色列	62	0.32%			

表 2 的数据表明:与我国高校合著 20 篇文献以上的国家或地区有 37 个,占合著国家或地区总数的 33.33%。与我国高校合作最多的国家是美国,合著文献数占文献总数的 19.10%,从这里可以看出,我国的人文社会科学与美国的合作较强,也在一定程度上说明了美国对中国的研究兴趣很高。另外,美国许多著名的高校都设有东亚图书馆,可能对研究中国问题提供了极大的方便[3]。其中合作文献量在 80 篇之上的机构有:哈佛大学、美国德州大学、伊利诺伊州大学、南加州大学、加州大学洛杉矶分校、哥伦比亚大学、斯坦福大学。英国、加拿

大、澳大利亚紧随美国之后位居二、三、四位，这些国家来与我国高校的合作文献量均在600篇之上。合作文献量40篇之上的英国机构有伦敦大学（其中伦敦大学学院34篇）、伯明翰大学、诺丁汉大学、剑桥大学、曼彻斯特大学、伦敦国王学院；合作文献量40篇之上的加拿大机构有不列颠哥伦比亚大学、多伦多大学、西安大略大学和约克大学；合作40篇之上的澳大利亚机构有昆士兰大学、西澳大利亚大学、新南威尔士大学、悉尼大学、墨尔本大学和昆士兰理工大学。

我国高校与周边国家如日本、新加坡、韩国等国的合作虽不及美、英等国频繁，但是合著文献量也位居前十位，文献量在150篇以上。这与我国不断扩大并加强与周边国家高校之间的校际交流与合作是有很大关系的，比如，我国内地高校与新加坡的高校联合培养的范围逐渐扩大，合作性质也日益深化。值得一提的是，我国高校与新加坡的合作文献数以174篇的数量位居合作机构的第一位。

除了表中所列出的国家或地区外，与我国高校有合作研究的国家或地区还有巴西、波兰、俄罗斯、菲律宾、土耳其、马来西亚、泰国、孟加拉、斯洛文尼亚、匈牙利、伊朗、墨西哥、印度尼西亚、葡萄牙等国。可见，我国高校不仅积极与欧美等发达国家合作，同发展中国家的对话和交流也日益频繁。

三、文献类型的统计与分析

对文献类型的分析，有助于了解我国高校人文社会科学研究成果主要通过什么形式发表，也有助于我们评价文献的整体质量，了解我国高校著者对发文途径的熟悉程度。本文对1966年至2008年我国高校被SSCI和A&HCI收录文献的类型进行了统计，其中，共涉及文献类型26种。表3是对文献类型、文献量及其占文献总量的百分比进行统计的结果。

表 3　文献类型统计

文献类型	文献量	占总数的比例	文献类型	文献量	占总数的比例
论文	13 669	69.56%	乐谱评论	5	0.03%
会议摘要	2746	13.97%	社论	4	0.02%
书评	1109	5.64%	个人条目	4	0.02%
会议论文	948	4.82%	书目	4	0.02%
编辑材料	519	2.64%	再版	4	0.02%
评论	368	1.87%	戏剧评论	3	0.02%
通讯	106	0.54%	新闻	3	0.02%
诗	57	0.29%	艺术展览评论	1	0.01%
注释	48	0.24%	数据库评论	1	0.01%
更正	28	0.14%	摘录	1	0.01%
小说、散文作品	9	0.05%	记录审查	1	0.01%
影评	6	0.03%	脚本	1	0.01%
传记	6	0.03%	软件评论	1	0.01%

从表 3 提供的数据中可以看出：我国高校被 SSCI 和 A&HCI 收录的文献中，论文居第一位，占全部文献的 69.56%；其次是会议摘要，占全部文献的 13.97%；书评位居第三，占全部文献的 5.64%；文献量在 100 篇以上的文献类型还有会议论文、编辑材料、评论、通讯等，而有关艺术展览评论、数据库评论、摘录、记录审查、脚本、软件评论等的文献量很少，每种文献类型仅有 1 篇文献。

论文、会议摘要、书评、会议论文、编辑材料和评论这 6 种类型的文献量占文献总量的 98.51%，这说明我国高校人文社会科学研究成果多通过这 6 种途径在国际人文社会科学核心期刊上发表。

学术含量比较高的两类文献论文和书评占全部文献的 75.20%，这说明我国高校学者在国际人文社会科学核心期刊上发文以研究性的成果居多，总体质量还是比较高的。

学术含量比较高的书评虽然位居第三，但其文献量却仅有 1109 篇，相对于书评在 SSCI 和 A&HCI 中的收录比例来说，这个数量要少得多。书评是 SSCI 和 A&HCI 收录的主要文献类型,以书评形式被 SSCI 收录仅次于研究论文,A&HCI 收录的书评位居在文献类型的首位,许多 SSCI 和 A&HCI 收录期刊刊登的书评比论文还要多[4]。由此可以看出,我国高校著者对书评这一文献类型还是比较陌生的。

10 篇文献以下的文献类型极少被我国高校著者使用。比如艺术展览评论仅有的 1 篇文献是上海大学的 LI,TX 在 1985 年发表在期刊《中国文学》上的《油画在第六届全国美术展览中所起的作用》,之后再无这一类型的文献出现。一方面可能是由于 ISI 来源期刊的语种要求为英语,对著者有一定的限制;另一方面也反映出我国高校对这些文献途径比较陌生,有些文献类型甚至近 20 年中在国际核心期刊上未见踪迹,这应该引起我国高校学者们的注意。

四、论文语种的统计与分析

对文献语种的分析可以了解我国人文社科研究成果主要用什么语种发表,了解被 SSCI 和 A&HCI 所收录的我国汉语期刊,以及研究某些语种的高校信息。本文对 1966 年至 2008 年我国高校被 SSCI 和 A&HCI 收录文语种进行了统计,其中,共涉及 13 种语言。表 4 对文献语种、文献量以及其占文献总量的百分比进行了统计。

表 4　文献语种统计

文献语种	英语	汉语	德语	法语	俄语	西班牙语	日语
文献量	19 133	424	50	26	7	4	2
占总数 19 652 篇的百分比	97.36%	2.16%	0.25%	0.13%	0.04%	0.02%	0.01%

文献语种	捷克语	丹麦语	芬兰语	葡萄牙语	克罗地亚语	韩语
文献量	1	1	1	1	1	1
占总数 19 652 篇的百分比	0.01%	0.01%	0.01%	0.01%	0.01%	0.01%

文献语种位居第一的是英语，其次为汉语，但仅占文献总数的 2.16%，另外还有德语、法语、俄语、西班牙语、日语以及少量的捷克语、丹麦语、芬兰语、葡萄牙语、克罗地亚语、韩语等外国语种。可见，我国人文社会科学领域中的一些学者具有较高的专业外语表述能力。

我国人文社会科学的研究论文主要是用英语发表的，这与 SSCI 和 A&HCI 数据库本身的特点以及其所收录的期刊有很大关系，SSCI 和 A&HCI 是由美国科学信息研究所创建，本身就是一个英文数据库；其次，SSCI 和 A&HCI 收录的期刊绝大部分为英文期刊。

汉语语种文献共涉及期刊 14 种，其中《外国文学研究》345 篇，《道风：基督教文化评论》33 篇，《历史语言研究所集刊》16 篇，《中国语言学报》12 篇，《语言暨语言学》6 篇，《汉语基督教学术评论》2 篇。另外，由于学科的交叉，SSCI 在收录社会科学期刊时，同时也收录 SCI 所收录期刊中涉及的社会科学研究论文，因此各有 2 篇文献发表在《高能物理与核物理》和《光谱学与光谱分析》上，并各有 1 篇文献发表在《地质学报》《岩石学报》《物理学报》《无机材料学报》《生物化学与生物物理学进展》以及《古脊椎动物学报》。

《外国文学研究》是由中华人民共和国教育部主管、华中师范大学主办的权威学术期刊，于 2005 年第 1 期开始被当时名为汤森公司的两大索引目录[5] *Arts and Humanities Citation Index* 和 *Current Content/Arts & Humanities* 正式收录，成为中国内地第一份 A&HCI 核心期刊[6]。《道风：基督教文化评论》是香港的学术期刊，其宗旨在于汉语神学的学术建设，促进基督神学之汉语人文——社会科学化；《历史语言研究所集刊》是被 A&HCI 收录的台湾的学术期刊；《语言暨语言学》在台湾出版发行；《中国语言学报》是被 A&HCI 收录的中国语言学会的学术期刊，由中国内地的商务印书馆出版发行，主要收录学会每一届年会上的主要论文，其文章语言以英文为主兼收优秀中文文章。

德语语种发表的文献（其中 21 篇文献的机构缺失）中涉及 28 个机构，其中复旦大学 5 篇，北京大学 4 篇，同济大学 4 篇，北京外国语大学和南京大学各 2 篇，西北大学、杭州大学、清华大学、上海大学、华东师范大学、四川大学、香港城市大学、香港理工大学、香港浸会大学、新疆师范大学、中国人民大学、中山大学等各有 1 篇文献；与我国高校合著德语文献的国际机构有越南顺化大学、胡志明市医药大学，奥地利的 Inst ERKUDOK Stadtmuseum Gmunden、萨尔斯堡大学、克林姆斯多瑙大学医学心理学与心理治疗学院，德国的弗赖堡大学、汉堡大学、哥廷根大学、罗伯特科赫研究所、马普研究所，美国的伊利诺大学芝加哥校区等。另外，通过对著者的分析可以看出，42 篇是由独立著者单独完成的，其中 4 篇文献之上的著者机构有同济大学、北京大学、复旦大学和南京大学，可见我国的一些高校在人文社会科学领域具有一定的德语研究能力。

俄语发表的文献（2 篇文献的机构项缺失）涉及的中国高校有上海外国语大学、北京大学、香港理工大学、西北农业大学等。其中有 3 篇是与社会学主题相关，例如 2007 年 Fen, V 和 Pokrovskaya, NN 合著的“俄罗斯和中国的组织文化”一文；2 篇涉及跨学科心理学，2007 年 Lebedeva, NM; Tatarko, AN; Chirkov, VI; Lu, T 合著的《中俄学生健康观的文化和心理特点》，另外各有 1 篇文献涉及语言与语言学和哲学这两个学科。

表 4 列出的西班牙语、捷克语等 12 篇小语种论文大部分是我国高校著者与其他国家著者合作完成的，且基本上是在 2000 年之后，文献量少，参与研究的内地高校少。随着我国人文社会科学越来越多地走向国际舞台，专业小语种的科研能力还有待加强。

五、结语

综上所述，我们可以看到，我国高校学者被 SSCI 和 A&HCI 收录的文献数量虽然呈现明显的阶段性特征，但是总体上具有稳步增长的特点，其未来发展前景具有较高的可预测性。随着我国综合国力的不断增强，国家对科研领域经费投入的不断加大，科研人员专业外语表述能力的不断增强，我国会有越来越多的人文社会科学研究成果走向世界。在我国高校人文社会科学走向世界的初期贡献比较大的我国高校有：上海大学、辽宁大学、北京大学、南京大学、复旦大学、吉林大学、清华大学、东吴大学（现苏州大学）等；学术成果主要集中在政治学、教育和教育研究、亚洲研究、国际关系、哲学等学科领域。随着时代的前进，我国人文社会科学领域的学者越来越重视不同高校间、不同机构间著者的合作，合作文献量越来越多，领域也越来越广；人文社会科学领域研究人员的外语水平也逐步提高和多样化；在注重科研成果质和量提高的同时，也注重文献类型的多样化，向国际水平靠齐。我国高校与美国、英国、加拿大、澳大利亚等发达国家，日本、新加坡等周边国家或地区以及印度、南非等发展中国家的合作比较多，但是仍需要加强同马来西亚、墨西哥、印度尼西亚等其他国家或地区的交流和合作，通过合作取长补短，增强科研人员的研发力量，加快我国高校人文社会科学走向世界的进程。

同时也应该看到，总的来说，我国学者在人文社会科学核心期刊上的发文量仍然很少，文献质量也需要有进一步的提高，而且对书评、乐谱评论、戏曲展览评论、再版等文献类型比较陌生。这除了我国政治、经济、社会制度等方面的原因外，也应该看到，许多学者由于语言的限制而无法在国际核心期刊上发表文献。这就要求科研人员对自身有比较高的要求，增强自己的外语表达能力；同时，应努力使更多的汉语期刊进入国际核心期刊数据库，让更多的中国学者的研究成果走向世界学术舞台；给我国高校学者提供熟悉国际核心期刊的平台，这样才能采取相应的对策迅速进入这些刊物，通过和国际学者进行直接的讨论和平等的对话而发出中国学者的声音，将中国文化学术的一些具有独创性的观点逐步介绍到全世界。

我国高校走向世界的人文社会科学研究成果主要以英语的形式发表，另外，汉语也占了一定的比例。我国大陆的《外国文学研究》以及台湾的《历史语言研究所集刊》是被 A&HCI 全文收录的中文期刊。了解这类期刊，对于专业外语不是很精通的学者来说，有助于其研究成果走向世界。

参考文献

1 Thomson Reuters. Web of Science. [2009 - 07 - 30]. www. isiknowledge. com/wos

2 教育50年大事记(Headline of Chinese Education in current 50 years). [2009 - 03 - 03]. http://www. edu. cn

3 曾英姿. 1997—2004年SSCI、A&HCI收录我国论文的统计与分析. 情报科学, 2006,24(10)

4 万跃华. SSCI与A&HCI收录的重要文献类型(四)——书评. [2009 - 03 - 05]. http://www. sciencenet. cn/m/user_content. aspx? id = 34883

5 保罗·理查森. 走出去与国际巨头系列(八)—汤姆森,低调电子出版领跑者. [2009 - 08 - 29]. http://www. cjcb. com. cn/news_SpecialTopicShow. asp? id = 189

6 外国文学研究. [2009 - 08 - 29]. http://fls. ccnu. edu. cn/show. asp? id = 72

原载于《中国高教研究》,2009年第12期

20 世纪上半叶走向世界的中国社会科学研究*

20 世纪上半叶的中国，处在一个充满矛盾又十分复杂的社会大转型时期。追溯这一时期中国社会科学研究的成果，用量化的数据来整理、分析与总结这一个时代凝聚着中国数代学者们智慧与学识的科研文章，可以帮助我们准确而深入地了解这一重要时期中国社会科学发展的历程，有利于我们正确地把握一个特定时代的社会科学史。

美国汤森路透公司出版的系列引文索引收录世界上最有影响的、经过影响因子筛选的核心期刊上发表的研究成果，在一定程度上代表着世界科学研究的水平。到 2009 年年底，继科学引文索引之后，该系列中的社会科学引文索引（*Social Sciences Citation Index*，简称 SSCI）也将数据回溯到了 1900 年。这对人们全面地回顾科学发展史，尤其是了解 20 世纪上半叶社会科学领域的核心期刊论文，提供了可能与方便。本文便利用这个数据库，检索中国作者被收录在这个数据库中自 1900 年至 1949 年间的全部论文。并从文献量、著者、机构、学科主题、核心期刊、引文等角度进行归类统计和分析，以期从科研定量数据的角度反映走向世界的中国社会科学研究的历史实况、研究水平。同时也希望能对我国的社会科学发展史的研究提供具体的数据和实例。

本文首先检索了上述数据库 1900 — 1949 年间所收录中国作者的全部论文数据（只要作者单位标注了中国字样的均为命中文献），初始

---

* 本文与羌丽合写。

检索结果为175篇。全部下载后逐一核对,发现其中有少量误检结果,如有些国外机构的名称中有“China”的字样被误检出来,故在检索结果中删去这些与本文研究范围无关的条目,得到最终结果共167篇。这便是1900－1949年间中国在世界核心期刊中发表的论文,它们在历史上曾经是,甚至有些至今仍然还是国际学界了解中国社会科学研究成果的一个重要窗口。本文便以这一检索结果为基础,对这167篇文章进行了如下多方面、多角度的归类、整理、统计与分析。

1 文献量统计

表1是从美国SSCI数据库中所检索到的有关中国作者的论文按年代统计的论文量。各年具体详细的数据变化则反映在图1中。

表1 按年统计的文献量

年份	1901	1905	1910	1911	1912	1913	1915	1916	1918	1919	1920	1921	1922	1923
文献量*	1	1	1	1	2	2	3	4	2	2	1	1	2	6
年份	1924	1925	1926	1927	1928	1929	1930	1931	1932	1933	1934	1935	1936	1937
文献量	2	4	3	4	3	5	14	9	4	6	6	7	9	10
年份	1938	1939	1940	1941	1942	1943	1944	1945	1946	1947	1948	1949		合计
文献量	3	8	4	3	5	6	1	4	5	6	3	4		167

*:文献量的单位为“篇”,下文同此。

图1 SSCI数据库收录1900－1949年间中国文献量的图示

（1）在 1900－1909 这一时间段中，只有 1901 和 1905 这两年各有一篇文章，作者同为 Annetta T. Mills（当时的美国北长老会教士梅理士夫人），她以烟台聋哑学校为作者所在单位，分别在《美国听障协会刊物》（*Association Review*）和《美国聋人年刊》（*American Annals of the Deaf*）上发文，介绍中国烟台聋人学校。梅夫人在国际核心期刊数据库之外还有多篇有关聋校的英文文章在美国的多种期刊上发表，是中国早期特殊教育的先驱者之一。她的这些文章或报道，对研究我国特殊教育的发展史有很好的参考价值。

（2）在 1910 年和 1919 年间共有 17 篇文章，较之之前的 10 年有很大的进步。其中有 6 篇文章出自同一位作者：来自尚贤堂（International Institute of China）的 GilbertReid（中文名为李佳白）。在 1915、1916 年这两年中，他以尚贤堂为作者机构，在美国 CLARK 大学哲学系主办的期刊《种族发展杂志》（*Journal of Race Development*）上接连发表了 6 篇有关战争、政治、国际关系、宗教、历史方面的核心期刊论文。Gilbert 是一位高产作者，除了本文所涉及的数据库的文章外，我们在其他的数据库（如美国的文科过刊数据库 JSTOR）中就检索出该作者研究中国问题的文章 20 余篇，最早的始自 1900 年。对研究我国清末和民国初年的政治、外交等历史有很好的参考价值。

除了像 GilbertReid 这样的作者所关注的政治方面的文章外，中国所在机构的作者还有一个讨论较多的主题是医学和护理。最早的有长沙医院（当时名称为耶鲁教会医院和罗斯福医院）的作者 Nina D. Gage，她关注的主题是血吸虫病人和常规病人的护理，分别在 1910 年、1911 年和 1918 年在《美国护理杂志》（*American Journal of Nursing*）发文。1913 年福州马高爱医院南丁格尔护士培训学校（MagawMem-Hosp，Florence Nightingale Nurses Training Sch，Foochow）的作者 Cora E. Simpson 也在美国这份护理杂志上发表题为《中国需要护士吗?》的文章。在与医疗相关的社会科学类的研究方面，还有 1912 年广州医学院（Univ Med Sch，Guangzhou）的 William W. Cadbury 在《美国政治与社会科学院纪事杂志》（*Annals of the American Academy of Political and Social Science*)上介绍《中国人的医学实践》;1913 年广东嘉约翰精神病医院(John G. Kerr Hospital for the Insane)的 Chas, C. Selden 在《美国狂人杂志》(*American Journal of Insanity*)上发表的《华南的精神病医疗条件》的文章,在 SSCI 数据库之外,这位作者还有多篇向外界介绍这所医院的文章。

在 1900—1919 这 20 年中,在国际学术舞台上向世界介绍中国社科研究成果的作者主要是在中国学习或生活的外国人。直到 1916 年,才有中国人名的作者的文章,这是当时武昌文华大学(Boone Univ)图书馆的沈祖荣(Tsu-Yung Seng)发表在纽约的《图书馆杂志》(*Library Journal*)上的题名为《美国的图书馆体系能应用于中国吗?》的英文文章;1919 年还有一篇题为《中国图书馆概观》的英文文章同样发表在《图书馆杂志》上,作者为清华学院(Tsing Hua College)的 Tai, TC。

与当今的热门学科相比,当时在经济、法律、教育方面的文章却很少,1910—1919 这 10 年中这些领域仅各有一篇,如 1912 年驻京美国使馆的 E. T. Williams 讨论的是中国的税制(TAXATION IN CHINA),发表于美国的《经济学季刊》(*Quarterly Journal of Economics*);1918 年由当时上海的美国法院(US Court, Shanghai)的 Charles Sumner Lobingier(1866—1956)在《哈佛法律评论》(*Harvard Law Review*)上发表的关于《拿破仑法典》(*Napoleon and His Code*)的文章;1919 年广东基督学院(Canton Christian Coll)的 CK Edmunds 在《国际关系杂志》(*Journal of International Relations*)介绍中国当代教育的文章。

在 1918 年之前的时间段中所统计到的论文是断断续续的,有许多空白的年份;但自 1918 年起,或多或少每年都有论文被检索出来,在时间上是连续的。

(3)1920—1929 年间,共有 31 篇文章。这些论文在诸多学科大范围地展开,尤其是教育学、心理学、社会学、政治学等领域的文章均有大幅度的增长,中国人名的作者数量也有大量的增加,仅从字面上辨认出中国人名的作者文章有 18 篇,比起之前的 20 年,这是个很大的进步。其中,心理学和政治学的文献数量更多些。

(4)1930—1939 年间,共有 74 篇文章。这段时间文献量大幅增加,是本项统计中文献量最大的时间段,其中 1930 年又是这一时间段中文献量最大的年份。

(5)1940—1949 年间,共有 41 篇文章。一般来说,随着时间的推进,文献量呈上升趋势,但在这一区间我们却看到了文献量大幅的回落,可见战争给科学研究带来了致命的打击。

2 著者统计

2.1 著者总体情况统计

在所统计的时间段中,中国的 167 篇论文共有第一著者 114 人,平均每人 1.5 篇,这与同时段的中国科学研究成果调查(人均 2.2 篇)相比有所下降。可见,新中国成立前的自然科学研究的力量相对比较集中,而社会科学研究的力量较之松散些。

按第一著者统计,其中有 23 人完成 2 篇以上的论文共 80 篇,占该文献集合的 47.9%,仅发表了一篇文章的著者是 91 人。该数据说明了同一著者在所统计数据库中重复出现的频率还是比较高的。

包括所有合著者在内,共有著者 189 人次,平均每篇文章 1.13 人;共有 135 位论文著者,他们当中有些是国内的科研人员,有些是在中国内地工作与研究的国外学者。他们是中国社会科学研究中的活跃人物,为走向世界的中国社科研究做出了不少贡献。

2.2 核心著者统计

表 2 是以第一著者为据统计的 4 篇以上论文的著者,并以降序排列。

表2 以第一著者为据统计的4篇以上论文著者的文献量

著者名	文献量	所在单位	活动年代	研究主题
Kuo,ZY	10	国立中央大学,复旦大学,浙江大学,重庆生理学心理学研究所	1923—1943年	心理学,实验动物,高等教育
Luh,CW	6	燕京大学,东南大学	1922—1933年	心理学
Reid,G	6	尚贤堂	1915—1916年	战争,政治,国际关系,宗教,历史
Chou,SK	5	清华大学	1933—1937年	心理学
Gage,ND	5	耶鲁教会医院(长沙),罗斯福医院(长沙),长沙耶鲁护士培训学校	1910—1947年	医学,护理,传教
Pán,MT	5	北京协和医学院解剖学系	1935—1940年	人类学
Huang,I	4	浙江大学心理学系	1943—1945年	心理学,教育学
Shen,NC	4	清华大学	1935—1937年	心理学

注:由于该数据库中的著者名是以著者姓的全称和著者名的首字母合成的,有些著者在书写英文名和拼音名时的表达不一致,也有时是数据库本身有误,如本文统计到作者名 Gage,ND 与 Cage,ND,由于两者所在单位相同,论文所讨论的专业一致,故疑为数据库转录信息时的遗误,在本文中作为同一人统计。诸如此类的数据经仔细核实后才做调整,否则则记录在不同著者名下。
本文中所有专有名词,如人名、地名、单位名等均据该数据库中的英文名称汉译而成。

虽说中国20世纪上半叶社科研究的总体产量不高,但从这些著者的统计数据中,我们看到,在这一时段,高产著者的研究成果成为中国社科研究的主线。

本文所涉及的167篇文献绝大多数都是由单个作者完成,仅有18篇(10.8%)是由两人或三人合著完成。这一数据也告诉了我们,新中国成立前的社会科学研究的普及面还非常狭小,主要集中在少数的精英阶层。

结合文献发表的年份来看,可以将这些相对高产的著者分为两类:第一类是一些研究时段比较集中的著者,他们的作品一般集中在10年之内,其中较多的集中在2—5年内。这类著者在较短年限内进行批量研究，如上文提到的 GilbertReid，他在 1915 和 1916 年共发表 6 篇文章；还有浙江大学的 I. Huang 和清华大学的 N. C. Shen，他们都在 3 年时间内发表了 4 篇文章；清华的 Siegen K. Chou 和北京协和医学院的 Ming-TzuP'an 也是这类研究者。第二类就是研究时段相对更长的著者，他们的作品发表的时段往往延展至 10 年以上，产出最多的 Zing YangKuo 的 10 篇文章发表的时间区间长达 20 年（1923－1943 年），长沙医院的 Nina D. Gage 的作品基本贯穿本次文献调研的始终，始自 1910 年并结束于 1947 年。如果没有战争的影响，或许他们的成果更多。

3 地区、机构统计

根据著者所在地区和机构统计文献量，有助于我们从地区和机构的角度来考察或了解某一地区、某一单位的社科研究实力和成果。这些机构也能从中了解自己在社科领域的科研布局及自身优劣势，了解本单位科研的现状与具体信息。就本文而言，从这个角度进行研究可以丰富我国社科史层面上的意义。表 3 是按著者所在的城市（或省份、国家，按原文数据为准）统计的文献量，表中出现了美国、加拿大这些外国国名，是因为这些国家的一些学者同时又在中国内地某些单位工作或是与国内某些单位进行了社科领域的合作研究。

表 3　按著者所在地区统计的文献量

地名	文献量	地名	文献量
北京（包括北平）	57	广州	10
上海	27	成都/四川	8
南京	17	浙江/杭州	7

续表

地名	文献量	地名	文献量
长沙	7	贵州	2
美国	7	山西	1
福州	6	加拿大	1
昆明/云南	6	厦门	1
武昌	3	苏州	1
烟台/山东	3	邵武	1
天津	3	其他	2
重庆	3	总计	173

注:本文所统计文献总数为 167 篇文献,其中有 6 篇文献的著者当时属于两个不同的单位,故重复统计出 173 篇文献。

表 5 中的数据告诉我们:

(1)20 世纪上半叶新中国成立前的科研有着一定程度的发展,北京(旧称北平)在不同政治体制下始终充当着重要的角色,是社会政治经济文化的中心,也是科研力量雄厚的地区。这里产出了新中国成立前近 1/3 的社科的研究成果。

(2)对于上海、南京、广州、成都、杭州、长沙等这些目前的省会城市或直辖市,它们在新中国成立前时期的科研实力、地位与现当代的实际情况相符,可见,它们在很大程度上保留了当年的学术研究基础,并继续扩大和发展。凭借着省会城市的优势,这些城市在社科甚至整个科学研究中发挥着引导作用。

(3)昆明、贵州这些边远地区在新中国成立前的社会科学研究活动中十分活跃,产生了较多的科研成果。这与战时许多科研单位、高校的迁徙有关。可见,科学研究活动首先是人的活动,科研的实力与科技人员之间有着十分密切的联系。

(4)表 3 反映出新中国成立前的社科研究活动也有着国外力量的投入,包括科研人员间的合作以及科研单位间的合作。就合作的国家而言,当时我国与美国合作的研究最多,与其他国家的合作力量显得弱些。

表4则是按作者所在单位统计的论文量。由于当时战局不稳，造成了很多科研单位颠沛流离，多次变更地址，也不排除有些地址只是学术文章的投递地址，而与单位地址无关这样的个案。如国立中央大学，就有南京、成都、重庆，甚至上海的地址；清华大学，除了在北京外，还有在昆明、长沙的记录；浙江大学当时大部分的成果是在贵州产生的。

表4 按作者机构对4篇以上论文的单位所做的统计

单位	文献量	主要著者	主要研究主题
北京（北平）协和医学院	19	P'an, MT; Stevenson, PH; Chao, WH; Chen, YW	人类学
清华大学（北平，昆明）	17	Chou, SK; Shen, NC; Chen, T	心理学，社会学
燕京大学	13	Luh, CW; Corwin, ES	心理学，政治，社会学
国立中央大学	11	Kuo, ZY; Hsiao, HH	心理学，动物实验
浙江大学（杭州，贵州）	9	Kuo, ZY; Huang, I	心理学，教育
尚贤堂	6	Reid, G	战争、政治、国际关系、宗教、历史
福建基督教大学	4	Cheng, D; Scott, R; Chen, TT	政治，学生运动
复旦大学	4	Kuo, ZY; Tsai, LS; Tsai, C	心理学，动物实验，行为实验

从表4的数据来看，北京（北平）协和医学院的社科研究成果位居榜首，与同时段的走向世界的中国自然科学领域研究成果调查结果吻合：北京（北平）协和医院在新中国成立前的科学研究中独占鳌头，论文数量遥遥领先，是当时中国科研界的半壁江山。新中国成立前战火不断，自然灾害多发，社会地层民众饥饿贫穷，多病多难，而医学是直

接牵动民生的，在当时的中国更有着不可估量的社会需求。协和医学院的学者在出品大量的自然科学研究成果的同时，也关注着社会科学领域的研究，成为走在中国社科领域前沿的机构。

除北京协和医学院之外，中国社科研究的主力军集中在高校，如清华大学、燕京大学、中央大学、浙江大学、福建基督教大学及复旦大学等。动荡不安的社会环境并没有完全阻断高校教研人员的研究工作，他们之中有一批人仍然坚持学术研究，努力推动中国科学的前进与发展。这些研究成果是先辈们撇开生死存亡，忘我地研究思考，且因投稿于国外学术期刊才有幸躲避了战火的袭击才得以留存的学术菁华，他们奉献于科研的精神永远值得我们后辈所敬仰与学习的。

4　期刊统计

借助统计数据，分析寻找出刊载中国内地社科学者论文较多的国际核心期刊，可以让我们更好地了解那些曾经吸引过中国众多社科学者的重要期刊，便于我们追溯社会科学领域中有关学科或课题的发展轨迹，继承和发展前人的研究成果。

167 篇文献刊载在 55 种期刊上，其中，超过 50% 的期刊都刊载了 2 篇以上的文章，还有 27 种期刊仅刊载了 1 篇文章。从期刊角度来看，旧中国社科领域的研究成果分布比较均匀。

刊登中国内地著者社科文献最多的期刊是美国的 *Annals of the American Academy of Political and Social Science*，主要覆盖政治和社会学方面的内容。福建基督教大学的 Cheng, D，哈佛大学的 Seavey, WA，燕京大学的 Corwin, ES 等作者都在该刊发表过多篇论文。

在本文所统计的时间段中，图书馆学、情报学的研究成果也比较显著，在国际核心期刊 *Library Journal* 上发文 8 篇。可见，新中国成立前的图书馆科学的研究起步较早，也是早年中国社会科学领域中成果较多的一个学科主题。只是从引文的角度看，这些文献的被引率较低，在国际社会的后续影响力有限，但这些学者和他们的研究成果对国内该专业的研究与发展都做出了很大的贡献。

表5统计到4篇以上中国内地学者研究文献的期刊共15种，这15种杂志共刊登了110篇社科领域的文章，占本文文献总量的65.9%。其中，心理学和社会学的研究成果相对比较集中，此外，人类学、政治学及医学等方面的研究也基本形成了一定数量的核心期刊。

表5 对收录4篇以上中国内地著者文献的期刊的统计

期刊名	文献量	学科
ANNALS OF THE AMERICANACADEMY OF POLITICAL AND SOCIAL SCIENCE	26	政治，社会学
JOURNAL OF SOCIAL PSYCHOLOGY	9	心理学
AMERICAN JOURNAL OF NURSING	8	医学
LIBRARY JOURNAL	8	图书馆学
AMERICAN JOURNAL OF PHYSICAL ANTHROPOLOGY	7	人类学，进化生物学
JOURNAL OF COMPARATIVE PSYCHOLOGY	7	行为科学，心理学
JOURNAL OF EXPERIMENTAL PSYCHOLOGY	7	心理学
JOURNAL OF RACE DEVELOPMENT	6	政治，军事
SCIENTIFIC MONTHLY	6	社会学
JOURNAL OF GENERAL PSYCHOLOGY	5	心理学
PSYCHOLOGICAL REVIEW	5	心理学
AMERICAN ANTHROPOLOGIST	4	人类学
JOURNAL OF NERVOUS AND MENTAL DISEASE	4	医学
SCHOOL AND SOCIETY	4	教育
SOCIOLOGY AND SOCIAL RESEARCH	4	社会学

5 研究主题统计

本文以原始文献的篇名、摘要、关键词为主要依据，并结合考虑刊载该文献的期刊所属的学科和作者所在的单位，对本样本数据进行研究主题的分类统计。由于学科交叉的关系故难以进行唯一性的分类，如心理学与社会学、政治和社会学等这些存在密切关系的学科。因此本文数据仅供大方向的参考。

对于统计前的归类过程，本文以《中国图书资料分类法》为据，但补充了三点细则规范。一是按主类目归类，如社会心理学入心理学；二是对跨学科的文章，能归入本文中收录范围小的主题的，就不列入大主题，如同时涉及社会学与政治的文章则入政治；三是按论文量确定类目的等级，因为本文中样本量不大，存在很多下位类，便于统计将他们归并到上位类，如人口学、婚姻学都归入人类学，国家收入、国际贸易、税收、农业经济等都归入经济。表 6 便是据此原则对本文所收集的数据所做的主题分类统计。

表 6 对研究主题的归类统计

主题	文献量	主题	文献量	主题	文献量
心理学	40	法律	6	行为科学	2
政治	20	护理	6	化学	1
人类学	15	精神病	5	工业	1
教育	15	战争	4	交通	1
社会学	13	宗教	3	地理	1
图书馆学	9	农业	3	历史	1
经济	9	数学	2	气象	1
公共卫生	7	考古	2	合计	167

由表 6 的数据可知：

（1）在新中国成立前的社会科学研究领域中，有些学科的研究成果较多，其中，心理学方面的研究论文在本文涉及的范围中占约1/4的比例，包括实验心理学、应用心理学、教育心理学及社会心理学等。如通过色彩实验、双手提物等实验分析人们的心理状况，从阅读中国字的习惯中挖掘心理学的特征，从儿童教育中进一步研究儿童心理的相关问题，通过社会调查了解青少年的情绪等。这些研究成果基本集中在浙江大学、清华大学、国立中央大学及燕京大学等高校中，北京协和医学院也有一些研究成果。

(2)政治学、人类学、教育学及社会学这些学科在新中国成立前的社会科学研究中同样占有较大比例。除了综合性的政治研究外，还有大量的介绍学生运动、中国新文化运动等主题的文章，这些成果分布得比较散乱，有国内大学也有国外大学的作者，较为集中的是中国的尚贤堂，其创始人李佳白先生发表了3篇关于政治的文章。研究人类学的单位比较多地集中在北京协和医学院，主要进行了一系列人体解剖研究。教育学和社会学的研究机构比较分散，没有形成某个或某些单位的批量文献。

(3)其余像图书馆学、经济、公共卫生等也有一定的研究成果，这些学科起步也较早，并在后来，直至当前有了很快的发展。

6 引文统计

论文被他人引用的频次能在一定程度上表征该文的质量，也是新旧论文所表达科研课题联系程度的一个重要标识。一般来说，一篇论文被其他著者引用得越多，表明该论文产出的科学知识含量越高，其原始创新的成分越多。表7给出了样本论文引用与被引的统计情况，其中参考文献为0的论文74篇，参考文献为1的论文19篇，这些很少参考他人文献的文章多数是向国际学术界介绍中国社科某个领域的发展情况的；全部论文的参考文献总量为1085篇，平均每篇论文参考他人文献6.5篇；本文所统计文献被他人引用总频次为627次，平均每篇文章被引3.75次，其中被引20次以上的论文共有11篇(这11篇论文被引386次)，引文最多的1篇论文被引64次；而被引10次以上、20次以下的也有7篇文章；被引频次少于20的论文共有156篇，被引241次，被引频次为0的论文共91篇。在本文所统计的范围内，有部分论文已达到较高的被引率。表8就是对20次以上高被引论文的统计结果。

表7　原论文引用与被引总体数据

原论文总量	参考文献总量	无参考文献的原论文量	有一篇参考文献的原论文量	篇均参考文献量	总被引频次	篇均被引频次
167	1085	74	19	6.5	627	3.75

表8　20次以上高被引论文的统计

第一著者	被引论文发表年份	被引频次	被引文献篇名(主题)	著者第一单位名称
Kuo, ZY	1930	64	The genesis of the cat´s responses to the rat 心理学	浙江大学心理学研究室
Kuo, ZY	1932	47	Ontogieny of embryonic behavior in aves III The structural and environmental factors in embryonic behavior 心理学	国立中央大学
Kuo, ZY	1932	47	Ontogeny of embryonic behavior in aves IV. The influence of embryonic movements upon the behavior after hatching 心理学	国立中央大学
Weidenreich, F	1940	35	SOME PROBLEMS DEALING WITH ANCIENT MAN 人类学	北京协和医学院

续表

第一著者	被引论文发表年份	被引频次	被引文献篇名(主题)	著者第一单位名称
Djang,SS	1937	34	The role of past experience in the visual apprehension of masked forms 心理学	金陵大学
Huang,I	1943	31	Children´s conception of physical causality a critical summary 心理学	浙江大学心理学系
Kuo,ZY	1923	29	A behavioristic experiment on inductive inference 行为科学	复旦大学
Kuo,ZY	1924	28	A psychology without heredity 心理学	复旦大学
Fortune,RF	1939	26	ARAPESH WARFARE 人类学	岭南大学
Kuo,ZY	1932	25	Ontogeny of embryonic behavior in aves: V. The reflex concept in the light of embryonic behavior in birds 心理学	国立中央大学
Kobler,F	1948	20	DESCRIPTION OF AN ACUTE CASTRATION FEAR, BASED ON SUPERSTITION 心理学	国立中央大学医学院

(1)表8中的这些高被引论文,其著者既有中国的著者,也有国外的著者(在中国工作的外国学者,也有些是与中国著者的合作);除两篇是20世纪20年代的外,其余均分布在统计时段的后半期,即1930—1948年;这些文章有些可能是人们所熟悉的,但有些可能还是鲜为人知的。

(2)从主题来看,这些被引率较高的论文主要是心理学方面的文章,但也不乏人类学、行为科学等方面的力作;从著者来看,这11篇相对高被引文献中有6篇是来自同一个人的,即工作于浙江大学和国立中央大学的Kuo,ZY,他的研究内容主要是通过动物实验进行心理学分析,还做了一系列关于鸟类胚胎的实验,并阐述了比较心理学的内容。该作者当时在自然科学领域也有很多的科研成果,是国内著者在国际核心期刊上发文数量最多的作者之一。

回顾这段社会科学研究的历程,不禁让人感叹:中国的社会科学技术研究走过的是怎样的一段非同寻常的路程! 社会科学研究在很大程度上受到了中国社会变革的影响,也受到了战争的重创。然而,一代又一代志士仁人肩负着民族复兴的重任,一代又一代专家学者坚持着科学救国的信念,他们为中国科研事业的发展,为缩小中国社会科学与世界先进水平的差距,做出了不可磨灭的贡献。在许多学科,他们的研究为后来的事业首开冰河,奠定了良好的基础。

参考文献

1 Web of Science. [2010 - 02 - 10]. http://thomsonreuters. com/products_services/science/science_products/a-z/web_of_science

2 Entrician Sara. Story of the school for the deaf at Chifu, China. The Silent Worker, 1905, 10(17)

3 JSTOR. [2010 - 02 - 10]. http://www. jstor. org/

4 尚贤堂—维基百科. [2010 - 04 - 30]. http:// zh. wikipedia. org/wiki/% E5% B0% 9A% E8% B3% A2% E5% A0% 82

5 John Gilbert Reid. A Brief Survey of German Works on Modern Chinese History. Pacific Historical Review1933(2)

6 胡素萍. 李佳白与尚贤堂——清末民初在华传教士活动个案研究. 史学月刊, 2005(9)

原载于《科学学研究》,2011 年第 5 期

SCI 机构索引在收录我国文献时的一些特例

美国科学情报社(Institute for Scientific Information)编制出版的《科学引文索引》(*Science Citation Index*,简称 SCI)是目前国际公认的衡量科研单位和研究人员学术水平的重要工具书之一。最近几年,我国每年都根据 SCI 收录文献的数量,对各大高校进行学术成果的排名统计,成为人们十分关注的学术榜。SCI 也因此在许多单位拥有越来越多的读者。

根据 SCI 查检一个单位的科研文献时,要利用 SCI 中的机构索引(Corporate Index)。机构索引分两部分,即地理部分和机构部分,其中机构部分只指出某机构在地理部分中的位置,故地理部分是机构索引的主要内容,它先按著者单位所在地的国名和城市名的字顺排,再按著者单位的字顺排。笔者在多次检索 SCI 的过程中,发现 SCI 机构索引在编排我国机构名称时,由于多方面的原因,如汉语拼音转译成英语时的不同方法,或著者提供的名称不准确等,有时会出现一些特例,有时会不够准确,甚至产生歧义,现汇总分析如下,供同行们参考。

1 拼法不一

由于机构索引中的地理索引部分依次按国名、城市名、机构名、著者名的字顺排列,于是,这些名称就成为利用机构索引的入口。但 SCI

机构索引在收录中国文献时,常常会出现除国名外的其他各种名称拼法不一的情况。

(1)机构名称拼法不一。如"中国科技大学",在 SCI 中至少有 4 种拼法(本文实例选自 SCI1994 年各期,括号内注明的是刊期和分册号,无括号的则属普遍情况):Chinese Univ Sci & Technol, Univ Sci & Technol, Univ Sci & Technol China 或 USTC。"东南大学"会拼成 SE Univ, Southeast Univ 或 Southeastern Univ。

(2)城市名称拼法不一。如"沈阳"会拼成 Shenyang 或 Xhenyang。

(3)著者名中的姓氏拼法不一。如"夏"会拼成 Xia 或 Hsia,"张"会拼成 Zhang 或 Chiang,"许"会拼成 Xu 或 Hsu。

2 拼写错误

SCI 机构索引间或也会发生拼写错误的情况,如"复旦大学"拼成 Fundan Univ(1D,2D),"中国科技大学"拼成 Unkiv Sci & Technol China(6D),"成都科技大学"拼成 Chenduo Univ Sci & Technol(6D)。这可能因为原始著者所提供的专有名称的汉语拼音不准确,或书写潦草,导致计算机排版时识别有误,或中英文转译时的错误等。

3 同一著者同一文章多处反复出现

一般说来,同一著者在一个机构内部可能会属于多个二级单位,如大学的系、室、科、所等,SCI 机构索引在收录中国著者的文献时,同一著者同一文章反复出现的频率有时会很高。如南京大学物理系一名学者的一篇文章,在索引中会出现在下列 6 处:Dept Phys(物理系);Solid State Miciostruct Lab(固体微结构实验室);Microstruct Lab Solid State Phys(固体物理微结构实验室);Natl Lab Solid State Microstruct

(固体微结构国家实验室);POB x x x(信箱号);22 Hankou Road(汉口路22号,南京大学校址)。

这样的情况在SCI中绝不罕见,可见,机构索引中的重复率还是比较高的。

4 一级机构与二级机构的混淆

大多情况下,二级单位置于一级单位名下,如"固体微结构实验室"放在"物理系"下,"配位化学实验室"放在"化学系"下。当然,二级机构独立出现与一级机构并列编排,如"固体微结构实验室"与"物理系"并列也是很正常、很普通的。但有时一级机构会出现在二级机构名下,这就需要提醒人们,如南京大学物理系置于材料分析中心之下:

- Ctr Mat Anal(1D)
  - Dept Phys

化学系置于配位化学国家重点实验室之下:

- State Key Lab CoordinatChem(2D)
  - Dept Chem

有时也会出现机构名称混淆的情况,如"中国科技大学"的缩写名称作为二级单位置于其全称名下:

- Chinese UnivSci&Technol(1D)
  - USTC

5 机构所在城市与所属省份交叉

虽说机构索引先按国名,再就是按城市名的字顺排列,但"中国"之下的城市名位置上常常会出现省份的名称,如"中国科技大学"会置于“Anhui”(安徽)和“Hefei”(合肥)两个地名之下,且两个地名下所收录的文献不一定重复。换句话说,检索“中国科技大学”的文献时,若仅以合肥为检索入口的话,会漏掉一些资料。但两者当中,大量的资料置于城市名下。

由此看来,若需查找某一省份的科技文献被SCI收录的情况,如江苏省,那么,除了查找“Jiangsu”之外,更要尽可能全面地去查“Nanjing”“Suzhou”“Wuxi”“Yangzhou”等,尤其不要忘记那些城市虽小,但却拥有重要科研单位的地名。同样,若要查全某机构的文献收录数据,除了在单位所在城市名下做主要查检外,还要翻检一下该市所属省份名称下的著录,否则,不能保证查全率。

6 与来源索引中著者单位的著录不一致

在大部分情况下,机构索引与来源索引中著录的著者所属单位是一致的,但也有为数不少的文献在两索引中的著录不同,如1994年第6期机构索引共收复旦大学的文献28篇,核对来源索引后,发现其中有5篇的著者单位不是复旦,而是国内外的其他科研机构;同期查得南京大学文献65篇,而来源索引中有8篇署名在其他单位名下;北京由于科研单位集中,相近课题跨单位合作研究方便,这种情况更为明显。其中原因较为复杂,尤其是合作科研时,利用了外单位的仪器设备或得到外单位的资助,或著者参与的课题本来就属于外单位的项目等,于是著者以外单位的名义发表了自己的论文。我们在利用SCI检索时应注意到这一点。

7 建议

基于上述的调查分析,提出下列一些建议供人们参考。a. 对于原著者来说，在境内外刊物上发表文章时，要附拟有名称的准确的汉语拼音或英译；b. 要认真校核原稿，手写体不能过于潦草；c. 国家有关部门应着手考虑机构名称英译时的统一标准问题；d. 编辑出版部门应逐步实行出版物中专有名称的汉语拼音或英译描述；e. 在利用 SCI 机构索引时，检索者要考虑到某一专有名称有可能出现的各种拼法，以保证一定的查全率；f. 在利用 SCI 机构索引统计科研成果时要删除重复部分，并尽可能与来源索引核实；g. 计算机数据库的机器检索与书本式检索工具的手工检索有机地结合起来，一定是保证较高的查全查准率的好方法。

总之，SCI 的机构索引为我们以机构为检索点查阅文献提供了极大的方便，但只有当我们了解其特点时，才能得心应手，保证查检结果的有效性。

原载于《情报杂志》，1998 年第 1 期

美国SSCI和A&HCI收录的中国期刊到底有多少?

《中国科技期刊研究》1999年第1期发表的郑晓南《1998年美国ISI检索系列收录的中国期刊》[1]一文列出1998年美国ISI检索系列中SSCI(*Social Sciences Citation Index*)和A&HCI(*Art & Humanities Citation Index*)收录的中国内地期刊有六种,即:*Contemporary Chinese Thought*;*Chinese Education and Society*;*Chinese Law and Government*;*Chinese Literature*;*Chinese Society and Anthropology*;*Chinese Studies in History*。

经查有关工具书,如《中国图书进出口公司外国报刊目录,第9版》[2],得知,上述刊物除*Chinese Literature*外,其余均为美国纽约的M. E. Sharpe公司翻译出版的我国社会科学、人文科学部分研究成果的出版物。如:*Contemporary Chinese Thought*刊,ISSN 1097-1467,原版刊号110B0081(中图公司订购原版期刊号),原刊名为*Chinese Studies in Philosophy*,1997年起改为现名。该刊译载我国期刊和图书中有关哲学研究的文章。*Chinese Education and Society*一刊,原版刊号380B0157,原名*Chinese Education*,1992年起改现名。其余几种刊也都有原版刊号,分别译载我国(包括台湾省)报刊发表的有关教育、法学、历史、社会学、人类学、社会问题等方面的文章或资料。而*Chinese Literature*一刊,未能在该工具书中查得。经查OCLC(Online Computer Library Center,联机计算机图书馆中心)的机读目录光盘(CatCD),得知该刊语种为英文,由我国外文出版社编辑出版,由于该刊是国内出版的期刊,因此不能在中图公司出版的《外国报刊目录》中查得。有关这六种期刊的出版著录事项详见表1。

表1 六种期刊的有关出版著录项

ISSN	刊名	中文刊名	出版地	刊期
1097 – 1467	Contemporary Chinese Thought	当代中国思潮	美国纽约	4期/年
0009 – 4560	Chinese Education and Society	中国教育与社会	美国纽约	6期/年
0009 – 4609	Chinese Law and Government	中国法律与政府	美国纽约	6期/年
0009 – 4617	Chinese Literature	中国文学	中国北京	4期/年
0009 – 4625	Chinese Society and Anthropology	中国社会学与人类学	美国纽约	4期/年
0009 – 4633	Chinese Studies in History	中国历史研究	美国纽约	4期/年

根据笔者对SSCI1982－1996年收录我国社会科学方面合计10篇以上论文的期刊[3]、A&HCI1988－1996年收录我国人文科学方面合计4篇以上论文的期刊所做的统计，上述六刊均为这两种引文索引收录我国社会科学和人文科学方面研究成果的重要刊物。

其实，除了上述六种期刊外，这些年中，SSCI和A&HCI还收录一些有关中国人文、社科研究成果的刊物。其中文献量较大的刊物如表2所示（按刊物收录的文献量由多至少降序排列）：

表2 被ISI收录的其他一些有关中国人文、社科研究的期刊

ISSN	刊名	中文刊名	出版地
1097 – 1475	ChineseEconomicsStudies	中国经济研究	美国纽约
0009 – 4439	China Quarterly	中国季刊	英国牛津大学
0366 – 6999	Chinese Medical Journal	中华医学杂志（英文版）	中国北京（中华医学会）

续表

ISSN	刊名	中文刊名	出版地
0301－8121	Journal of Chinese Philosophy	中国哲学杂志	美国夏威夷大学
0091－3723	Journal of Chinese Linguistics	中国语言学杂志	美国加州伯克来大学
0362－5028	Early China	早期中国	美国加州伯克来大学
1001－6538	Chinese Science Bulletin	科学通报	中国北京（科学出版社）
1043－951X	China Economic Review	中国经济述评	美国加州斯坦福
1324－9347	China Journal	中国学术期刊	澳大利亚堪培拉

表2中的两种北京出版的期刊，经查美国ISI的《科学引文索引》网络数据库（SCI Expanded，1997－Present）得知，这两种刊物均为SCI收录的中国出版的英文版的科技期刊[4]。SSCI对其收录范围的说明中明确告知该数据库中有一部分内容与SCI重复，这是因为学科之间本身有交叉，是社会科学与自然科学相结合的跨学科的研究在文献中的自然反映。

由此看来，到目前为止，美国ISI系列社会科学和人文科学方面的引文索引收录的我国大陆出版的人文、社科期刊甚少，北京外文出版社出版发行的英文版的*Chinese Literature*（《中国文学》）真可谓是万绿丛中一点红，而被这两种引文索引收录的中文版人文、社科刊物未见一种。

美国《科学引文索引》（*Science Citation Index*）收录我国大陆出版的自然科学方面的期刊最多的一年有14种[5]。与自然科学相比，国内社会科学与人文科学类期刊在国外著名引文索引中的收录量的差距还是比较大的。其主要的原因首先在于国内编辑出版的外文人文、社科刊物甚少，也在于国内对ISI系列索引所覆盖期刊的原则和宗旨了解不够，社会科学与人文科学方面的期刊在争取被纳入SSCI和A&HCI收录刊物范围的努力不够。ISI对其来源期刊的收录要求甚严，对于非英语语言刊物，从期刊编辑的角度来看，要求一定要有用英语撰写的、提供一定信息量的标题、文摘和被引文献。当然，期刊的学术质量指标就更严格了[6]。走向世界的中国社会科学和人文科学的研究成果主要通过国外的原版出版物或国外出版社对国内报刊、图书以及其他类型文献所做的英文翻译出版物进行报道的。在这样的前提下,虽然国外的引文索引也能在某种程度上反映我国社科与人文科学研究工作的实际,但带有很大程度的片面性。例如,国外学者的文献收录较多,载文期刊很分散,心理学、医学、精神病学等学科的文献比重较大,英语文献的收录率高等。由此看来,在我国社会科学和人文科学的研究领域,一方面,需要加强国内编辑出版的外文文献,尤其是外文期刊的建设;同时应提倡并鼓励社会科学与人文科学研究工作者直接用外文撰写,并在国外学术刊物上发表学术论文。另一方面,在考虑对我国文科学术工作进行量化分析、统计评价时,除了直接利用国外现有的引文索引这一类的检索工具外,还应考虑配备其他的检索工具,尤其是反映中文的,反映核心刊物的,覆盖我国文科研究诸多领域的检索刊物。更为理想的是,建立中国的社会科学引文索引及数据库。

本文在资料数据核对过程中,得到南京大学图书馆西文期刊编目部和西文图书编目部多位老师的帮助,在此深表谢意。

参考文献

1 郑晓南. 1998 年美国 ISI 检索系列收录的中国期刊. 中国科技期刊研究,1999,10(1)

2 中国图书进出口公司. 外国报刊目录. 第 9 版. 北京:万国出版社,1999

3 华薇娜. 1982 — 1996 年 SSCI 收录我国社会科学文献的定量分析. 南京大学学报(哲学、人文科学、社会科学),1999,36(3)

4 SCI Expanded 数据库. http://wos. isiglobalnet. com

5 娄有济. 中美科学引文索引之比较//索引研究论丛,北京:北京图书馆出版社(今国家图书馆出版社),1997

6 张秀莲. 美国科技信息所(ISI)数据库:期刊录用过程. 中国科技期刊研究,1998,9(1)

原载于《中国科技期刊研究》,2000 年第 4 期

美国Ei公司工程信息产品的现状与最新进展

美国工程信息公司(Engineering Information Inc,简称Ei公司)是个具有112年历史的工程信息出版单位。《工程索引》(Engineering Index,简称Ei)是国内工程技术界最为熟悉的工程技术信息产品之一。Ei早期仅以印刷版形式面世,直至目前,Ei公司每年仍然定期出版印刷版的月刊、年刊等。20世纪90年代初期,在网络通信技术的影响下,Ei公司开始提供网络版工数据库Ei *Com*pendex Web,1995年又推出了Internet环境下的集成信息服务——Ei信息村(Ei Village),将世界范围内的工程信息资源筛选、组织、集成在一起,向用户提供一步到位的便捷式服务。1999年,Ei信息村又得到了大幅度的发展,其核心数据库除了"工程村"(Ei Engineering Village)外,又增加了"造纸村"(Ei Paper Village),"电脑村"(Ei Computing Village)。同年,Ei公司又将美国石油所(公司)(American Petroleum Institute,简称API)的电子产品"石油、天然气数据库"纳入麾下。2000年6月,一个全新的工程信息产品——Ei信息2村,又由Ei公司推向了信息市场。在推销各种工程信息产品的同时,各种信息服务亦随之登场。本文便是对Ei公司各类信息产品与服务类型的现状及其最新进展情况所做的归纳与综述,以便于人们对Ei工程信息产品进行深入了解与全面正确的利用。

1　Ei 工程村(Ei Engineering Village)

基于因特网的 Ei Compendex Web,是 Ei 信息村最早的产品,1995 年开始发行。它除了包括 Ei Compendex 1970 年以来的数据外,还包括近 10 年 Ei Page One 的数据。其中,Ei Compendex 数据库每年收录 500 万条以上的工程技术文献的文摘,覆盖 2600 余种工程期刊、科技报告和会议录,基本上同于《工程索引》印刷版和 Ei CD - ROM。而 Ei Page One 数据库则在 Ei Compendex 的基础上扩大了收录范围,覆盖 5400 余种工程期刊、会议录及科技报告,以题录形式报道文献内容。Ei Compendex Web 是 Ei Compendex 和 Ei Page One 的集合。

2　Ei 造纸村(Ei Paper Village)

Ei 造纸村的主导产品是 PaperChem,1999 年加入 Ei 信息村。这是美国造纸科技所(公司)(IPST)的产品,已有 50 年的历史。PaperChem 是一个纸浆与造纸技术方面的综合性文献数据库,覆盖世界范围内造纸化学、工程、生产技术等学科。文献类型包括图书、会议、学位论文、期刊文献、专利以及译文。该数据库原按 IPST 叙词表组织信息,1998 年后改用 Ei 叙词表。回溯数据可追至 1966 年。每年新增加 12 000 条以上的记录,是该领域世界上最大的数据库。

3　Ei 电脑村(Ei Computing Village)

Ei 电脑村是 1999 年新加入到 Ei 工程村的产品,主要内容为计算机类期刊全文包,包括世界上计算机领域主要出版商的 100 万篇期刊和会议论文的原文，通过因特网传真递送。学科范围包括：人工智能与专家系统；多媒体、计算机辅助设计（CAD）、图像与模型；信号处理、电子技术；远程通信；程序；计算机系统结构、自动化与控制。

4 美国API石油，天然气数据库（API EnCompass及其系列）

这是美国石油研究所（公司）（American Petroleum Institute，简称API）研制开发的产品，已有40多年的历史。1999年被Ei公司收并，加入到Ei信息村。

API EnCompass数据库是世界范围内石油、石油化学、能源、天然气工业的技术与商情方面基本的在线数据库。包括1964年以来石油方面的研究开发、技术应用、商务与管理方面的文献15万篇。

此外，该系列中，PAILIT世界范围内与石油相关的技术文献数据库，基本数据来自世界范围内的贸易与科学期刊、会议录、技术报告中的原始文摘以及其他重要数据库的文摘。

APIPAT收录40个国家与石油相关的专利文献。

API EnCompass News是石油方面的商业与经济新闻数据库。

API EnCompass Environment则是从有关的技术文献中选择与环境主题有关的记录，数据可追溯到1987年。

5 Ei信息2村

2000年6月，Ei公司的因特网主页上，又出现了Ei信息2村的图标。

Ei公司宣称Ei信息村是信息传递工作的一次突破。该村可向用户即时提供最新的多途径的工程研究进展的检索入口。其所覆盖的信息源除原工程村的《工程索引》网络版数据库外，还包括因特网上1万多个经工程专家评审了的工程信息网站的摘要（使用与Ei相同的检索词表）、300多个组织的Ei业标准信息（如ASTM，ISO，ANSI，IEEE等），美国专利与商标局包括自1976年以来的600多万条全文专利信息数据库，美国CRC出版公司ENGnetBASE的联机工程手册类信息，以及Thomas出版公司的产品信息（链接了12 000多个美国制造商的产品目录）等。用其网页上的话说，几乎所有工程技术信息的需要都能在你的手指点击之中得到解决。

在Ei信息2村可进行联机对话，该村集合了北美15 000名专家提供网上咨询服务。用户可随时就检索途径中的问题向专家请教。

Ei信息2村的检索途径包括快速检索（Quich Search）、高级检索（Expert Search）两种。用户还可在该系统下建立自己的文档（Personal Profile Set Up）。

除了上述几种大型的主导产品外，Ei公司还生产按专题归类收集的工程信息产品，并继续出版发行印刷版的工程索引及叙词表、CD-ROM。

在上述各类信息产品的基础上，Ei公司通过网络提供多项数据库信息专题服务，其中一些主要的服务项目包括：

（1）以核心数据库Ei Compendex Web或PaperChem等为主提供的数据库检索查询服务。

（2）Ei信息村的全文递送服务（Direct），即Ei工程村的Engineering Direct，Ei造纸村的Paper Direct，Ei电脑村的Computing Direct。将数据库检索到的线索与信息村的全文记录链接起来，如Engineering Direct就包括了500种某公司的核心的电子期刊、Ei公司能收集到的在Web上发行的免费的工程期刊，Ei公司通过因特网传真递送的文献，Ei Compendex Web数据库所报道的全部文献中每年约有300万条记录可在Ei信息村直接查到原文。

（3）Ei要目公告（Ei Spotlights），用户可浏览要目公告板上的专题，选择并标注自己认为重要的或感兴趣的专题，交由系统通过邮件按周发送最新的相关文献的摘要。

(4)Ei 技术快报(Ei Tech Alert),这是工程村的服务项目。接受每周一次的1－2个提问并链接到当前2个月的工程文摘与题录以及近3天的最新技术信息。

(5)Ei 核心期刊最新信息报道(Ei Monitors),各个信息村选择所报道领域的核心期刊,报道最新的文摘。报道时差,各村有所不同,如造纸村为一周,而电脑村则可提供当日更新的最新内容(up to the minute)。

(6)Ei 国际村(Ei International Village),提供除英文外其他语种的服务,现已开通德语和日语版,汉语、法语、朝鲜语和西班牙语将很快开通。

(7)Ei 链接服务(Ei Connexion),提供了与多个 Ei 公司之外的科学技术和商业经济方面的数据库链接服务,如 Dialog、Data-Star、CAS Web Server 等。用户只需在 Ei 公司注册付费,就可以方便地检索这些数据库。

(8)网络导航服务(Navigating through the Village)。Ei 公司将世界范围内通过 Internet 可连接的工程信息资源组织、筛选、集成在一起,为需要工程信息的用户提供了较为全面的指引和链接。经过筛选的 Web 站点提供了大量有价值的信息,包括重要的学会站点、专利和标准数据库、图书出版收藏信息、电子期刊、技术报告等。Ei 公司专门组织专家做资源的整理工作,对每个链接站点都写了很有参考价值的评价意见。

(9)参考咨询服务(Asking a librarian for specific reference information)。Ei 公司提供了基于 E-mail 方式的参考咨询服务,安排了多层次的信息专家提供咨询服务,随时解答用户在使用 Ei 各种信息产品过程中的问题。这些信息专家根据自身的专业知识和实际经验,帮助用户获取工程方面的相关信息,解答用户在利用 Internet 网络资源中遇到的问题。

参考文献

1 Ei 公司网页. http://www. ei. org

2 姜爱蓉. 从《工程索引》(Ei)的发展看现代信息服务的趋势. 图书情报工作, 1999(3)

3 刘亚茹. Compendex Wtb 数据库检索方法及检索效果的研究. 情报科学,2000(1)

4 吕萍. Ei 工程信息村:Internet 环境下的一种新的服务方式. 中国信息导报, 1998(4)

5 饶蕴. 获取工程信息新的途径——利用 Ei Village. 图书馆学研究,1999(6)

原载于《江苏图书馆学报》,2000 年第 6 期

研究图书馆集团及其数据库评介

1 概况

研究图书馆集团(Research Library Group,简称 RLG,网址:http://www.rlg.org)是一个会员性质的非营利组织。1974 年创始于美国,缘于开发计算机图书编目系统,1975 年时仅有美国哥伦比亚大学、哈佛大学、耶鲁大学,以及美国纽约公共图书馆四个机构间的合作,到 2002 年已发展到 160 多个会员单位,其中包括大学和学院、图书馆、档案馆、博物馆、历史学会、珍本书书商,以及拥有重要的、独立的研究与学习资源的机构。RLG 的目的也远远超过了最初的合作编目,而是着力于通过对馆藏资源的数字化合作存储与开发,达到对各成员单位馆藏资源与信息的共享,并最终达到全球资源的共享。目前,RLG 分别在美国纽约市和加利福尼亚州斯坦福大学附近设有办公室,现有一个由 19 人组成的董事会,并有工作人员 100 人左右。Eureka 是这个组织开发的用于检索其各类数据库的专用检索系统,供成员馆以及世界范围内的广大非成员馆用户使用。该组织的范围现已不限制在美国,而是一个国际范围的联合体,其数据库资源以及用户范围已扩大到欧洲许多国家,以及非洲、澳大利亚、日本等地。

2 会议

研究图书馆集团每年召开一次年会,参加的人员包括成员单位代表、董事会成员,以及特邀代表等。与会成员集中在一起,交换意见,交流心得体会,讨论该组织的作用,制订下一年度的计划等。如2003年年会的主题便是“全球化时代对人文学科的反思”(Rethinking of Humanities in Global Ages)。

3 出版物

(1) NewsScan Daily,这是RLG的电子日报,网址为:http://www.newsscan.com/。报道各成员机构最新的消息,交流各类信息。这是个免费网站,大多数文章的内容都链接到原始网站。

(2)ShelfLife,这是RLG的周报,为世界各地信息专业人员提供相关的新闻摘要。这是收费出版物。

(3)RLG DIGINews,这是基于网络的双月刊,由美国康奈尔大学图书馆图书保存部主持。1997年创刊,目前每年一卷,双月刊,每卷6期,主要报道馆藏资源数据化方面的信息。包括一些数字化图书馆方面的研究性质的论文,介绍各类项目的内容和成果,介绍新的资源,公布重要事件,公告,新闻等,可通过网络免费读取。既可按期浏览、按著者浏览,或按篇名浏览,也可进行特定主题的检索。

(4)RLG Focus,这是一份双月发行的电子快报,1993年4月创刊,原为印刷版,2002年开始发行网络版。这是为RLG的各类用户提供的出版物,主要用于介绍各类数据库,以及发布近期信息等。

(5)RLG News,每年两期的出版物,可免费邮寄给对RLG各项活动、各类服务感兴趣的同行,也可在网络上免费下载。

4 电子邮件组

http://www. rlg. org/listserv. html 是该组织的电子邮件讨论组网址,共包括各类专题电子邮件讨论组将近20个。其中有的邮件组是向公众敞开的,可以登记加入,也可仅做临时参观访问,如RLG服务论坛、图像软件讨论组、自动化编目讨论组、珍本书讨论组等。也有的邮件组仅供成员机构交流,如公告板、艺术与建筑讨论组、东亚讨论组、犹太与中东讨论组、法学讨论组、科学史讨论组、图书保存讨论组、原始文献管理讨论组、公共资源讨论组、资源共享讨论组、馆际互借讨论组、系统管理讨论组等。

5 网站

RLG网址为http://www. rlg. com,这里是各类项目、各类活动、各专题的信息集散地,包括各种报告、计划、会议、新闻、调研、规则制度、指南、项目介绍、成果公布、论坛、讨论组、用户评价等,其中有些需要注册加入,有些则无须注册,供免费浏览。如同RLG的一扇大门,所有电子出版物、讨论组、数据库都可从这里进入。

6 研究组与数据库

研究图书馆集团的研究组与数据库主要侧重于人文、社会科学方面,数据库的服务主要由RLG的专用系统Eureka提供,既为成员馆服务,也对外提供收费服务。主要的研究资源和数据库如下:

6.1 艺术研究组(Art Collections)

早在1979年,北美的一些大学和博物馆、图书馆合作建立了RLG艺术与建筑项目委员会,如今,该委员会已扩大到世界范围内的80多个成员单位。通过该研究组的网页不仅可以链接到后文"索引资源"中包括的艺术类数据库外,还可以链接这个委员会的SCIPIO数据库,即"艺术品与珍本书拍卖目录"(SCIPIO:Art and Rare Book Sales Catalogs)。

该数据库收录了1599年至今的艺术品与珍本书拍卖的目录以及将要进行的拍卖计划。收录的拍卖艺术品包括各时代世界各地的图书与手稿、油画、雕塑、素描、印刷品、照片、家具、乐器、装饰品、工艺品,以及盔甲、钱币、服饰、地毯等。收录的拍卖信息包括每次拍卖的日期、地点、拍卖行、卖品名称、卖家、收藏单位等详细信息。还包括北美、欧洲所有主要拍卖行以及一些私人拍卖的记录。提供这样的信息,可使研究人员了解到这些艺术品、图书珍本、孤本目前的去向、收藏地点。

6.2 东亚研究组(East Asian Collections)

这是北美和英国的一些最大的东亚文献收藏单位之一,尤其是收藏汉语、日语和朝鲜语资源的图书馆员的集中地,在这里有他们的讨论组,研究成果有汉语拼音项目,以及馆藏联合目录等。还开发了包括国际中文善本书联合目录、日文艺术书目录、东亚藏书等机读联合目录。我国在90年代初期起有为数不多的善本书收藏单位参加了研究图书馆集团东亚组中文善本书目录的编目工作,提供中文善本书的目录。

6.3 犹太与中东研究组(Jewish and Middle East Collections)

这是RLG历史上最早的研究组,由美国哥伦比亚大学、哈佛大学、耶鲁大学、纽约公共图书馆的中东研究图书馆员组成,如今有关犹太与中东研究的图书馆员们集中在这里分享他们的研究资源和成果。包括犹太与中东讨论组、会议消息、活动项目、馆藏、网站等。

6.4 法学研究组(Law Collections)

这是法学图书馆馆员的网页,包括他们的讨论组、网络信息资源指南,以及出版物和相关的数据库。这里多集中一些美国之外的法学法律研究资源。

6.5 图书馆资源(Library Resources)

图书馆资源数据库中主要包括该研究图书馆集团的联合目录,共收录 4200 万种馆藏出版物,这些出版物包括 365 种语言文字,其中非英语出版物占 43%,300 万种出版于 1900 年以前。

6.6 索引资源(Citation Resources)

索引资源包括多种人文社科检索数据库,其中主要的有:

6.6.1 人类学文献数据库

人类学文献数据库收录的是自 1984 年以来世界上以英语和其他欧洲语言发表的 2 页以上的人类学与考古方面的约 900 种期刊文章、文集、报告类文献的文摘或题录信息,主要依据哈佛大学 Tozzer 图书馆这一专题文献的收藏。除了人类学与考古外,还包括与这两个主题相关的艺术、生物人类学、文化人类学、人口统计学、经济、历史、人种史、民俗、地理、地质、生理人类学、心理学和社会人类学。该数据库只提供文摘类的记录,但哈佛大学 Tozzer 图书馆提供全文的馆际互借服务。数据库每季度更新一次。

6.6.2 建筑期刊索引(The Avery Index to Architectural Periodicals)

该数据库由美国最大的建筑图书馆之一的哥伦比亚大学 Avery 建筑与美术图书馆开发,是一个专题文摘数据库。收录与建筑专题相关的期刊 2500 多种。语种包括英语、法语、德语、意大利语、西班牙语等。覆盖的学科主题包括建筑、考古、城市规划、内部设计与装饰、古迹保存等,收录期刊的年代始自1930年,但最早的文献始自1860年。

6.6.3 艺术史目录(Bibliography of the History of Art,BHA)

这是英语和其他欧洲语言的艺术史文献摘要数据库,由J. Paul Getty基金会和法国国家科学研究中心信息科学研究所合作开发。该数据库收录的文献类型包括图书、会议文献、展览会目录、交易会目录、学位论文和4000多种期刊论文,覆盖从公元4世纪至今的欧洲与美国的艺术史文献,收录期刊的刊期自1973年起至今。详细文摘的语种为英语与法语,范围包括油画、雕塑、素描、印刷艺术、建筑与工业设计,以及装饰艺术与应用艺术,如手工、书法、民间艺术和流行艺术等。检索词除题名关键词外,还包括人名、地名、机构名、建筑物名、艺术品名等。

6.6.4 19世纪美国艺术期刊索引(The Index to Nineteenth-Century American Art Periodicals,AAI)

该索引收录几乎全部的美国出版的有关19世纪艺术的期刊文献,包括论文、记事、插图、故事、诗歌和广告,也收录艺术家、插图家、油画、雕塑、图画、摄影、建筑和设计、展品及销售、装饰和收藏等。收录42种美国在19世纪出版的期刊,包括这些期刊内所有的论文、诗歌、图画与广告,数据覆盖年限为1804—1907年。目前已有27 000多条记录。数据库设计者为Mary M. Schmidt。

6.6.5 拉丁美洲法律数据库(The World Law Index,Index to Hispanic Legislation)

该数据库由美国国会图书馆拉美法律部编制。收录拉丁美洲西班牙语国家以及海地、巴西、菲律宾、葡萄牙、西班牙以及葡萄牙一非洲地区的一些国家或地区的国法、政令、规则等。其主题包括银行、商务法、合作法、国内关系、环境法、国际条约、国际协定、劳动法、公共保健和税务等。数据起始于1976年,1998年起归入美国国会图书馆的全球法律信息数据库(Global Legal Information Network,GLIN)中。

此外,该系统还包括英、法语的国际人文社科数据库、拉美研究手册以及对一些国家专门研究的数据库。

6.7 档案资源(Archival Resources)

这是个数据库检索工具包,主要用来提供 RLG 目前 160 多个成员单位以及其他有关档案馆藏机构各类第一手档案信息资源的检索目录和指南。包括口述史资料、信件、未出版的记录和手稿、团体和政府工作的档案记录等。该数据库提供各种详细的查询指南,有些提供原始档案的索引、内容,有些可以链接到数字化的档案库,得到原件的图像或全文。该数据库还链接到 RLG 成员馆联合目录数据库,可以反映具体档案原件的馆藏情况。

6.8 文化资源(Culture materials)

文化资源数据库收录研究图书馆集团成员馆及其伙伴机构各时期各类反映人类文化的数字化多媒体信息资源,包括古代地图、中世纪手稿、手写信笺、绘画、油画、照片、录音、图书和影像。该数据库目前仍在扩充中,到 2002 年 9 月底,该数据库收录 58 个馆藏单位的 14 万余件物品。数据库分为如下几个类目:艺术与文学(包括建筑、图书/书写、漫画/卡通、影院、服饰、装饰艺术、摄影、视觉艺术)、自然科学(鸟、探险、植物/花卉、空间科学)、表演艺术(演员、名人、舞蹈、娱乐、音乐、剧院)、科学技术与工业(耕作、工厂、地图、医学、采矿、铁路、科学)、社会科学(人工制品/工具、教育、地方特产、人、政治、宣传品、社会生活/习俗、社会)。在参与的 58 家单位中包括美国国会图书馆、美国 Smithsonian 艺术档案馆、英国自然历史博物馆、澳大利亚国家图书馆、美国古董学会、苏格兰图书馆、威尔士图书馆、芝加哥历史学会、美国多所大学、英国多所大学等。可输入关键词检索,也可逐级点击浏览。

6.9 艺术图像博物馆(AMICO Library)

艺术图像博物馆(The Art Museum Image Consortium, AMICO Library)，很难翻译出恰当的中文，主要是一些拥有艺术珍品的博物馆将其馆藏制作成多媒体图像，并合作成数字化图像图书馆。

该数据库是由 RLG 组织众多艺术展览馆、图书馆、博物馆形成的一个合作项目，现有美国、加拿大、英国的合作单位近 40 个，创始于 1997 年，目前收录近 10 万份数字化的艺术作品的图像，收藏单位包括美国各大艺术图书馆、博物馆，如芝加哥艺术学院、纽约国际摄影博物馆、加州洛杉矶 Getty 博物馆、国会图书馆、大都市艺术博物馆、宾夕法尼亚美术学院、费城艺术博物馆、Smithsonian 艺术博物馆、Whitney 美国艺术博物馆。作品的文化地域范围包括欧洲、北美、南美、亚洲、非洲、大洋洲。作品形式包括油画、雕塑、素描、印刷品、摄影作品、纺织品、服装、珠宝、装饰品、图书与手稿等。可按创作者、题名、日期、主题来检索，数据库显示检索结果的彩色图像及各类特征说明，包括艺术品的产生或收藏年代，展出地点、材质、色彩、大小尺寸等文字说明等。收录作品的时间范围可追溯至古代，最早的艺术品产生于公元前 2 万年。现有 13 000 多幅油画、5900 多份雕塑、13 700 多幅素描与水墨画、23 800 多件印刷品、29 000 多幅照片、1800 多件纺织艺术品、1600 多件服饰与珠宝艺术品、9800 多件装饰艺术品、1200 多件珍本图书与手稿等。该数据库也在美国 Wilson 系统中提供服务（http://www.hwwilson.com/）。

7 评价

图书馆是最大的信息集散地，RLG 无疑是当代数字化时代图书馆馆际合作的典范，它将图书馆间的有形实体的合作引向了虚拟空间的网络合作，在很大的程度上扩大了合作的广度与深度。各类专题研究组、讨论组把在图书馆中承担同样类型工作、有同样研究兴趣的图书馆员们联合在一起，有助于他们之间的信息交流，而数据库的开发建设则一方面将图书馆的资源更好地保存起来，另一方面又将大量珍贵的馆藏资源开发出来，通过数字化将藏与用在网络空间完美地结合在一起。这对人文、社会科学方面的研究，对人类社会的发展，都将发挥无可估量的作用。尤其是几个特定的馆藏开发项目，如档案资源、文化资源和艺术图像博物馆，把图书馆这座美妙绝伦的资源宝库真正展示出来，让人们从中感受到信息全球化的无穷魅力。

原载于《新世纪图书馆》，2003 年第 6 期

国外人文、社会科学类学术性专题数据库及其发展趋势

当前,网上人文、社会科学学术性信息资源是非常分散的,相对比较集中的当属网络数据库资源。网络数据库大多由专门的公司或机构进行开发,包含大量的学术性图书、期刊文章、研究报告等,学术性强,质量高,是社会科学信息用户不可或缺的文献信息资源。

1 社会科学专题数据库系统

1.1 JSTOR 西文过刊全文数据库

JSTOR(http://www. jstor. org),全名为 Journal Storage,是一个对过期期刊进行数字化处理的数据库。JSTOR 是一个非营利性机构,成立于 1995 年 8 月,最初由美国 Mellon 基金会的会长 William G. Bowen 策划。该机构有鉴于期刊订费高涨,以及过期期刊对于图书馆所造成经费及存放空间等问题,有计划地建立核心学术性过期期刊的数字化文档,以节省空间,同时提供资料检索的功能,有效提高使用的便利性。目前,JSTOR 的全文库是以政治学、经济学、哲学、历史等人文社会学科主题为中心,兼有一般科学性主题共 20 多个领域的代表性学术期刊的全文库。从创刊号到最近两三年前的过刊,都可用影像来阅览全文。最早的期刊可回溯至 1683 年。最近,由于一些期刊出版单位的积极努力,某些期刊的范围已从过刊延伸到了现刊。该数据库现

共收录208个期刊出版单位的6个专题的320余种期刊，具体内容包括：

- Arts & Sciences I Collection 人文社会主题一：收录人类学、亚洲学、非裔美国人研究、经济学、生态学、数学、哲学、政治学、教育学、财政、历史、文学、人口统计学、社会学、统计学等15种人文社会学科领域110多种学术性期刊全文资料。

- Arts & Sciences II Collection 人文社会主题二：JSTOR另一人文社会主题的资料库，增加了非洲研究、拉丁美洲研究、中东研究等新主题的期刊，其中已经有120多种期刊上网。

- Business Collection 商业主题：有关商业方面的期刊46种，其中20种为商务专类期刊，另26种与人文社会学科类所收刊物重合。

- Ecology & Botany Collection 生态学与植物学主题：收录生态学与植物学期刊29种。

- General Science Collection 综合科学主题：收录物理、数学、工程学和生物学等共7种学术性期刊全文资料。

- Language and Literature Collection 语言与文学主题：收录语言文学方面的期刊47种，其中专类刊物34种，另13种与人文社科类所收刊物重合。

2003年秋天，该数据库的音乐主题（Music Collection）与用户见面，包括31种音乐研究与音乐理论方面的过刊。

1.2 LEXIS-NEXIS数据库

LEXIS-NEXIS集团公司（http://web.lexis-nexis.com/），是Reed Elsevier集团公司的一个分支，属于最早进行商务性全文信息服务的机构之一。Lexis建于20世纪60年代，在电子化法律研究方面处于领先地位，Nexis于1979年并入Lexis，收录法律之外各行各业的文献信息，形成各类专题数据库，既提供专线联机检索，又提供互联网信息查询。

LEXIS-NEXIS数据库由大量的专题数据库组成，主要搜集新闻、政府信息、法律信息及商业信息等，大部分提供全文，其中政府法规法律方面的数据库是 LEXIS-NEXIS 的特色信息源，具有非常大的影响力，而公司信息部分也是商务信息领域、竞争情报方面重要的信息源。

1.3 MUSE 项目

MUSE 项目（Project MUSE，http://muse.jhu.edu/），最早于 1995 年由美国约翰·霍普金斯大学出版社与该校米尔顿·艾森豪威尔图书馆合作通过万维网提供该校全文期刊的服务，1999 年发展成为独特的非营利性的出版机构。现该数据库已可提供约 30 个出版单位的 200 多种全文期刊的检索与浏览服务，其学科范围以人文、艺术和社会科学为主，具体包括文学评论、历史、视觉与表演艺术、文化研究、教育、政治学、性研究、经济学等。目前仅对机构团体提供服务，其用户已遍及美国全国并扩大到加拿大、英国、法国、德国、意大利、奥地利、荷兰、芬兰、瑞士、瑞典、澳大利亚、墨西哥、埃及、希腊、以色列、日本、韩国等国家。

1.4 期刊题录索引

期刊题录索引（Periodicals Contents Index，http://pci.chadwyck.com/，PCI）是美国 ProQuest 的信息与学习公司（Information and Learning Co）的过期期刊数据库，目前收录 1770 －1995 年之前 200 多年间人文、社会科学领域 37 个学科，包括英语、法语、德语、意大利语、西班牙语及其他西方语种的 40 多种语言的学术性期刊近 4000 种（包括英语、法语、德语、意大利语、西班牙语及其他西方语种在内的 40 多种语言），且每年增加 300 －500 种期刊，预计近期内将发展到 5000 种。这是个题录数据库，目前仅有 200 多种期刊提供全文数据。

1.5 研究图书馆集团数据库

研究图书馆集团（Research Library Group，http://www.rlg.org，RLG）是一个会员性质的非营利组织。1974 年创始于美国，1975 年时

仅有美国哥伦比亚大学、哈佛大学、耶鲁大学和美国纽约公共图书馆四个机构间的合作,现已发展到 160 多个会员单位,其中包括大学和学院、图书馆、档案馆、博物馆、历史学会、珍本书书商以及拥有重要的、独立的研究与学习资源的机构。RLG 的目的是通过对馆藏资源的数字化合作存储与开发,达到对各成员单位馆藏资源与信息的共享,并最终达到全球资源的共享。RLG 目前分别在美国纽约市和斯坦福大学附近设有办公室,现有一个由 19 人组成的董事会并有工作人员 100 位左右。Eureka 是这个组织开发的用于检索其各类数据库的专用检索系统,供成员馆以及世界范围内的广大非成员馆用户使用。该组织的范围现已不限制在美国,而是一个国际范围的联合体,其数据库资源和用户范围扩大到欧洲许多国家和非洲、澳大利亚、日本等地。

研究图书馆集团的研究组与数据库主要侧重于人文、社会科学方面,数据库的服务主要由 RLG 的专用系统 Eureka 提供,既为成员馆服务,也对外提供收费服务。主要的研究组(资源)和数据库如下:

• 艺术研究组(Art Collections)。早在 1979 年,北美的一些大学和博物馆、图书馆合作建立了 RLG 艺术与建筑项目委员会,如今,该委员会已扩大到世界范围内的 80 多个成员单位。通过该研究组的网页,不仅可以连接到后文"索引资源"中包括的艺术类数据库外,还可以链接这个委员会的 SCIPIO(SCIPIO:Art and Rare Book Sales Catalogs)数据库,即"艺术品与珍本书拍卖目录"。

• 东亚研究组(East Asian Collections)。这是北美和英国的一些最大的东亚文献收藏单位之一,尤其是收藏汉语、日语和朝鲜语资源的图书馆员的集中地。该研究组开发了国际中文善本书联合目录、日文艺术书目录、东亚藏书等机读联合目录。我国从 20 世纪 90 年代初期起有为数不多的善本书收藏单位参加了研究图书馆集团东亚组中文善本书目录的编目工作,提供中文善本书的目录。

• 犹太与中东研究组(Jewish and Middle East Collections)。这是 RLG 历史上最早的研究组,由美国哥伦比亚大学、哈佛大学、耶鲁大学、纽约公共图书馆的中东研究图书馆员组成,如今有犹太与中东讨论组、会议消息、活动项目、馆藏、网站等,研究犹太与中东问题的图书馆员们集中在这里分享他们的研究资源和成果。

• 法学研究组(Law Collections)。建有法学图书馆馆员的网页,包括讨论组、网络信息资源指南、出版物和相关的数据库。美国之外的法学法律研究资源比较集中。

• 图书馆资源(Library Resources)。主要包括该研究图书馆集团的联合目录,共收录4200万种馆藏出版物,这些出版物包括365种语言文字,非英语出版物占43%,其中300万种出版于1900年以前。

• 索引资源(Citation Resources)。索引资源包括多种人文社科检索数据库,其中主要的有:人类学文献数据库、建筑期刊索引(The Avery Index to Architectural Periodicals)、艺术史目录(Bibliography of the History of Art)、19世纪美国艺术期刊索引(The Index to Nineteenth-Century American Art Periodicals)、拉丁美洲法律数据库(The World Law Index, Index to Hispanic Legislation)。此外,该系统还包括英语、法语的国际人文社科数据库、拉美研究手册以及对一些国家的专门研究的数据库。

• 档案资源(Archival Resources)。这是个数据库检索工具包,主要用来提供RLG目前160多个成员单位和其他有关档案馆藏机构各类第一手档案信息资源的检索目录和指南,包括口述史资料、信件、未出版的记录和手稿、团体和政府工作的档案记录等。该数据库提供各种详细的查询指南,有些为原始档案的索引、内容,有些可以链接到数字化的档案库,得到原件的图像或全文。该数据库还链接到RLG成员馆联合目录数据库,可以反映具体档案原件的馆藏情况。

• 文化资源(Culture materials)。文化资源数据库收录研究图书馆集团成员馆及其伙伴机构各时期各类反映人类文化的数字化多媒体信息资源,包括古代地图、中世纪手稿、手写信笺、绘画、油画、照片、录音、图书以及影像。该数据库目前仍在扩充中。截至2002年9月底,该数据库收录58个馆藏单位的14万余件物品,分为如下几个类目:艺术与文学、自然科学、表演艺术、科学技术与工业、社会科学。可输入关键词检索,也可逐级点击浏览。

• 艺术图像博物馆(The Art Museum Image Consortium, AMICO Library)。

该数据库创办于1997年,是由RLG组织众多艺术展览馆、图书馆、博物馆形成的一个合作项目,现有美国、加拿大、英国的合作单位近40个,目前收录近10万份数字化的艺术作品图像。作品的地域范围包括欧洲、北美、南美、亚洲、非洲、大洋洲。作品形式包括油画、雕塑、素描、印刷品、摄影作品、纺织品、服装、珠宝、装饰品、图书与手稿等。可按创作者、题名、日期、主题来检索。该数据库也在美国Wilson系统(http://www.hwwilson.com/)中提供服务。

1.6 其他特色数据库

• 科学计量社会科学电子数据图书馆(Social Science Electronic Data Library, http://www.socio.com/edl.htm)。这是一个供社会科学统计研究人员参考使用的数据库。该数据库的收录范围包括艾滋病、残疾、美国家庭、未成年人怀孕、老年化和母亲吸毒这几个主题,收录范围包括200多个不同的研究项目中所涉及的300多个数据集合。共有各类统计变量数据、表格、图表、问卷、指南等10多万个。

• 公共事务信息数据库(PAIS International, http://www.pais.org)。这是公共事务信息服务公司(Public Affairs Information Service Inc.)的产品,提供世界政治、国家、人民、政府、社会、公共政策方面的书目数据(有文摘)。其具体主题包括经济、政治、社会、商务、金融、法律、国际贸易和国际关系、公共管理、政府、政治学等。该数据库收录经过选择的期刊、图书、统计出版物、年鉴、指南、会议文献、活页小册子、报告、政府文件及缩微平片,每年平均收录1600多种期刊、8000多种专著。所收录的文献是国际范围的,包括6种语言(英语、法语、德语、意大利语、葡萄牙语和西班牙语),但数据库中的主题词和文摘均为英语。

• 人口数据库(Popline, http://db.jhuccp.org/popinform/index.

stm)。该数据库由美国 Popline 数字服务处(POPLINE Digital Services)开发,是一个关注生殖健康方面的数据库。收录美国和世界范围内有关人口统计、计划生育与人口膨胀、母亲安全、生殖政策、儿童免疫、保健培训、移民倾向与政策等相关主题的文献。数据来源于美国政府、国际机构、计划生育组织等。文献类型包括政府报告、图书、期刊、专著、技术报告、法律、法庭决议、学位论文、会议文献、未出版的报告、报纸文章、培训手册等。时间范围为 1827 年至今。目前,该数据库已有 29 万多条记录,大部分文献在收费基础上提供全文形式。数据库每月更新。

• 统计表数据库(TableBase,http://rdsweb2.rdsinc.com)。该数据库是专门收录公司、产业、产品、市场和人口统计方面各种表格类数据的数据库,由美国 Responsive Database Services(RDS)公司主持。每份表格都由 RDS 工作人员编以表头,以保证检索结果的准确性。许多表格附有对表中数据的文字说明。精确的索引和独特的表格形式使检索和选择信息都很方便。可查得市场份额、市场范围、公司和商标排名、产业和产品预测、生存和消费统计、进出口、销售额、消耗、生产力、用户数、趋势等。该数据库的数据选自于 1000 多种出版物、经纪人报告、私人的出版统计年报和贸易协会、政府部门、非营利研究组织、投资研究单位的产业报告等。大多数来自贸易和商务组织的出版物和报告的表格附有全文。这是个收费数据库。除了 RDS 系统外,还在 Dialog 系统和 NEXIS 系统中提供服务。

• 美国往事(American Memory Historical Collections,http://memory.loc.gov/ammem/amhome.html)。这是美国国会图书馆国家数字图书馆项目的成果。该项目将国会图书馆馆藏中反映美国历史的那些独特的材料数字化,构建成世界范围内的用户在线免费检索利用的公众数据库。收录的材料包括照片、手稿、珍本书、地图、录音和电影等。这些材料又按照建筑与工程、建筑与内部设计、非裔美国人乐谱、非裔美国人音乐、南北战争图像、南北战争地图、可口可乐广告片、自然环境照片、1900－1920 年间动画片、国家公园地图、1850－1877 图书、1850－1877期刊等100多个主题收藏。覆盖的学科范围包括：农业、艺术与建筑、商务与经济、教育、地理、历史、语言与文学、表演艺术、哲学与宗教、政治与法律、娱乐与体育、技术与应用科学等。根据原始文献的类型，数据库分为文字印刷品、地图、电影、照片与图片、录音等几个界面进行。检索结果包括图片、照片、影像、声音和说明文字等原始信息。另有学习辅导专页(Learning Pages)，其中包括为学校教师准备的备课教案等内容。该数据库免费提供服务。

2 国外综合性数据库中人文、社会科学专题数据库

除了专题数据库外，国外许多大型的综合性数据库中具有人文、社会科学的专题字库，研究人员不可忽视。

2.1 OCLC 系统

OCLC(Online Computer Library Center，http://www.oclc.com)，即联机计算机图书馆中心，是世界上最大的面向图书馆提供文献信息服务的非营利性的文献信息服务机构，总部设在美国俄亥俄州，其服务的用户范围目前已遍及世界上80多个国家和地区的41 000多个图书馆。该系统中的多个子系统，如Articlelst(期刊论文索引)、Contentslst(期刊目录)、ECO(Electronic Collections Online，联机电子出版物)、Paperslst(会议论文索引)等，都包括大量的商业、科学、人文、社会学、大众文化等方面的内容。其中有些字库几乎完全是人文社科研究方面的，包括ERIC(教育资源信息)、WorldAlmanac(世界年鉴)、GPO(美国政府出版物、WilsonSelect(H. W. Wilson公司的全文库)等。

2.2 剑桥科学文摘

美国剑桥科学文摘社(Cambridge Scientific Abstracts，http://

www. csa. com)，总部设在美国马里兰，是一个出版科学技术文摘索引类文献已有30多年的私营信息公司，现拥有70多个文摘信息类的网络数据库，2300多万条记录。其中，有一个子系统提供多个人文、社会科学方面的数据库，包括EconLit(经济文献数据库)、Eric(美国教育部数据库，见OCLC)、Information Research Watch International(国际信息研究文摘)、Linguistics & Language Behavior Abstracts(语言与语言行为文摘)、National Criminal Justice Reference Service Abstracts Database(美国国家刑法参考文摘，NCJRS)、Physical Education Abstracts(体育教育文摘)、PAIS International(公共事务信息数据库)、PsychINFO(美国心理学会数据库)、Social Services Abstracts(社会服务文摘)、Sociological Abstracts(社会学文摘)、World Political Science Abstracts(世界政治科学文摘)等。另在计算机技术子系统中还有Library and Information Science Abstracts(图书馆与情报科学文摘，LISA)等社科类数据库。

2.3 EBSCO书目与全文数据库

EBSCO书目与全文数据库是EBSCO信息服务系统(EBSCO Information Services，http://www. epnet. com)中的重要组成部分。该数据库由大大小小的数据库组成，其中学术期刊首席数据库(Academic Search Premier)和商务信息源首席数据库(Business Source Premier)最显得重要，在世界范围内赢得大量的用户。

2.4 Wilson网络数据库

Wilson网络数据库(http://www. hwwilson. com)，是HW Wilson出版公司的产品。自从1898年“累积图书索引”(Cumulative Books Index)出版后，索引类的工具书开始成为该公司的发展方向。Wilson网络数据库多为自建数据库，范围包括应用科学技术、艺术、生物与农学、商务、教育、人文科学、社会科学等，其中有许多数据库同时提供不同的文献版本，即索引数据库、文摘数据库、全文数据库，供用户按需订购；也有在原先印刷本的索引工具书基础上形成的网络版，如读者期刊文献指南、论文与一般文献索引、商务期刊索引、图书馆学与情报科学索引等;另有一些数据库的组合版本,适用于不同的用户群;此外,还有大量的全文传记数据库、书目数据库。总的来说,Wilson 数据库偏重于社会科学、人文科学、经济商务、应用科学技术和综合科学技术。其中的人文、社科数据库主要包括:社会科学文献数据库(Wilson Social Sciences Databases)、人文科学文献数据库(Wilson Humanities Databases)、文集及一般文献索引(Essay and General Literature Index)、读者期刊指南(Readers' Guide to Periodical Literature)等。此外,该系统中还有商务文献数据库(Business Databases)、图书情报文献数据库(Library Literature and Information Science)、教育索引(Education Index)等。

2.5 Gale 集团数据库

Gale 集团(Gale Group,http://www.galegroup.com),现为 Thomson 股份公司属下 Thomson 研学部(Learning division)的一个经营单位,是世界著名的学术、教育、工具书出版商,总部设在美国密歇根州,在英国、澳大利亚、德国、瑞士、马来西亚以及美国国内设有多处办事处。Gale 集团是世界一流的参考和研究文献的出版商,以出版权威性的工具书类出版物为特色。该集团拥有大量著名和权威的指南与参考书,在此基础上融合了众多信息数据库,形成网上信息检索家族。现有各类出版物 600 多个系列,网络数据库近 80 个。该集团生产的电子数据库已被全球 100 多个国家的图书馆用户使用。其中最主要的人文、社科数据库有:Business and Company Resource Center(商业资源中心)、Biography Resource Center(传记资源中心)、History Resource Center(历史资料中心)、Literature Resource Center(文学资源中心)、LegalTrac(法学文献包)、Gale's Ready Reference Shelf(便捷参考书架)、General Reference Center(综合参考中心)、Gale Directory of Databases(数据库指南)等。

2.6 ISI 知识舱

ISI 公司最初成立于 1958 年,现为 Thomson 集团公司的一个跨国经营集团,总部在美国费城,另在英国、日本、新加坡、中国、韩国、澳大利亚设有办事处。在成功地推出了网络产品 Web of Science,并通过大量的、新颖性的链接,扩大了该数据库的用途和功能后,2001 年 5 月,ISI 公司又推出了大型数据库集成产品——ISI 知识舱(ISI Web of Knowledge,http://www.isinet.com/webofknowledge)。

ISI 知识舱中的人文、社科类信息产品主要是 ISI Web of Science (引文索引)。该数据库除了包括科学引文索引 SCI 外,还包括社会科学引文索引(SSCI)和艺术与人文科学引文索引(A&HCI)、现刊题录快讯(ISI current Contents Connect)。该系统共有 9 个分册,其中人文、社科方面的分册包括:①艺术与人文科学分册(Arts & Humanities),收录专业期刊 1120 种和专业图书;②商务分册(Business Collection)收录专业期刊 230 种;③社会科学与行为科学分册(Social & Behavioral Sciences),收录 1620 种专业期刊和一些专业图书。

3 国外人文、社科数据库发展趋向

3.1 数据库的开发商和开发规模的多样化

一般来说,大型的人文、社科数据库多由一些大型的文献出版商开发,如 Wilson 公司、Gale 集团、CSA 科学文摘社等。这类开发商多发行文摘性或工具书性的网络数据库,主要是在他们原有的印刷型检索刊物和工具书的基础上发展而来的。近年来,一些大型的期刊出版商也加入到数据库的开发行列,如 EBSCO、ELSEVIER、Kluwer 等。这类开发商多发行综合性的、文理工一体化的期刊报纸全文数据库。第三类开发者为文献信息的大宗收藏单位(如国外的研究图书馆集团等),这类机构多开发馆藏文献信息数据库。此外,也有某些学科性的专门机构从事某个专题数据库的开发,如教育部开发的教育资源数据库、广播电视公司开发的广播电视节目文本数据库和一些专题学会、协会开发的专题数据库等。国内目前以文献收藏系统开发的数据库为多,且集中于综合性的、全方位、文本型的一次文献全文数据库,而专题数据库、文摘索引数据库和工具书类的数据库开发得则不够及时,即使有些网络版,其检索功能的开发还未得到充分重视。

3.2 数据库的形式由文本形式向多媒体形式发展

目前,国外的人文、社科数据库已不局限于文本形式,而是陆续出现了图像数据库、声像数据库等多媒体数据库及一些工具性数据库,如研究图书馆集团的艺术图像博物馆、美国国家档案馆展览馆藏品展出(National Archives Exhibit Hall,http://www. nara. bov/exhall,提供该档案馆馆藏中最受欢迎的部分数字化了的藏品供人们在线浏览)都是图像数据库;美国国会图书馆的"美国往事"(American Memory)数据库和美国 AccuNet/AP 多媒体档案库(收录作为美国最早的新闻出版商之一的 Associated Press 历年出版物中的大量内容,包括照片、文本、录音、图画等),集文字、图像、录音于一体。另外,一些专门学科的、工具性的数据库,如科学计量社会科学电子数据图书馆、统计表数据库等亦应运而生,在人文社科数据库领域发挥着特殊的功用。国内亦有少量的多媒体数据库出现,但还处于小范围的试制阶段,尚未发展成拥有大量固定用户的数据库。

3.3 回溯性数据库成为社科领域开发的热点

回溯性数据库主要用于收录过去一定时间范围内的某些特定类型的文献。仅人文、社科方面,国外近期出现的回溯性数据库就有 JSTOR、MUSE、期刊题录索引等,各有 200 多种过刊的全文,最早的过刊回溯至 1683 年。这类数据库收录的原始文献,无论是类型还是范围,相对都比较集中,但时间跨度大,同时也充分利用了图书馆馆藏资源的优势。比较而言,国内的全文期刊数据库(网络版)主要侧重于当前期刊，最早仅回溯至1989年。因此，国内的回溯性数据库开发还有很大的发展空间。

3.4 图书馆间的合作成为社科数据库开发的组织和资源保障

图书馆是最大的信息集散地，研究图书馆集团（RLG）及其数据库无疑是当前数字化时代图书馆馆际合作的典范——它将图书馆间有形实体的合作引向了虚拟空间的网络合作，在很大的程度上扩大了合作的广度与深度。各类专题研究组、讨论组把在图书馆中承担同样类型工作、有同样研究兴趣的图书馆员们联合在一起，有助于他们之间的信息交流，而数据库的开发建设则一方面将图书馆的资源更好地保存起来，另一方面又将大量珍贵的馆藏资源开发出来，通过数字化将藏与用完美地结合在一起。这对人文、社会科学方面的研究，对人类社会的发展，都将发挥无可估量的作用。尤其是几个特定的馆藏开发项目（如档案资源、文化资源和艺术图像博物馆），把图书馆这座美妙绝伦的资源宝库真正展示出来，让人们从中感受到信息全球化的无穷魅力。

目前，CALIS是国内图书馆间成功合作的典范，虚拟国家科技图书馆（NSTL），中国数字化图书馆等也是图书馆馆藏文献合作利用的代表作。但从数据库开发利用的角度而言，国内图书馆间的合作主要还集中于对国外数据库的合作引进、单馆馆藏文献资源的开发上面，或侧重于科技文献的馆藏利用，在人文、社科数据库的馆际合作开发方面，还比较欠缺。如何将高校图书馆、公共图书馆、博物馆、艺术馆、档案馆都联合起来，在保存馆藏文献的同时，通过建立数据库更好地开发利用各馆馆藏文献的精华，需要人们统筹考虑，精心策划。

3.5 更注重开发数据库的服务功能

国外的人文社科数据库，一般除注重检索速度，努力减少重复率、出错率外，方便用户使用也是服务功能的一个重要指标（如每页显示给用户较多的检索结果数、提供相关链接键、Mark All 键、提供多种输出结果排序以及结果处理等)。与国外相比,国内的数据库在服务功能方面还有较大的差距。除万方数字化期刊系统外,其他全文数据库几乎都设有专用浏览器,在用户计算机的桌面上添加了各种各样的浏览器图表,也给结果的输出增添了很多麻烦。

人文社科信息资源的开发利用在很大程度上取决于人文社科数据库的开发战略。应在国家的统一规划和布置下,开发出利用效率高的大型人文社科数据库和特色数据库。一方面,要注意数据内容的可靠性和权威性;另一方面,要注重数据库的检索与服务功能,完善索引体系,保证数据的及时更新和数据库的维护。在强调开发的同时,还要避免盲目性,杜绝低水平重复。

参考文献

章红. Gale 国际网络版数据库简介. 江苏图书馆学报,2000(2)

原载于《图书情报工作》,2004 年第 48 期

美国 ISI 公司引文索引数据库最新检索功能评析

由美国 ISI 公司创始于 20 世纪 60 年代初的《科学引文索引》(Science Citation Index,SCI),经过多年的演变与沿革,已从单纯科技领域扩大到基础研究的所有领域(包括人文、社会科学);从单纯印刷本扩展到光盘版、联机版和网络版。这一大型索引的出版和发行,在一定程度上提供了科学研究文献检索和引文分析所必需的大量数据,成为国际公认的反映基础学科研究水准的代表性工具。近年来,美国 ISI 公司的数据库产品不断地推陈出新,尤其是根据用户的需要,对其网络版的系统不断地进行更新。2004 年暑假期间,ISI 公司的 Web of Knowledge 系统已正式从 2.0 扩展到 3.0 版本,改进最多的是其中的引文索引数据库,该库当前运行服务的 Web of Science 7.0 版本,从检索及其应用的角度都有较大的改进。本文对 2004 年暑假该系统正式推出的 Web of Science 7.0 进行了比较全面的整理、总结和评价,并在此基础上分析与归纳了国外数据库当前发展的趋势。

1 检索界面上的新变化

Web of Science 7.0 版本的检索界面出现了一些新的变化,主要有下列几个方面。

1.1 增加了团体著者检索框

在来源文献(即 General Search)检索部分原只有 4 个检索窗口,提供 4 条检索途径,即主题检索(Topic,包括从篇名、关键词以及摘要中检索)、作者检索(Author)、期刊检索(Source)、作者地址检索(Address)。而新的检索界面增加了团体著者(Group Author)检索框,用于检索那些以机构、组织的名义发表的论文或出版物编辑部门整理的记录等,见图 1 所示。我们知道,在 isi 公司引文索引中,著者栏目是以姓氏全称、名字的首字母这一格式著录的,无论印刷版或网络版均如此,所以,通过著者进行检索时,必须输入这样的标准形式才行,而在原先的检索方案中,团体著者的研究成果就无法通过这一途径检索而得。但新方案弥补了这一缺憾,不过,这里的团体著者也还是得以标准著录格式进行检索,系统提供了标准著录词典,需要时,可通过浏览或查找系统提供的“团体著者索引”(Group Author Index)来实现。

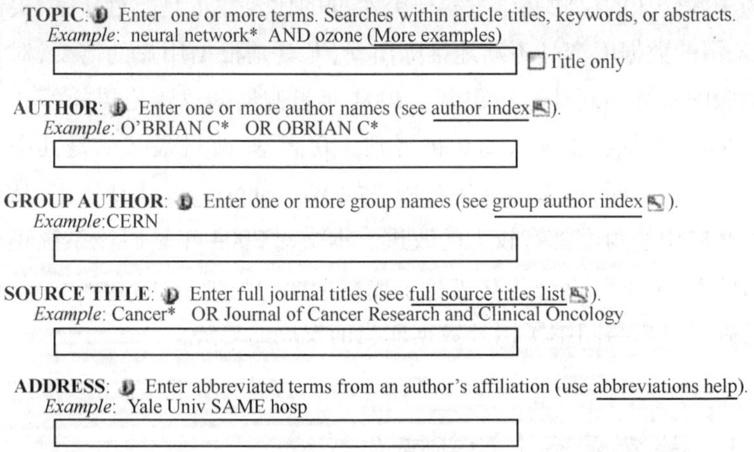

图 1 新版本 Web of Science 来源文献检索途径

1.2 增加了化学数据库和化学结构检索功能

在 Web of Science 检索数据库的范围内增加了两个数据库供用户选择,即化学反应数据库(Current Chemical Reaction,1985 —当前)和化学索引(Index Chemicus,1993 —当前),详见图2。

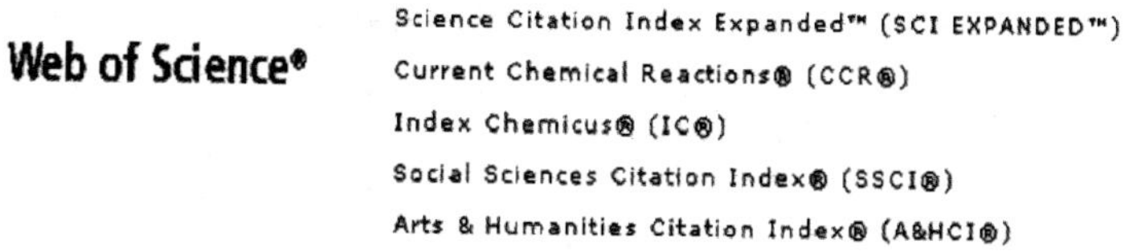

图2　Web of Science 数据库系统所覆盖的子库示例

系统为这两个数据库提供的检索条件与引文索引数据库相同,两个化学数据库可同样进行来源文献和引文文献的各个途径的检索,而同时引文索引效据库也能够通过化学结构来检索化学反应和化合物。因此,原先的4个检索模块变成5个检索模块,即来源检索(General Search)、引文检索(Cited Reference Search)、化学结构检索(Structure Search)、高级检索(Advanced Search)、前次检索条件再利用(Open Saved Search)。其中,化学结构检索原是ISI公司数据库系统中的化学反应数据库的专用检索工具,但这次更新将其合并到Web of Science中来,是本次更新中的一次变革,将两类数据库联合起来检索,以取得强强合作的效果。相应地,在检索结果页面也增加了化学结构的符号,专门用来标注那些提供了化学反应、化学结构或化合物的文献(该符号紧跟这些文献的篇名),并且在每页检索结果的下方均有这个符号的说明。需要交代的是这两个专门的化学数据库并没有添加到Web of Science中的默认数据库中(默认数据库是原3个引文数据库)。

1.3　增加了"快速检索"功能

在Web of Science系统主页面的右上方增加了"快速检索"(Quick Search)键,同时,取消了在检索页面出现之前的一个选择页面,该页面只是提供"全面检索"(Full Search)和"简单检索"(Easy Search)选择,前者提供上述的4种检索途径,后者为接触该数据库的人员提供较为简单的检索入口,如检索人名,检索地址等;前者对检索结果最多允许输出500条记录,后者仅允许输出100条。而在实际检索当中,选择前者的概率相对要高得多,但用户每次检索都需要经过这样一个不是很必要的选择。如此看来，这个改动是合理的。快速检索中仅提供对篇名、关键词以及文摘的检索，但包括逻辑运算的功能。

1.4 调整了检索结果数的位置

原先的检索界面也有检索结果数（Hit Number），不过，那是在检索结果页面的最下方，每次需要利用滚动条挪至下面方可查得。新的界面将这一数据置于检索结果页面的上方，紧跟在回放的检索式后，目的是让用户在核实检索式后，能够立即得知根据这个检索式得出的结果数，并由此初步判断该检索式的正确与否，示例见图3。

图3 新版本检索结果数的位置示例

2 检索功能方面的改进

2.1 输出检索结果的功能增强了

原先在ISI检索系统中，根据一个特定检索式得出的检索结果的输出是被严格控制在500条之内的，如检索结果超出500条时，只能输出前500条。对此，有不少缺乏检索经验的用户只得就此放弃检索。其实，如果我们从检索式的设计上做些努力，这个问题还是能够解决的。比如，通过巧妙地使用“非”（NOT）运算，使得检索结果数被控制在500条之内，然后再用“与”（AND）运算或“same”运算（美国ISI公司系统设计的一个特定运算符，使检索结果被控制在同一字段）等，把先前被排除出去的结果再取回来；也可以利用26个英语字母的限制，通过截断检索符号的运用，使其在一定的字母范围内穷尽检索而将检索结果控制在500条之内。笔者曾经有过多次检索多结果主题的经历,如检索某一年 SCI 数据库收录国内某个学科的研究成果,其输出数据在一年内已达 3000 多条,显然我们已无法以年代来做限制了。于是我们设计下述一系列的检索式,目的是取得多个细分的检索结果,使这些检索结果数均小于 500,以便后续输出。通过多次排除(NOT)和取回(AND),以保证最后分结果的总和等于总结果。

例如:这是一个通过地址字段检索中国某一类机构的研究结果的检索方案。先用 NOT 运算符要求系统检索出除括号内这些大城市(如香港、北京、上海等,这里的城市实际上就是一个个的检索词)之外的中国其他地区某一类机构的研究成果。

AD =(math * and china not (hong kong or beijing or peking or shanghai or nanjing or xian or chengdu or hefei or tianjin or wuhan or changsha or guangzhou or chongqing or kunming or shenyang or jilin or lanzhou or suzhou or xiamen))

然后,再用 AND 运算符将排除过的城市(检索词)一一取回。有些城市的文献量少一些,可以用括号内的 OR 运算,只要保证几个城市合起来的检索结果小于 500 即可。

AD = (math * and china and shanghai)

AD = (math * and china and (nanjing or wuhan))

……

而有时有些城市(检索词)的文献量仍然大于 500,那就需要将其再细分下去,用 NOT 算符将这个检索词中的可能文献量较多的下位检索词排除出去。同理,需要有 AND 算符的另一次检索将排除出去的结果再取回。如:

AD =(math * and china and (beijing or peking) not (beijing univ or peking univ) not (tsinghua univ or qinghua univ) not (beijing normal univ or peking normal univ))

所以,真正做完这个特定要求的检索,需要有七八个检索式才能完成,而且,这其中有多重运算符、有多层括号的套用,需要十分细心才能保证最后结果的准确。如果再考虑检索字段的控制等,就更为复杂了。显然,这样的检索对于初学者和普通用户来说是有难度的。

新版本的检索结果页面增加了一个选择键,也许不容易被人们发现,但却可以帮助用户免却上述如此复杂检索的负担。人们似乎不易从图 4 上发现什么新变化,因为系统的说明中仍然将检索结果的输出控制在 500 条之内,但看了图 5 便一目了然了。

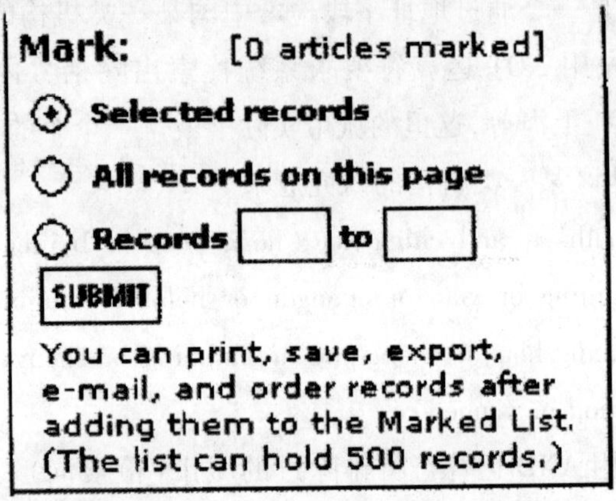

图 4　新版本提供的选择检索结果的页面

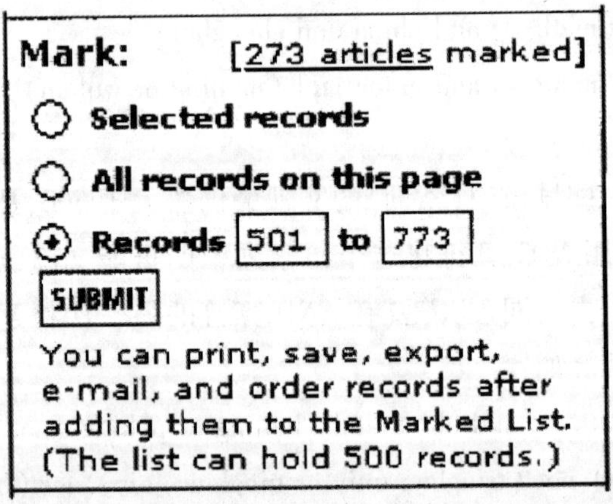

图 5　选择了检索结果后的示例

实际上,这个检索系统可以允许用户任意地选择你所需输出的检索结果文献题号的范围,如 1 －500,501 －773 等,并且,在原先 0 记录的位置已被用户所选的结果数所取代。这个小小的改动,使得用户不再需要去改动原先的检索式,甚至无须返回检索界面,只要选择检索结果题号,并提交系统输出就可以了。真可谓系统中小小的一步,就是用户的一大进步啊!

2.2 增加了对检索结果的分析功能

对于文献检索方面的数据库而言,到目前为止,一般来说,其功能都只是停留在提供文献库供用户检索。数据库生产商主要在系统的文献覆盖范围、检索的功能、用户界面的设计、用户服务等方面做着各种各样的努力,以争夺或保护自己的市场。有的数据库也在尝试着做些检索数据的后续整理等努力。但将检索结果的分析模块交给用户的,应该说是ISI 公司的新创意,这一功能就不是用一小步能够概括的,这是 ISI 公司跨出的一大步。这一步,也许标志着文献检索系统将来的发展趋势。在新版本中,检索结果分析链接置于检索结果页面的右中部,在选择键的下方。这里所能完成的分析主要是一些依据文献量而得出的排名统计结果。分析的文献数量限在 2000 条之内。样式见图 6。

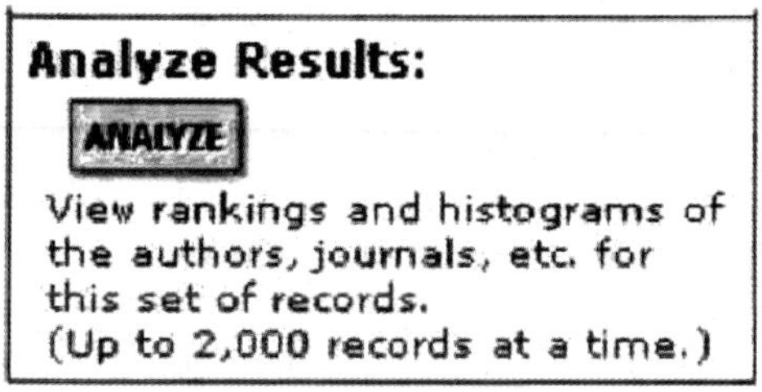

图 6　结果分析键示例

分析的项目包括作者分析(统计你所得出的检索结果中全部作者的文献数量,按文献量的多少降序排列)、文献类型分析(包括论文、会议摘要、综述、书评、讨论、信件、编者按、传记等)、作者机构分析、语种分析、年代分析、出版物分析以及主题分析。你可以在"Minimum record count"窗口规定各项统计的最低限度,如规定只统计 4 篇以上文献的作者,即可在该窗口输入数字"4"。显示结果最多可达 500 条,统计结果超过 500 条的话，系统会告知还有多少在以上统计结果之外(如所统计的 2000 条文献发表在 500 多种出版物上，系统最多只能报告其中前 500 种出版物各发表了该检索主题的多少篇文章，并通知还有多少篇文章在以上所报告的 500 条之外，这是个具体的数字)。分析选择界面格式详见图 7。

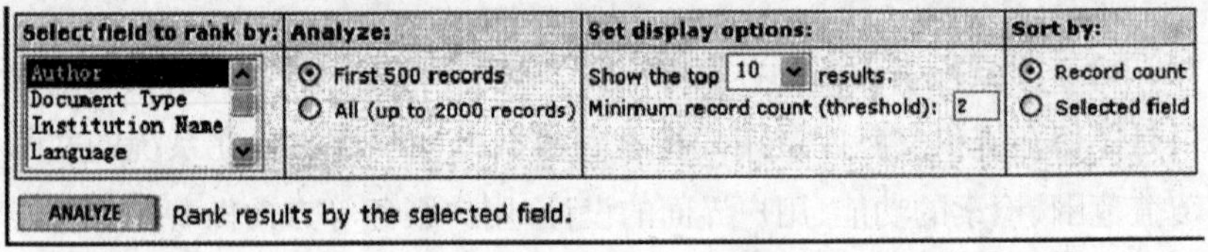

图 7　分析选择界面示例

还需说明的是，除了引文索引数据库的更新外，ISI 系统的其他数据库也有一定程度的更新，如《期刊引用报告》(Journal Citation Report)等，并且在引文索引中的一些更新也会逐步向其他数据库过渡，尤其是那些在 ISI 系统中提供服务的数据库。

3　从 ISI 系统的更新看国外数据库产品的发展趋向

3.1　文献检索系统逐渐向质量方向发展

长期以来，文献检索系统大多是考虑其所收录的文献的覆盖面，如攀比所收录的期刊数量，或说收录的文献的类型等，注重的是文献的数量。但随着数据库的发展，文献的数量毕竟是有限的。随着覆盖范围的扩展，越来越多的非核心区的文献掺杂进来，使检索质量大受影响。同时，极端膨胀的系统也会影响检索速度。ISI 系统引文索引的这次调整改进，完全没有考虑其期刊覆盖范围，所有改进的操作围绕着提高检索质量进行。

3.2 数据库的重点从检索功能向分析功能拓展

在20世纪60年代初,当人们都还在讨论是用主题还是分类来建立文摘、索引的时候,加菲尔德换了一个思路,开发了引文系统,使其在文献领域独领风骚几十年。如今,当人们都还在将注意力集中在文献类数据库的检索模块时,这个有着创造传统的ISI公司又在不经意间展现给人们一个新的工具——分析模块。当然,从这个结果本身来讲,也许还不是很完善,也许暂时不能引起人们多大的注意,但从长远的眼光来看,这也许是一项革新性的变化,是在引领着数据库的新潮流。人们逐渐会发现,对信息检索结果的分析利用才是信息检索的真正魅力所在。

3.3 以用户为导向是数据库设计的出发点

除了上述ISI系统中的大量的基于用户、方便用户、以用户为导向的设计之外,我们还注意到其他一些数据库在这方面所做的努力。如美国Gale系统中的InfoMark功能键,就提供条件让用户将检索到确定结果的网址链接到自己的文件夹中,当与系统再次联机时,可随即更新前次的检索结果。而美国剑桥科学文摘(CSA)系统中也提供了由用户自己选定输出项目的用户自定义输出条件选项(Custom Fields)等。正是因为数据库的质量无法用机械产品质量的标准来衡量,你无法确认某个数据库是否易损坏,因此用户的评价,用户利用数据库的便利程度就构成了数据库生产商在市场竞争中永远不可忽视的环节。从这个意义上来说,用户也就是数据库的生命线。

3.4 注意细节

有人说,细节决定成败,这在数据库系统设计中也能有所体现。比如检索结果数从页面下方调整到了上方,这对设计者来说也许实在是举手之劳,但对检索者来说,却解决了很多不必要的动作,尤其是体现了系统设计人员对用户的关怀。不能说这些细节就能代表一个系统的优劣，但作为一个用户，体会着设计者如此看重用户，一定是会有所感动的。

3.5 注重回溯性文献信息的开发

在数据库文献覆盖的时间范围上，越来越注重数据的回溯。我们知道，Web of Science 是基于印刷版的引文索引扩展而来的。但经过几年的发展，网络版的引文索引在时间的覆盖面上已远远大于印刷版，尤其体现在对回溯性文献数据的开发上。如其中的《科学引文索引》，印刷版创始于1961年，而网络版现已回溯到1945年；《社会科学引文索引》（Social Science Citation Index）的印刷版始于1973年，网络版则可回溯到1956年；至于创刊于1978年的《艺术与人文科学引文索引》（Art& Humanities Citation Index），其网络版也已回溯至1975年了。另据ISI公司网站的消息，2005年该公司Web of Science来源索引（即网络版中的General Search途径）中的数据将回溯至1900年。而与来源文献相关的引文数据将延伸到19世纪。这对于用户考证研究特定主题的历史与沿革无疑是提供了更好的工具。

对于开发回溯性的文献信息，我们注意到，不仅ISI公司的引文产品做了大量的努力，其他不少的数据库也有异曲同工之处。如美国Wilson公司的多个文科的期刊文摘索引数据库正在开发回溯性的版本，其《期刊文献读者指南》（Reader′s Guide to Periodical Literature）已收录到1890年的文献数据。更为典型的JSTOR全文数据库，其收录的最早的期刊可回溯到17世纪。而欧洲的《期刊题录索引》（Periodicals Contents Index），目前也已有几百种期刊覆盖了200多年的题录信息和全文信息。大量回溯信息的开发，除了对于挽救、保存和开发过刊意义重大外，对科学研究的完整性，信息检索的全面性都蕴藏着不可估量的积极因素。

3.6 在开发的同时，仍有所控制

总体上观察这次更新过的新版本，尽管有了较多的更新，有了一

些新的开发,但也并不是无限制地允许利用,仍然是有所控制的,比如500条的选择,比如2000条分析的底线等,也许这是因为,数据库面对的毕竟是严峻的竞争市场吧。

4 仍须注意的方面

4.1 所有分析项目并不分主次

在该系统的分析排位中,被分析的对象是不分主次的。比如,作者统计,系统是将所有作者全部统计在内,没有第一著者和合著者之分。而作者的机构、主题等也是如此。

4.2 主题分析的结果太宽

在所有分析项目中,绝大多数都是对文献的外部特征进行分析,如著者、语种、机构、出版物、文献类型、文献发表年份等,唯有主题是涉及文献内部特征的分析,而这恰恰是最难的,即使是人工分析也得花大力气,付出较多的时间。我们没有看到该系统的主题分析是人工操作的文字说明。可以假设,面对如此巨大的文献量的数据库,人工操作的可能性比较小,很大的可能性是人工辅助的自动主题分析。而这种自动分析可以借助于期刊所属的主题或著者所在机构的研究范围进行,这两者均可被建成如同词库一样的主题库。所以在系统的主题分析结果中,人们会发现,其主题分析的结果数所涉及的面显得很宽也很分散,且一篇文章标引多个主题的情况比较普遍。

4.3 还可利用其他分析软件配合分析

正是因为如上所提出的一些问题,通过系统进行的分析,速度快,准确度高,但在一定的程度上其精度还是有限的。要符合特定检索课题特定的分析需求,我们还有必要利用其他的一些现有软件配合进行,例如,ISI公司同时拥有名为Deiwent Analytics的分析软件,微软办公软件中的 Excel、Access 也都提供了很好的数据分析的功能(令人折服的是,在 ISI 数据库检索结果的输出格式中早已设计了能被这些公共分析软件所接受的数据格式),有兴趣的人们还可自行设计一个小型的程序来辅助分析。相信经过一定的实践,我们能够把信息检索与分析的工作做得更好。

本文在资料收集与写作的过程中,曾多次与 ISI 公司中国办事处的官员讨论,得到他们的诸多帮助,在此表示诚挚的谢意。

原载于《情报理论与实践》,2005 年第 3 期

用户眼中的 CASHL 数据库

——兼对数据库用户界面设计的思考

CASHL 的全称是 Chinese Academic Social Sciences and Humanities Library，中文名称是“中国高校人文社会科学文献中心”。该系统目前覆盖国内人文社会科学领域的一些主要高校图书馆的外文文献资源，包括外文图书和外文期刊文献。并为用户提供所收录馆藏文献的远程传递服务。我从 2004 年上半年开始使用 CASHL，是最早的一批用户中的一员。几年来的检索和利用的实践让我受益无穷，也使我萌发了一些建议。现总结如下，供同行们和广大的数据库用户以及系统管理与设计人员参考。

1　我看 CASHL 的数据库优势

1.1　CASHL 与 NSTL 等系统在资源的学科类型方面互补

NSTL，全称为 National Scientific and Technical Library，即国家科技文献中心。这是一个虚拟式的科技信息资源机构。由中国科学院图书馆、工程技术图书馆（中国科学技术信息研究所、机械工业信息研究院、冶金工业信息标准研究院、中国化工信息中心）、中国农业科学院图书馆、中国医学科学院等在京的一些科技领域重要的馆藏图书馆合作组成。主要覆盖理、工、农、医各学科领域的科技文献资源。包括外文图书、期刊、标准、专利、科技报告等。而 CASHL 在学科主题方面则侧重于人文社科领域，与 NSTL 恰好形成很好的互补作用。另外，在地域范围上，NSTL 覆盖了北京的主要的科研图书馆，而 CASHL 则覆盖了分散在全国各地的主要的高校的图书馆。

1.2 CASHL 与 CALIS 系统在所报道的馆藏信息的具体内容与程度方面互补

CALIS 的全称是 China Academic Library of Information Science，即中国高等教育文献保障系统。其中的联合目录子项目也收录了全国高校系统的中外文（包括中西日俄文）图书、期刊等。范围很大，内容也很多。中外文各类型的文献都在一个统一的检索平台上，在这里检索而得的一份期刊文献就可能与大量的图书文献检索结果混在一起；另外因为这是个目录数据库，所以在这个检索平台上的期刊检索结果只报道某种期刊的目录信息，如创刊年、编辑单位、刊期、各馆藏单位具体的馆藏信息，不提供具体刊期中一篇篇具体论文的题录信息。CALIS 系统中是另有期刊题录数据库的，但那不是馆藏目录信息，而是现期出版期刊的题录信息了。而 CASHL 系统中则主要收录外文文献，并且图书、期刊分别进行检索；还提供期刊论文的具体题录信息。从这个角度上看，CASHL 与 CALIS 也有相互补充的作用。

1.3 CASHL 与其他全文数据库在文献覆盖方面互补

目前，国内不少学术单位都订购了一定数量的全文数据库，如 Elsevier 出版公司的 Science Direct 系统，Kluwer 公司，Springer 公司，Wiley 公司，Blackwell 公司的全文期刊系统，对我们查找期刊论文的全文发挥了很好的作用。但这些全文数据库在学科主题方面一般都是以理工科为主，在时间范围上也是以近年为主。当然国内也引进了一些人文社科方面的全文数据库，如 JSTOR，但从时间范围上看，这又是个以过刊为主要报道对象的数据库，它主要覆盖往年的文献，与近期的期刊论文全文有一定的空白区。从这个角度上看，CASHL 起到了很好的与全文数据库的互补作用。

2 我看 CASHL 的文献提供服务

2.1 系统中的题录数据报道及时

信息收集讲求时效,而一个数据库系统要保证数据的报道及时,就需要在维护环节中实时更新系统中的数据。在平时的信息检索实践中,我们看到不少的数据库或网络平台,在设计、开发、建库阶段都投入了大量的人力、物力,开发的系统也有很好的功能,但有不少数据库疏于管理,尤其是对数据的更新重视不够,不少系统中的数据陈旧。CASHL 在数据的更新方面做出了很大努力,在实体期刊还未到馆的情况下,数据库系统率先报道期刊的出版信息,使用户在第一时间得到期刊论文的题录信息,很值得称道。

2.2 对读者的传递请求回复快

与其他一些全文实时检索数据库不同的是,CASHL 是以文献传递作为其主要功能的。对用户文献传递请求的回复与否,回复快否就显得十分重要。根据笔者几年的观察,CASHL 是做得很好的。对于系统中已有的信息数据,如某篇具体的全文,系统工作人员会在几天之内将全文或通过邮局或通过电子信箱传递到用户手中;若是还未到馆的文章,工作人员也会通过向用户电子信箱发送邮件的方式给以答复。

2.3 原文传递的服务价格低廉

通过 CASHL 这个平台的原文传递,我们可以使用到所有参加这个系统的高校图书馆的馆藏期刊的原文。这真是在很大程度上扩展了图书馆馆藏的范围,可以使我们足不出户也可以用到其他图书馆的外文图书和期刊论文,这对高校的教学与科研的发展,对于人才的培养都是意义巨大的。根据 CASHL 在 2007 年末公布的价格标准,全文价格是每页A4纸0.30元,再加上许多高校图书馆对这个数据库还有每页0.15的补贴,这就相当于我们平时在图书馆借阅时自行复制的费用。

2.4 假期中也提供服务

CASHL的主要用户是在高校,而高校在文献使用方面又有一些特点,其中之一就是高校有寒暑假。在寒暑假期间由于没有教学工作,高校教师多利用这段时间集中进行科研活动,于是文献的检索与原文的索取的需求量有增无减。我曾在寒暑假期间发送原文传递请求,得到了系统工作人员的答复。假期中也提供服务,体现了该系统为学术研究服务的宗旨。

3 我对CASHL进一步改进与发展的建议

3.1 扩大收录范围

希望参与该数据库的合作图书馆更多,不仅限制在高校的范围,还可扩大到社科研究机构、与社科研究有关的党政机关、有特色馆藏的公共图书馆等;在文献的收录方面也希望外文图书和外文期刊的收录范围更大。对于外文期刊,目前已经参加到该系统中的中心馆和学术馆的馆藏也许已能满足绝大部分外文核心期刊的收录,但也还有部分重要的、现有数据库中还未收录到的期刊,可以结合更多参与图书馆(及其所在单位)的学科发展及研究方向而有计划有组织地安排订购并加入到本数据库中。

3.2 增加特色馆藏

除了外文图书与外文期刊外,许多图书馆还有不少中外文的人文社科特色馆藏,如某主题、某时间、某名人研究特藏,学者赠书,特定地区的地方志,古籍珍本善本,民国图书期刊,书信日记,会议录等;除了文献外，许多图书馆还有一些特别的物品、纪念品，如照片、图片、字画、音乐、录音录像材料、讲座报告、名师课堂、纪录片等，可以制作音像、图像文件而使其进入文献交流渠道，进入文献传递渠道。

3.3 加强数据库的技术功能

人们常说细节决定成败。对数据库来说，面对激烈竞争的市场，仅有好的内容，好的创意还是不够的，还需要有一流的数据库系统的设计。对于数据库设计者而言，仅考虑技术还不够，还要更多地考虑用户的需要。对于本系统而言，有如下几点建议供系统设计人员参考：

(1)主页面的功能区分要清楚干净。可以分为面向用户的检索区域，和面向图书馆员的管理区域，必要的时候增加"关于我们""FAQ""帮助"按钮，说明数据库的历史、数据库的覆盖范围、数据库的特色，以及数据库的使用诀窍。

(2)数据库界面上有几个用词容易产生歧义，如"篇目复杂检索"是否可改为"篇目高级检索"。"复杂"这个词容易使用户产生心理压力，谁愿意去点击复杂检索的键呢？而实际上对这个数据库而言，现有的"篇目复杂检索"是很有检索意义的。如果把"复杂检索"翻译成英文则为"Complicated Search"，这在英文数据库中是没有这一说法的，一般只有"Advanced Search"或"Guided Search"的说法，对应于中文还是称"高级检索"为好。此外，还有些地方"检索"与"浏览"的功能有混淆。

(3)如果在检索系统中可以用截断符的话，那"前方一致"和"包含"的功能框是否一定需要？

(4)在检索结果页面没有选择框，对于用户来说，同时发送多篇文章的原文传递请求的可能性就不存在了。

(5)是否可以考虑与用户所在图书馆全文数据库、书目数据库之间的链接？只有当用户所在馆全文数据库以及印本期刊中查无的情况下系统才提供原文的提供。

3.4 扩展数据库的索引功能

截至2006年年底,CASHL收藏的人文社科外文期刊已达7500多种,其中核心期刊3200多种。若暂不考虑所收录期刊的回溯年代,那么这个系统在外文人文社科期刊的覆盖范围已大于美国ISI公司的SSCI和A&HCI数据库的期刊覆盖范围。美国的这一数据库价格很高,不是很多国内高校所能购买的。所以,若仅考虑检索来源期刊而不考虑引文的话,CASHL在很大程度上就可以代替使用。实际上,在很多情况下用户在检索该数据库时也不仅仅是考虑原文传递的,其作为索引数据库使用的功能,即检索文献线索的功能不可忽视。因此,除了选择框外,还应提供同时下载多条题录记录的功能,以及下载字段的选择、排序项目的选择、下载结果的格式等都是数据库设计时需要考虑的。

3.5 对于未到馆期刊的提供的建议

如前文所说,目前对于未到馆的文献请求,系统工作人员均给予答复,这是应该肯定的。但是当文献到馆后,系统是否可以自动产生电子邮件的追发通知?这对用户来说是有帮助的。否则一份答复邮件无意当中就等于一份拒绝邮件了。

3.6 灵活变通的市场营销策略

国外也有些多馆联合的数据库系统,如一些多馆的档案系统、特藏图像系统,他们采取这样的价格策略,即对于有馆藏参与的单位,尤其是那些有特色馆藏参与的单位给予价格上更好的优惠,甚至无偿使用(只是检索,因为有些数据库不涉及全文的复制加工和传递),但对于没有馆藏参与的单位则收取一定的费用。这样做的好处是可以鼓励更多的图书馆整理并展现出更多、更有特色的馆藏供大家分享。

总的来说,这是一个多馆联合的人文社科数据库,集中了多馆的馆藏信息,在目前以自然科学数据库为主的数据库市场上,它为我们人文社科研究人员带来了福音。衷心祝愿 CASHL 越办越好!

参考文献

CASHL 宣传手册. http://cashl. calis. edu. cn

原载于《大学图书馆学报》,2008 年第 3 期

分类:不可小觑的检索途径

1 从几个检索题说起

在我们平时的信息检索实践中,人们一般习惯于从一个特定的概念入手,进行特性检索。这也许是网络搜索引擎带给人们这样的惯势吧。比如有这样的几个检索题:

题一,“近年来走向世界的中国内地数学研究成果”。该题是希望检索出在世界性的学术期刊上由中国内地作者发表的论文。检索者的选择一般是利用美国 ISI 公司的 SCI 数据库,这是一个正确的选择,因为这个期刊数据库覆盖了世界范围的基础理论方面的核心期刊。绝大部分的检索者都考虑应用该数据库的“Title”(篇名)检索字段,输入检索词“China and Mathematic * ”(这里的 Mathematic 用了截断符,可以包括 Mathematics,或 Mathematical 等相同词根的所有相关词)。按这个检索思路,在 SCI 数据库中自 1997 至 2007 年第三季度期间所能检得的结果为 23 篇。如果放宽到关键词和文摘字段,这个结果也只有 60 篇左右。对于这样的结果,恐怕谁都不会满意。而事实上在同一时间段,该题的检索结果数应该是近 3 万篇,其中中科院系统就有 3000 多篇,而复旦大学、清华大学、北京大学均各有 1200 多篇。其中有 19 位作者的个人论文量都在 100 篇以上(包括合作研究)。

人们不禁要问,数学研究一定需要在文章篇名中出现“数学”的字样吗?代数是数学吗?几何是数学吗?拓扑是数学吗?当然是的,在数学这一概念中包含了太多的分支概念，而这些分支概念绝大部分并不以数学的字样出现。

题二，“抗日战争时期的中国对外关系”。该题是希望检索出在抗日战争期间有关中国对外关系方面的文献。按照一般的检索思路，检索者选用 CNKI 中国期刊全文数据库，在其“篇名”字段输入“（抗日 + 抗战）* 对外关系”这样的检索要求，从该数据库 1984 年至今只检得 5 篇文章。假如看到这样的文章题名，“24 道拐及其对中美关系发展的可能效应”“第二次世界大战时期的中印关系及其影响因素”“美国飞虎队老兵回访第二故乡重庆”，你能说它们与本题检索要求无关吗？但这些题名中并没有出现与检索输入要求所匹配的检索词。

题三，“地表水体的污染治理”。在维普中国科技期刊数据库中，在题名字段输入“地表水 * 污染”，只检索到 90 篇文章。试问：太湖、秦淮河、黄浦江、十三陵水库是地表水吗？但检索者在题名检索字段中却无法穷尽地将这些具体的地表水体名称列举到检索式中去。

以上例题在检索实践中俯拾皆是。篇名检索实际上是在主题检索的体系中进行的，检索者要求系统在篇名中寻找与匹配符合检索要求的结果，属于特性检索的范畴。上述几个检索策略的设计都是特性检索的概念，而检索题却反映了族性检索的要求。“数学”希望能覆盖属于数学学科的全部研究成果，“对外关系”则可以包括中国对外关系类目下的全部下位类，“地表水”也希望能囊括所有能隶属于地表水的所有河流、湖泊、水库等。要想在主题检索体系中实施分类检索的概念，其检全率与检准率都是极低的。

2　国内数据库分类检索的设置

综观国内外的数据库，提供主题检索方式的相当普及，只要是提供了检索功能的系统，一般都提供了关键词或题名字段的检索途径。网络上的搜索引擎基本上也是基于主题性质的特定概念的检索。但提供分类检索的系统相对则少了很多。不过,我国的一些大型的期刊数据库都在一定程度上或多或少地采用了分类体系,尽管各系统在分类检索的功能或深度上还不尽相同。目前,国内数据库所提供的分类检索的模式有分类导航、分类号检索和分类检索系统这三大类型。

2.1 分类导航

目前,国内的一些大型期刊数据库大多数都采用了分类的方式来实施系统的导航。这是一种按照网络资源所属学科内容及其等级而建立的学科网络资源分类工具。它是以所收录的资源为对象,按照内容对象所在的学科,及它们之间的关系而有层次地展开的一种形式直观、浏览方便的导航体系。这种学科导航具有很好的直观性、适用性和易用性。

这些中文期刊数据库的分类导航都是按照学科分类设置的,与图书馆藏书的组织方式基本一致,符合人们的浏览习惯,具有易用性和实用性。这种方法提供了详细的导航内容,最大范围的选择空间,检索时只需知道检索课题的所属学科专辑,不需要输入检索词,直接点击相关的类别,相应的类目,或相关的专辑就可以完成检索操作。这对于那些希望从学科大类的角度进行浏览,或者对不熟悉数据库检索规则的用户来说,分类导航提供了很大的便利。

但是,分类导航的优越性只体现在以期刊刊名或以学科主题名称为入口的浏览的方面,也就是说用户只能从期刊所处的学科,或者只能从检索目标所在的学科进行大范围的浏览。分类浏览是否能满足分类检索的要求呢?回答应该是否定的。因为分类浏览主要是在期刊的树状结构中通过层层点击浏览所需信息,并不能实现特定信息的检索;在分类浏览体系中要想取得特定信息,或专指度较深的明细信息,需要逐层点击,真是费时费力,还不能保证查全查准;对于跨主题跨学科的期刊,往往很难在多个分类类目中出现,同样,对于交叉主题的检索需求,又往往难以在一个分类类目中全面地得以浏览;大多数数据库的分类浏览系统都只是从期刊刊名角度的浏览,用户在期刊与期刊数据库的基本单元——论文之间还留有大量的筛选、甄别的工作。

因此，从用户检索的角度看，人们期望着能有更理想的、更能体现分类优势的分类检索体系。

2.2 分类号检索

除了刊名浏览外，在国内期刊数据库中能体现分类检索特征的还有分类号检索途径。这里的分类号主要是依据图书分类法而设置的，用以代表类目的数字、字母符号作为文献主题标识。目前国内数据库中所采用的分类号主要依据《中国图书馆分类法》而产生的分类号。用分类号检索，便于检索者对所研究的学科知识动态全面了解，便于检索者按学科迅速准确地查询。分类号比较简短，输入简单。同时，分类号是统一按图书分类法产生的，无论是存储方还是检索方，均有法可依，有章可循。所以，分类号检索途径应该成为读者通过数据库查询信息的主要检索途径之一。

2.3 在线分类检索体系

分类号检索的一个最重要的前提是需要掌握正确的分类号。但是长期以来，网络数据库中的分类号检索却缺乏广泛深厚的读者基础，绝大部分的用户对分类号不熟悉，不会使用，用户分类检索的使用率很低，分类号检索可谓是叫好不叫座。究其原因，一方面是用户忽视了分类检索的存在，读者要使用分类号检索途径，必须准确地知道类目名称和分类号，并准确地输入分类号。这对于读者来说，显然是要求过高了。

另一方面系统不能在线产生分类号也是重要的原因。大部分的数据库在检索时却不能在联机状态下在线生成分类号，需要用户在脱机状态下离线通过工具书《中国图书馆分类法》自己去查找，或者借助网络查到比较粗分的分类号，或者参考相近内容的图书所附的分类号而间接获得检索所需的号码。而《中国图书馆分类法》并不是一种家常必备的图书,因此,用户准备这个分类检索字段的分类号是十分麻烦的。由此看来,在线生成检索所需的分类号对于分类检索的普及,对于数据库的充分利用就显得十分重要了。在当前国内的大型数据库中,能够在线自动生成分类号并进而通过分类号进行检索的系统是维普中文科技期刊数据库。该数据库除了提供分类浏览和分类号检索字段外,还另设分类检索模块。这个分类检索模块与快速检索、传统检索、高级检索、期刊浏览模块并列。依据《中国图书馆分类法》提供22个大类的分类,每个大类可以展开,类名前如果有符号"+",表明该类目可以继续细分,直到类名前出现符号"·"为止。大多数类目可以细分到5级类目,也有的甚至细分到6级、7级。用户可以在类目等级的任何层次浏览分类表。在所选类目的类名前的复选框内打钩,并点击类目添加按钮,就可将所需类目添加到"所选分类框"。可以同时勾选多个复选框,以应对跨学科主题的检索。在所选类目下,还可以选择其他的检索字段(如作者、篇名、关键词等)与所选分类类目匹配。这样的检索,是分类检索与主题检索的结合,是族性检索与特性检索的结合。在很大的程度上满足用户的检索需求。这在网络环境下有其独特的作用,值得推广。

尽管维普数据库的这个分类检索体系目前为用户在分类检索方面提供了深入检索文献内容的途径,但依然有诸多不尽如人意之处,如系统中没有提供任何复分表,没有任何注释与说明,没有交叉参见类目,也没有一个例证。一句话,它不是图书分类法的链接,不能提供给用户完整地利用分类法深入挖掘检索文献内容的条件。

3 国内数据库分类途径的优势与不足

目前,如果要综合评论国内数据库在分类检索途径方面的优势,有这样几点可以总结出来:一是国内有几乎统一的图书分类法,目前《中图法》的使用面很广,绝大部分的图书馆是用《中图法》来组织文献的。国内很多的知识整序工作也在很大程度上参照《中图法》的体系。并且其他分类系统的使用单位在很大程度上也会并列使用或参照使用《中图法》分类号。这是国内图书馆界的有识之士多年努力的结果,也是国内数据库加强分类检索功能的一个很好的前提。从这一点上说,国内数据库分类检索的优势远远大于国外的数据库,比如,美国就有几套分类系统在图书情报界所应用,并且都有一定的用户使用面。

二是国内图书分类的普及面广,只要是有一定规模的图书馆,都会有专人负责图书分类的工作,给每本进库图书编以图书分类号。大多数图书馆以图书分类号作为索书号的重要组成部分。于是,用户对分类号的了解就有了很好的基础,也便于用户借助于相同主题内容的图书的分类号来利用数据库进行分类号的检索。

三是期刊论文标注分类号有广泛的群众基础,长期以来,我国相当数量的学术期刊论文都附有《中国图书馆分类法》的分类号。这个分类号大多由期刊论文的作者完成,也有的是由期刊的编辑出版部门或数据库生产单位补充的。充分地利用这个有着广泛的作者编者基础,深入到研究主题内容深处的分类号,对于从学科主题的角度检索数据库可以起到纲举目张的作用。

对于目前国内数据库分类检索的不足之处,也有几点可以总结的:一是绝大多数系统不能在线生成分类号。二是到目前为止还没有能生成完整分类号的在线系统。

4 国内外数据库内容检索途径的比较

从数据库内容检索途径的角度上,了解一下国外数据库的情况,并对国内外数据库内容检索途径做一些比较后,得出如下一些结论:

(1)国外数据库几乎没有图书分类号的检索途径

除了较少的书目数据库,如国会图书馆的在线书目系统等外,国外数据库几乎没有图书分类号的检索途径。而即使是书目数据库，也很少使用严格的图书分类号，如 DDC（杜威十进分类号），UDC（国际十进分类号）等作为主要的图书检索字段的。连著名的网络书店亚马逊网站的图书检索模块中的高级检索中也没有提供分类号检索的字段（包括关键词、著者、书名、标准书号、出版商、主题的检索字段）。

（2）国外数据库的专题分类很多

国外的数据库虽然很少提供图书分类号的检索途径，但专业或专题的分类检索途径却很多。主要的有：

①专利分类：在专利分类中，除了国际通用的国际专利分类（International Patent Classification）外，较多地被数据库用作检索的还有 Derwent 专利分类，以及美国专利分类（Unite States Patent Classification，简称 USPC）等。

②产业分类：Industrial Classification，也译作行业分类。这是另一个被多个检索系统所使用的分类体系，尤其在商务类、统计类数据库中被更多的使用，如 EBSCO 商务数据系统、美国统计文摘等。包括美国 1997 年之前使用的美国标准产业分类 SIC（Standard Industrial Classification）和 1997 年后使用的北美行业分类体系 NAICS（North America Industry Classification System）等。

③专业分类：专业分类体系被一些专业的数据库所使用，如 Engineering Village（美国工程信息村）所使用的 400 — 900 的工程分类（Engineering Classification System）、NSPEC 系统所使用的 ICSP 物理四级分类、ACM 计算机分类、数学文摘的 MSC 数学分类，还有冶金分类、生物分类、商务分类等。在许多学科领域或专业数据库中都有这类专业分类。

④专门分类：在一些商务数据库系统中有一些专门分类，如邓氏编码（Data Universal Numbering System），这个号码不是严格意义上的分类，但其可以将全球约 1 亿家企业的母公司和子公司、总部和分公司链接组成族系树，因此起到了分类的作用，还有股票号码等。这些作为专门的检索途径，对解决特定的检索要求有着无可替代的作用。

(3) 主题检索在国外数据库中占很大的优势

国内有些数据库将篇名、关键词、文摘字段合在一起称主题检索。但我们从图书情报学的专业角度上说主题检索实际上是基于主题语言词表而展开的检索。这样的主题检索在国外索引文摘类的数据库中很有市场，如美国医学图书馆 PubMed 数据库中的 MeSH 词表检索，美国工程信息村 Ei Village 中的受控词（Ei Controled Term）字段，CSA（美国剑桥科技文摘）数据库中的词表检索（Thesaurus）等。很多英文数据库配备了词表检索体系。

主题检索由于同时具备反映特性检索的字顺索引和反映族性检索的范畴索引，因而在一定程度上能更好地服务于数据库，更好地满足用户的检索需求。

与国内数据库形成强烈对比的是，国外的检索数据库中，无论是专门的分类，还是专题的分类，还是主题索引，都是各自为政，各显其能的，没有统一的体系。

通过对国内外数据库检索功能的比较后感到十分遗憾的是，虽然中国的《汉语主题词表》已经问世 30 年之久，但至今为止却没有看到有结合了这一主题词表的检索数据库或受控词的检索字段出现。

5 进一步的思考

完善现有的分类检索系统，开发真正意义上的主题检索系统，这个思路应成为当前国内数据库开发时的努力方向。

通过前文的综述与比较，我们可以很明确很清楚地认识到，分类检索是中国数据库的一大特色，具有分类检索系统的数据库也许可以成为中国的数据库竞争世界数据库市场的有力工具，开发与建立更完备，功能更强的分类检索功能的数据库应该是各个数据库的系统开发人员、信息检索课程的教员、图书馆参考咨询人员、科技查新人员等有关方面共同努力的方向。

要建立更完备的分类检索系统，就需要作为分类检索根基的《中国图书馆分类法》具有更强的功能。我们呼吁网络版的《中图法》能够作为一个特定的网络产品而尽快走出深闺，走向市场，通过与国内各类数据库进行链接的方式来帮助解决本文所提出的数据库分类检索的诸多问题。实际上这对《中图法》和网络数据库的发展来说是双赢的举措。一方面可以使得国内数据库的分类检索大有用武之地，而这必将大大提高数据库的查全与查准率；进而提高数据库的市场竞争力。另一方面这也是《中图法》发展过程中一次全新的机遇与挑战，可以促使《中图法》更加平民化、社会化、市场化，使其在更大的应用范围和更多的用户群中得到更进一步的检验、普及、修正、发展与提高，并使《中图法》的再次更新赢得势在必行、顺理成章、呼之欲出的良机。

分类与主题，殊途同归，一个都不能少，这应该成为数据库开发商十分强调的原则。作为数据库的用户，除了希望现有的检索系统更加完善外，我们也希望在中国的数据库市场上尽早看到适合中国国情的真正的主题检索的身影。

参考文献

1 维普中文科技期刊全文数据库. http://www. cqvip. com

2 CNKI 全文期刊数据库. www. cnki. net

3 万方数据资源. www. wanfangdata. com. cn

4 全国报刊索引. www. cnbksy. com

5 中国图书馆图书分类编辑委员会. 中国图书馆图书分类法(第四版). 北京:北京图书馆出版社(今国家图书馆出版社),1999

6 中国科学技术情报研究所,北京图书馆. 汉语主题词表. 北京:科学技术文献出版社,1980

7 张琪玉. 情报检索语言. 武汉:武汉大学出版社,1984

原载于《中国索引》,2008 年第 2 期

网络信息检索策略的设计与实施的探讨

——基于网络数据库信息检索各环节的实例分析

网络信息看不见,摸不着,但却在很大程度上左右着当今的社会生活与人们的各项活动。随着基于因特网进行服务的各类信息检索系统的日益成熟与发展,人们的信息收集工作越来越多地依靠网络来进行。但同时我们又看到,几乎每个检索者都有过在搜索引擎或数据库面前,或者一无所获,或者虽得到成千上万个检索结果但却与检索需求相距甚远的经历。这样的现实告诉我们,对于网络信息资源的检索来说,技巧与方法越来越显得重要。实际上,面对网络上的检索系统,检索者并不知道其中是否存在与自己的情报需求相吻合的信息集,以及这个信息集的大小。我们所能做的就是根据检索需求,设计成相应的检索命令,选择合适的检索工具,选择正确的途径,调动系统工具,从系统中检出满足检索需求的相关信息。当检索结果不能满足检索需要时,我们应该不断地调整检索思路,直至满意的结果。实际上,这个过程就是设计检索策略的过程。换句话说,检索策略就是为实现检索目标而制订的全盘计划和方案,是对整个检索过程的谋划和指导。检索策略的好坏直接影响到检索结果的优劣。检索策略设计得成功与否直接影响最终检索结果的全面性和准确性。从保证查全率和查准率的角度来考虑的话,设计检索策略应该包括选择检索工具、选择检索途径、确定检索词、建立检索式、评估与调整检索结果这五个基本环节。

1 选择检索工具

正确选择检索工具很重要,因为这个环节是信息收集和分析研究的起点,是方向性的决策,是确定研究对象的操作。检索工具是否适合某一课题的需要,直接影响到检索结果的可靠性和准确性;充分而正确地理解信息需求,又是正确选择检索工具的前提。

例题:欧美国家有关信息经纪人的博硕士学位论文

曾看到有期刊刊登论文说欧美国家到目前为止还没有一篇有关信息经纪人方面的博硕士学位论文,果真如此吗? 信息经纪人这个概念是从国外引进的,至今已有几十年的历史。这样一个专题在几十年的发展过程中欧美国家竟没有博硕士生系统地去进行研究的说法还是令人质疑的。我们知道,目前国内引进的欧美的博硕士论文数据库主要有美国 UMI 公司的 PQDD(ProQuest Digital Dissertation)系统。该系统收录欧美 1000 余所大学文、理、工、农、医等领域,从 1861 年以来的 180 余万篇博士、硕士论文的摘要及索引。为满足国内用户对学位论文全文的广泛需求,国内许多高等院校、学术研究单位以及公共图书馆联合起来,从 PQDD 文摘库中选购了部分优秀博硕士论文的全文,并建立了"PQDD 学位论文全文数据库",实现了学位论文的网络共享。目前,该联合订购库中全文收录有 1998 年以来的授予学位的数万篇博硕士论文,并且每年以 1 万多篇的速度增长。这里需要强调的是,"ProQuest 学位论文全文数据库"目前只包括了"ProQuest Digital Dissertation"中很小一部分的全文。我想,前文提到的那位期刊论文的作者或许就是利用的全文数据库而得出的国外没有关于信息经纪人学位论文的错误结论。实际上,在 PQDD 数据库中,我们查到了早在 1978 年就有北德克萨斯大学的博士学位候选人 Helen Leslie Harkness 以篇名为《服务于成年人的教育咨询与信息经纪中心发展中的问题研究》(*A study of the developmental problems of an educational counceling and information brokering center for adults*)的博士学位论文(全文共266页)而获得博士学位。自1978年以来有关信息经纪人的博硕士论文有几十篇之多。

这个实例告诉我们,选择正确的检索工具,将会是后续检索成功的一半。

目前,我们所能利用的检索工具,一般包括搜索引擎、网络数据库、印本工具书、网络指南、学科导航、数字图书馆,以及大量的原始网站等。熟悉和融会贯通地利用这些检索工具,是正确选择检索工具的前提。

即使选择的检索工具名称是正确的,也还要区分其不同的版本、覆盖的范围(如前文所讨论的同一数据库而不同的收录范围)、年限、权限(在收费的资源中,很多生产商会根据用户支付费用的不同而开放不同的使用权限,所以有时尽管选择的检索工具是正确的,但却不能检索到预期的结果,很可能是因为使用的权限受到了限制)等。当遇到那些需要保证查全查准的检索要求时,这些因素都需要纳入选择检索工具的范围。

2 选择检索途径

检索途径,也会被称作检索方式或检索入口,是由检索工具中的检索字段来体现的,如反映文献的内部特征,有主题词、关键词、分类号、题名、文摘等字段,而文献的外部特征,也有刊名、作者名、机构名、地址、号码等字段,篇名字段一般被认为是反映文献的外部特征的字段,但由于篇名中检索出来的结果在很大程度上与内容相关,这在自然科学领域尤其如此,所以事实上也可看作是反映文献内部特征的途径。不是每种检索工具都会提供全部的检索字段,而不同的检索工具在提供的检索字段上也会有所不同。数据库反映检索字段的方式也会各个有别,有些数据库以检索窗口的形式将全部的检索字段明显地置于检索用户面前,也有些数据库则以下拉菜单的方式隐身在默认的检索字段之后。

对于一般的用户来说,打开数据库后,很容易直接选用系统默认的,或系统设在最前列的检索字段,如关键词字段、篇名字段等这些常用的检索字段。这对于那些对检索结果的要求不高,只要查到结果,而不强调查全查准的检索操作来说,检索途径选择的正确与否也许不如数据库选择的正确与否那么至关重要,但对于某些专指性较强的检索要求则同样也能决定着检索的成功与否。

例题:国内地表水体污染防治方面的研究论文

这是环境保护领域的一个专题研究,希望能了解一下国内到目前为止在地表水体方面所公开的研究论文的情况。于是,用户选用国内的《中文科技期刊全文数据库》,但操作者却未能得到满意的检索结果,尽管多次调整检索词,如在篇名与关键词字段中仅输入"地表水"这一个检索词,不加任何"与"(and)运算,也只能检索到百余篇文章的线索,这与我国这一主题研究的实况,或者说与预期的检索结果相距甚远。

这是一个典型的检索途径的错误。"地表水"是一个在层层隶属的等级体系上的族首概念,是一个族性检索的查找需求,因为在等级体系中的"地表水体"这个上位概念下可以包容除了地下水之外的任何水体,包括任何河流、湖泊或水库这些下位概念,如太湖、巢湖、秦淮河、富春江、十三陵水库等。等级体系只能检索出那些在相应的字段中出现"地表水"的文章,而那些原本在分类体系中处于"地表水"的下位类的任何概念都不能在主题语言的检索字段中被检索出来,除非用户将这些特性检索词,如太湖、巢湖、秦淮河、富春江、十三陵水库等都一一输入到检索要求中,但这却是不胜枚举的,检索者无法穷尽地将这些具体的地表水体名称列举到检索式中去。

解决这一问题,只要选择分类检索途径,如在《中文科技期刊全文数据库》中,可以选择"分类检索"模块,在"环境"大类"X"下,环境—环境污染及其防治—水体污染及其防治—河流,湖泊,水库,于是得到有关地下水污染及其防治的分类号,直接检索得到有关的检索结果5000余篇,其查全与查准同时满足要求。也可利用该数据库的"中图分类号"字段,将有关地表水污染与防治的分类号X522和X524建立成检索式"X522+X524"(其中符号+是"或"运算的含义)输入到该检索字段,同样可以得到满意的检索结果。

国内的科学研究比较注重从总体出发去讨论问题,因此,在实际的信息收集的工作中,与本题相似的检索要求比比皆是,于是,从族首概念出发,在等级体系的上位类的角度收集文献信息要求的概率就会很高,不容轻视。近年来,国内有些大型的数据库在更新升级的过程中反而取消了分类检索的途径,让人不免产生遗憾之感。

除了前文涉及的分类与主题两类不同的检索途径外,普通的检索工具一般还提供一些我们常用的检索途径,如作者、作者单位、刊名、年代等,可以让检索者通过有关的人物、机构、出版物等角度检索出相关的信息。专门的检索工具如专利、标准、科技报告等,会有专门的号码途径。有些检索工具还提供一些专门的检索途径,如国内一些期刊数据库提供"基金"途径,可以让我们从受资助项目的角度查找到有关的研究成果。国外有些商务信息的数据库提供了从行业分类的角度,从股票代号的角度,从公司代号的角度等来查找有关机构、有关行业的信息,这些专门的途径对于某些特定信息的查全查准有着非常重要的意义。

总的来说,检索途径好比日常生活中的道路,有时可以殊途同归,有时也会"自古华山一条道",有时有捷径,有时又需要借道迂回,走对了道对到达目的地有着十分重要的作用。

3 确定检索词

确定检索词,从广义的角度来看,不仅是"词",还应包括不同检索途径的检索输入用语,如作者途径的作者名、作者单位途径的机构名、分类途径的分类号,甚至包括邮编、街区、年份等都是检索用词。不过其中难度最大,最需要人们注意改进的还是主题途径的检索词的选择,这里的主题途径指的是广义上的特性检索途径,包括篇名、关键词、摘要等。检索词如同造房子的砖,正确选择检索词是实施成功检索的一个基本环节。检索者需要根据检索需求形成若干个既能代表信息需求又具有检索意义的概念,包括所需的概念有几个,概念的专指度是否合适,哪些是主要的,哪些是次要的,力求使确定的概念能反映检索的需要。在此基础上,尽量列举反映这些概念的语词,供确定检索用词时参考。如果遇有规范词表的数据库,在确定检索用词时,人们一般优先使用规范词,然后再根据实际情况恰当使用自由关键词的原则。只有这样,才有可能得到满意的检索效果。选择检索词,应注意如下几个方面:

3.1 不是仅仅题面的拆分

比如在完成"中国大陆医学研究成果"这个检索课题时,有检索者就将其拆分成"中国""大陆""医学""研究""成果"这几组检索词,其结果令人十分失望。本题除了要正确地选择检索字段外,从检索题中析出检索词时也是要多做思量。如题中"中国大陆"这个概念是指除港澳台之外的中国其他所有地区的概念,但原始文献的作者在著录其所在地时几乎无人将其表达成"中国大陆"的字样。

3.2 增加隐含概念

比如"垃圾处理"这个题目中,在"处理"这个检索概念上,就要考虑增加"再生""回收""循环"等字面后隐藏的同义词。因此检索式可依据具体要求做出灵活的调整。

3.3 排除重复的和不必要的概念

比如曾有数据库推销商在推介数据库时有一个示范检索题"北大西洋驼背鲸的研究",为此列出检索式为:Popular * and (Humpback whale * or Megaptera) and (Arctic ocean or Atlantic Ocean) and Research(题中的符号 * 表示词尾截断)。这个检索式看上去是比较完整的,但全式最后的一个词"Research"却成为一个败笔。我们检索得到的一篇篇的论文本身一般都是研究的成果,而在检索式中输入了"Research"后,则将大大影响最终检索结果的查全率。与本题中的"研究"相似的,如"作用""意义"等不必要的检索概念,或者有些检索词中已经含有的某些概念,在概念分析中都应予以排除。

3.4 对于有词表的数据库,注意摆正规范词与自由关键词的关系

对于规范词而言,表达同一主题概念的语词,在任何情况下其字面形式都是一致的。在信息存储的过程中,系统会将作者原文中的自由词纳入到规范词的体系中来,以引导用户规范检索流程,正确地扩大或缩小检索的范围,保证用户检索时的查全与查准。国外数据库比较多的应用主题语言检索体系,如美国医学图书馆 PubMed 数据库中的 MeSH 标题表、美国 Engineering Village 中的工程叙词表等都是很好的范例。

随着科学的发展,新词汇不断产生,有些词表难以及时更新,原有的规范词不能满足检索的需要,而关键词则是由原作者根据具体的研究而选定的,更能体现最新的词汇。因此,在确定检索用词时,可以遵循优先使用规范词,再根据实际需要恰当使用关键词的原则,以求得更满意的检索效果。

3.5 中英文翻译时不一定都能按字面对译

如同在中英文翻译时人们会强调不是所有的中英文都可以一一对应的一样,在选择检索词时,有些中英文之间可以一一对应,但有很多词却不是一一对应的。比如"网络资源"一词,很多人在检索外文数据库时就选择 Net Resources。其实,对于网络资源这个概念,Internet, World Wide Web, Web Resources, Networked Resources, Network-based

Resources，Virtual Resources，Online Resources 等都可以用来检索这个概念。

3.6 使用准确的代码

对于有代码的检索途径，一定要使用准确的代码。常见的有分类号、专利号、技术报告号、标准号、国际标准书号/刊号等，另外，在国外的数据库中还有期刊名代号、行业分类号、股票代号、邓氏编码等，检索时需要一一对应，否则容易出错。

3.7 字词相应位置进行截断或省略处理

对于英文词尾的规则性变换，或词形的变化，恰当地应用截断检索也是建立检索式时需要充分考虑的策略之一，有时可以得到四两拨千斤的检索效果。中文没有词尾的变换，但却也有大量的仅变化修饰性定语的词类，如刺绣、苏绣、湘绣、蜀绣等，如果要查全上位类的刺绣方面的文献，可以把修饰性的定语全部省略，近似于主题体系中的倒置标题词，只不过将倒置标题逗号后面的内容全部省略了。这在特性检索的主题体系当中，可以在一定程度上弥补分类的不足。

4 建立检索式

在狭义的认识中，人们对检索策略的理解就认为是检索式，这也说明检索式在检索策略中的位置。检索式是检索策略的具体体现，它控制着检索过程是否合理，关系到能否检索到最相关的信息。针对不同的搜索引擎、数据库以及不同的信息需求，其检索式的构造也不一定一致，设计合理的检索式成为提高检索质量的关键。

检索式是用布尔逻辑算符以及一些专门的运算符将各检索单元（如主题词或关键词或作者等）进行的组配。检索式的合理组配常常不是一蹴而就的，需要在检索过程中根据检索的结果不断进行调整，以达到较好的检索效果。

我们在检索"南京大学化学系科 SCI 论文"这一课题时,除了检索到南京大学化学系科的作者的 SCI 论文外,还检索到南京大学其他系科的人员与外单位化学专业人员合作的论文,如南京大学物理系的作者与南开大学化学系作者合作的 SCI 论文,南京大学商学院的作者与美国加州大学化学系作者合作的 SCI 论文等,这些都是误检的结果,不符合原题的要求。实际上在这个数据库中,在布尔逻辑算符"and"的层面上,还有一个可供选择的运算符"same",允许检索者将检索结果限制在同一个检索字段,或同一句话中。在某种程度上起到位置算符的作用。这些就需要检索者多多了解数据库的功能,选用最恰当的形式组成检索式才能得到满意的检索结果。

另外,在检索实践中许多检索者喜欢以多个检索式来进行同一个题目的检索,最后再合并所有的检索结果,作为最终检索结果。但这样的最终检索结果在很大的程度上是不正确的。以关键词检索途径为例,原始文献一般每篇文章要确定 3 －5 个关键词,也就是说,用户可以从 3 －5 个检索角度检索到同一篇文章,简单地合并这些检索结果,必然要造成检索数据的重复,如果要在这个基础上进行信息分析的话,则将产生数据错误。所以,对于复杂要求的检索,可以利用"专家检索"模块,根据要求选用多个检索字段,列出多项检索条件,形成多个检索式,然后将它们进行逻辑"或"的组配,最后以一个整体的检索式来操作,这样才能引导系统得出准确的结果数据。

5　评估与调整检索结果

对检索结果进行评估并不容易,因为谁也不知道在某个系统当中关于某个方面的文献到底有多少,检索用户可以做的就是要力求检索策略经得起推敲,检索过程不能出错。对检索结果进行调整还是有规律可循,有经验可总结的。一般来说,检索结果如果不理想的话,或者是检索结果过多,或者是检索结果过少。

检索结果过多,多数是由误检造成的:可能因选取的主题词本身的多义性造成误检,需要排除不相关的含义;

可能因选取的主题词的概念范畴太广,需用 NOT 限制或用下位词;

可能因检索的范围太宽,需要选用进一步限制的概念用逻辑"与"组配后进行检索;

可能因所选用的检索词的截词截得过短;

数据库提供的限制较为宽松也会造成检索结果的过多。

检索结果过少,则是因为漏检造成的:

可能是检索词的选择不合适,如选用了不规范的主题词或某些产品的俗称、商品名作为检索词,这时应采用规范词或增加同义词、相关词、用逻辑"或"组配后进行检索;

可能因同义词没能运用全,这时可适当增加同义词或同族相关词,用逻辑"或"组配后进行检索;

可能因在主题检索体系中下位概念未被包括;

也可能是因各种限制(Limit)过多,可适当取消不必要的限制;

可能选用的检索词专指度太高,这时可适当降低检索词的专指度。另外,除了前文提及的补充一些同义词或近义词外,还可以利用多字段检索,如同时使用题名、关键词和文摘等字段进行检索,然后将它们进行逻辑或(or 运算)的组配,这样可以有效地提高查全率。

与印本工具书的检索相比,网络信息的检索对检索策略的要求更高,因为在查找印本工具书时,若检索策略不够正确的话,检索者还可通过多次翻阅的方式,查到一定数量的结果。而机检时一旦检索策略有误则可能完全没有收获。在网络信息资源日益发展的时代,提出重视检索策略这一命题,对我们充分地利用网络信息有着重要的意义。

参考文献

1 张琪玉. 情报语言学基础. 武汉:武汉大学出版社,1997

2 张琪玉. 情报检索语言. 武汉:武汉大学出版社,1984

3 曹树金,胡岷. 国外网络信息查寻行为研究进展. 国家图书馆学刊,2002(2)

4 曹树金,胡利勇. 国外数字图书馆的信息组织与查询研究. 图书馆论坛,2004(3)

5 Berryman, Jennifer. What defines "enough" information? How policy workers make judgements and decisions during information seeking: preliminary results from an exploratory study. Information Research, 2006, 11(4)

6 Henry, Laurie A. Information search strategies on the internet : a critical component of new literacies. Webology, 2005, 2 (1)

7 中国期刊全文数据库. http://dlib3. edu. cnki. net

8 维普中文科技期刊全文数据库南京大学镜像站点. http://202.119.47.6

9 万方数据资源系统. http://www. wanfangdata. com. cn

原载于《图书馆论坛》,2008 年第 6 期

网络信息搜集过程中正确选择检索词的个案分析

——以检索近视眼手术治疗的期刊论文为例

随着基于互联网进行服务的各类信息检索系统的日益成熟与发展,人们的信息收集工作越来越多地依靠网络来进行。但同时我们又看到,几乎每个检索者都有过在搜索引擎或数据库面前,或者一无所获,或者虽得到成千上万个检索结果,但却与检索需求相距甚远的经历[1]。现实说明,对于网络信息的检索来说,技巧与方法越来越显得重要。这些技巧与方法至少包括选择检索工具,选择检索途径,确定检索词,建立检索式,评估与调整检索结果这些基本环节[2],其中,正确选择检索词是至关重要的环节。其重要程度,可以说怎样评估都不会过高。本文试图通过检索实例的个案分析来证明这个环节的重要性,以及其重要的程度。

1 检索词影响检索结果的实证

对于如"近视眼手术治疗"这样的检索需求,人们在选择检索词时会有多种思路。这里分别利用目前常用的3个中文全文期刊数据库(即维普、万方、CNKI),选择同样的检索时间段(1998－2009年年底,因为万方数据库收录全文期刊的回溯年份始自1998,故限定其他两个数据库起始年份相同),同样的篇名检索字段(极个别例略微借助其他字段),同时输入同样的检索词。由此可以看出检索词是如何导致检索结果变化的(其中维普数据库是镜像,其他均为北京主库)。3 个数据库的检索结果如下表所示。

表 1　不同检索词在有关数据库中所得到的检索结果数(单位:篇)

输入的检索词 \ 选用数据库	维普	万方*	CNKI
近视眼的手术治疗	0	15	27
近视眼 * 手术治疗	18	47	27
近视眼 * 手术 * 治疗	24	127	27
近视眼 * 手术	65	235	71
近视眼 * 术	221	371	135
近视 * 术	1116	1652	636
近视 * 术 + LASIK + LASEK	2052	3214	1859
近视 *(术 + 准分子 + 激光 + PRK) + LASIK + LASEK	2184	3265	2002
(分类号 = R778. 11 * 题名 = 术 + PRK + 准分子 + 激光) + 题名 = LASIK + LASEK	2041	系统报错	1470

* 万方系统不支持对检索字段的控制,尽管选择篇名检索字段,但其检索结果并不完全是在篇名字段匹配而得的。

表中共实验了 9 种不同的检索输入,其中前 8 种完全是在篇名字段实现的检索。从检索结果数字的变化,可以清楚地看到,仅仅是检索词的细微的变化,就可致检索结果大相径庭。这些对照十分鲜明的数字,证明了检索词对检索结果有着极其重要的影响。表 1 的检索词及其不同的组配可以归纳为如下几个类型。

(1)按检索题原样输入。检索者以使用搜索引擎的方式对待网络数据库的使用,即按原始检索题的语句输入,基本不做选词的工作。如本题即输入"近视眼的手术治疗"。目前,自动分词技术已被广泛地用于网络数据库中,这对那些缺乏数据库的检索知识的用户有较好的帮助,但由于自动分词技术在正确切分语词方面尚有局限,对全面准确获得检索结果都还有一定程度的影响,故是否采纳自动分词技术在中外数据库的建库中都有存在。在本例所采用的数据库中,维普数据库完全依据用户的输入条件进行搜索与匹配,故检索结果为0;而万方系统将用户输入的检索式自动分解为两个词组:“近视眼”和“手术治疗”,所分解出的检索词在检索结果中不分前后次序,同时自动剔除非用性检索词“的”;CNKI 系统与万方相同,有自动分词功能,且检索词更细分为“近视眼”“手术”“治疗”这 3 个检索词,同样检索词不分前后顺序。

(2)按题面选词进行布尔逻辑检索。本题有两组运算是仅按题面选词并继而运算的结果,即:①近视眼 * 手术治疗;②近视眼 * 手术 * 治疗。稍有点检索技巧的用户会考虑将提问语句分解为基本的检索用词,词与词之间根据其在具体语句中的关系,运用相应的逻辑运算,如“与”“或”“非”来进行组合检索。本例前者是两个词组间的“与”运算,后者则分解为 3 个检索概念间的“与”组合,都是要求这两组或三组检索词在同样的检索字段(本例为篇名字段)中同时命中。由于 CNKI 系统在前次的检索中已经由系统将用户输入的语句进行了如本例相同的分解,在检索词无增减的条件下,其检索结果不受影响;而维普数据库则严格按照用户的输入操作,其检索结果也随之分别得到调整;万方数据库的检索结果大有增加,但该库的检索不是严格按照用户选择的检索字段来操作,如两组匹配所得到的分别为 47 条和 127 条的记录就不是完全在篇名字段匹配的结果。

(3)排除不必要的检索词。本例在所选的检索词中去掉了“治疗”一词,这一处理使得检索式不拘泥于检索题的题面,而是根据检索需求删减了不必要的检索词。动作虽小,但意义重大,因为“与”运算是交集运算,覆盖每个检索单元,而不必要的检索词阻止了大量本该得到的结果。排除“治疗”一词对于本题的正确检索起到了积极的作用,3 个数据库的检索结果都有较大的增量。

(4)仅保留检索词的词干。对剩余的可用检索词进行精练处理,排除检索词中冗余的成分。本例中对所保留的“近视眼”和“手术”这两个检索词分别减去了“手”和“眼”，只保留了“近视”和“术”，其中，“近视”一词足以表达近视眼这个概念，而“术”则是以此来覆盖所有以“术”来表述的各类手术，如“切削术”“磨镶术”“磨削术”“激光术”“矫正术”“塑型术”等。经过这些调整，3 个数据库的检索结果都呈几何级数的增长，产生了质的飞跃。

(5)增加专有名词。在近视眼的手术中，还有些专门表示近视眼手术的名词，并且这些名词不会被覆盖在“……术”的检索词中，因此需要添加这一类的专有名词。

设检索式为：“题名 = 近视 * 术 + LASIK + LASEK”，其中 LASIK 和 LASEK 这两个专有名词本身就表示近视眼的手术，故只要参与“或”运算即可，不必与其他检索词组配。

在维普数据库中，这一检索式检得结果又在前次检索运算的基础上几乎增加了一倍。需要说明的是，维普数据库在检索运算符稍微复杂的情况下，检索词与运算符之间不得有空格，本题一定要去掉全部的空格，唯此方可操作，否则系统报错。

而万方数据库只在“专业检索”模式中接受多种运算符检索式的运行。可输入检索式“Title = 近视 * 术 + LASIK + LASEK”进行操作，得到结果 3214 篇。但遗憾的是系统在操作这一检索式时，并不是按照用户的要求限制在篇名字段运行的(这是 2009 年 12 月的状态)。

CNKI 数据库中，这一检索式得到的检索数同样也是翻番增长。该系统对检索式没有空格与否的要求。

(6)同义词扩展检索。在某些检索项中，还可以进行同位类检索词的扩展检索。在本例中，近视眼的手术还可以扩展到准分子激光疗法，如 PRK。但这一概念又不同于专有名词，因“准分子激光”在除近视眼的治疗之外还有多种用途。故这些检索词需与“近视”这一概念进行“与”运算，与“……术”进行“或”运算来操作。无论哪个数据库在执行这一命令后，其检索结果都有一定程度的提高，也就是说，同义词扩展检索在一定程度上提高了查全率。

(7)尝试族性检索。前文所做的全部检索都是在题名这一特性检索体系中操作的,但有些检索需求却可以在族性检索体系得到帮助。由于国内大量期刊文章附有《中国图书馆图书分类法》的分类号,这对在检索过程中实施族性检索提供了可能。对于本题来说,可以增加分类的检索入口,即:近视眼分类号 = R778.11(关于分类号 = R778.11的解释:R 医药、卫生→R77 眼科学→R778 眼屈光学→R778.1 眼应用屈光学→R778.11 近视)。

维普数据库有专门的分类检索界面。如果检索题不复杂,且没有特别要求的话,可以利用系统提供的分类检索界面而径直得到分类号,并赋予检索。本例以检索式“分类号 = R778.11”进行操作,获得结果 3000 篇以上。但这一结果并不完全符合本题的要求,因为 R778.11 指所有与近视眼研究相关的内容,并不限定在“近视眼的手术治疗”中。好在维普数据库分类检索界面还提供了与其他检索项的一次组合检索的机会(只有一次选择),故本题可以实现分类与题名的一次组合检索。由于分类号 = R778.11 的检索范围过宽,用户是可以通过题名做一定程度的限定检索的。遗憾的是,该系统的分类检索界面无法进行检索年限的设置。故以检索式“分类号 = R778.11 * 题名 = 术 + LASIK + LASEK + PRK + 准分子 + 激光”在该系统的高级检索模式下进行操作。

万方系统不支持这样的检索运算:其高级检索界面无分类检索字段;专业检索界面未提供分类检索标签;而经典检索中虽设有分类检索字段,但未提供检索运算符,也就是说这一界面不支持相对较为复杂的检索运算。

结合族性和特性检索的准确率很高,有些文章的篇名中无“近视”一词,如《准分子激光角膜屈光手术术前检查 656 例分析》《激光共焦显微镜对正常人中央角膜的观察》,这些文章在题名字段检索时是被漏检的,但在增加分类检索字段的情况下却可以命中,体现了族性检索的优势。

2 检索失误原因分析

通过前文的检索实例和检索结果的分析，我们看到，照搬检索题就进行检索，是完全不能满足检索需求的，谁能相信国内近 10 年中“近视眼手术治疗”方面的研究只有区区几十篇期刊论文；仅仅依据检索题面拆分检索词并进行组配检索，也远远不能得到满意的结果。由于选词不当而造成检索失误的原因大致有下列几点。

（1）仅依据题面拆分出检索词。很多人习惯于将题面拆分而成检索词。其实，题面上有些词若作为检索词就显得多余，比如本题题面上的“治疗”二字就完全是多余的，“手术”本就是一种治疗的方法，输入“治疗”就又排除了一批不具有“治疗”二字却内容相关的检索结果。而与此同时，更多的检索需求又不一定都出现在题面，需要我们根据检索需求进行深入的挖掘。所以，仅据题面拆分检索词是不能保证查全查准的。

（2）检索词以偏概全。近视眼的手术有多种，有许多具体的近视眼手术的名称不能被“手术”所概括，于是，那些篇名中含有具体手术的文章就被检索词“手术”中的“手”字阻挡在外了。

（3）检索词中有多余成分。系统是依据用户输入的检索词去搜索和匹配的，检索词中若有多余的成分，实际上就提高了匹配的要求，也就屏蔽了更多的检索词外的信息。如本例“近视眼”中，“眼”是多余的成分，“近视”就足以表达相同的概念。增加了个“眼”字，就排除了题名中含有“近视”，但不含有“眼”的那些文献，诸如篇名中含有《高度近视》《近视患者》《近视者》的文章就被系统在匹配时给忽略了。

（4）忽略了专有名称性质的检索词。就本题而言，有近视眼的专门手术名称为“LASIK”（激光原位角膜磨镶术）、“LASEK”（激光上皮瓣下角膜磨镶术）[3] 等，这些名称就代表着近视眼的手术，但却不一定要求“近视眼手术”的字样。然而在之前的检索中，这些专有名词没有被纳入到检索词的行列中。

(5)族性检索与特性检索体系混淆。检索者输入“近视眼的手术治疗”,就希望系统能够将这一类的文章都检索出来。其实,这里有族性检索的概念。族性检索可以在分类体系下实现,而特性检索则在主题体系下操作。殊不知,在我们当前所使用的,或者在建的系统中,大部分是特性检索系统。比如篇名检索、关键词检索、主题检索等,实际上都是特性检索。而特性检索如果没有健全的主题词表在后台做支持的话,是很难实现族性检索的功能的。

3 进一步的思考

“近视眼手术治疗”期刊论文的数量从 27 篇到 2000 多篇的检索过程,反映了在网络信息收集中正确选择检索词的重要性。通过这一实例,可以得出如下几点总结和建议。

(1)中文短语也可考虑截断或省略处理。在英文检索词的处理中,人们常用截词的方法来处理词尾的规则性变换,或词形的变化,如 econom * ,用以表示 economy、economic、economics、economist[4] 等,用 t? re,用以表示 tire、tyre 等。中文虽没有如英文形式的词尾的变换,但却也有大量的词干不变,仅变化修饰性定语的词类,如苏绣、湘绣、粤绣、蜀绣、双面绣、十字绣等,仅输入“绣”可覆盖大量的有关刺绣的检索;又如木桥、水泥桥、拱形桥、斜拉桥、悬索桥等[5],仅输入“桥”也可进行有关各类桥梁的检索;再如本文所讨论的塑性术、矫正术、切削术、磨镶术等,仅以“术”来表示也可在一定程度上满足有关近视眼手术的检索。由此可见,在词干相同的情况下,如果要查检某上位类所覆盖的有关下位类的文献,可以省略修饰性的定语。这样的处理方法近似于主题体系中的倒置标题词,只不过将倒置标题逗号后面的内容全部省略了。这在特性检索的主题体系当中,可以在一定程度上弥补族性分类的不足。

（2）分解单元越少越好，检索词越简练越好。尽量减少检索词的数量，排除重复的和不必要的概念。比如"近视眼" * "手术" * "治疗"中，"治疗"就是一个需要排除的不必要的检索词。尽量精练检索词，如"近视眼"一词中减少一个"眼"字，"手术"一词中减少一个"手"字，其结果就大不一样。可将这种方法比作钓鱼，我们将以最少最简练的词去获取最大最多的结果。

（3）各类数据库系统应最大限度地提高检索功能。现有的许多检索系统在检索功能方面还显得很脆弱，有的系统要区分大小写，有的系统要区分空格与否，有的系统只允许用算术运算符，有的系统只允许少量检索词的匹配，有的系统遇稍微复杂的检索式就出错，还有的系统甚至连用户自己输入一个运算符都易出错，一定要点击系统提供的运算符才能勉强运算起来。从长远的观点看，这些弊端也终将影响到检索系统的效率评价以及市场的拓展。

（4）强化系统的查全查准功能。有的系统只重视检索用户的普及应用需求，强调系统的易检性，而忽略了系统的高端应用需求，缺乏对复杂检索的应用条件的提供。越来越多的系统趋向于采用搜索引擎的方法来建立如今的学术性的数据库。如此发展下去，人们将会见到越来越多的搜索引擎，而非学术性数据库也。实际上，用户对查全查准的检索需求将会随着科学技术的发展而日趋强烈。当前，诸如新项目的开题、博士研究选题、竞争信息分析等，这些工作的重要前提之一就是全面准确的检索结果。国内许多数据库目前也提供了对检索结果的分析功能。而这样的信息分析完全是基于检索结果进行的，没有准确全面的检索结果，就无法得到正确无误的分析结果。

（5）呼吁更加优质的检索系统。如果将主题词表纳入到现有的特性检索体系中，如果将分类表纳入到现有的族性检索体系中，都将大大提高系统的质量，对检索结果的查全和查准将是十分有益的[6]。

参考文献

1 Calishain Tara. Information trapping：real-time research on the web. California：New

Riders Press,2006
2 华薇娜.网络信息检索策略的设计与实施的探讨.图书馆论坛,2008(6)
3 李镜海,肖瑛.近视手术治疗学.北京:人民卫生出版社,2001
4 Using Truncation.[2009-08-03].http://content.library.utoronto.ca
5 张琪玉.情报检索语言.武汉:武汉大学出版社,1984
6 华薇娜.分类:不可小觑的检索途径.中国索引,2008(2)

原载于《情报理论与实践》,2010年第7期

持浓厚的检索兴趣的关键环节。

在“外文社科文献检索”的“引路者”中，很多学生都选定自己自幼就感兴趣的题目，或选择当前社会、生活、政治、经济、文化活动中的热门话题，他们的题目新鲜又广泛，从中国的领袖到美国的总统，从老人社会到儿童教育，从哥特式建筑到敦煌壁画，从东方文字到玛雅文化，从信息经纪人到关贸总协定……五花八门，无所不包。每个题目所涉及的工具书均不下20种，多则达40多种。

在“科技文献检索”的“引路者”中，有人结合家乡的发展选题，有人结合父母的研究专业选题，也有人针对特定难题攻关，期望立竿见影。如有一学生的弟弟患了名为“非何杰金氏淋巴肿瘤”的绝症，他便以此为题，做成两大练习本的专题报告，试图找到治病良方。

在学生自选题的前提下，贯穿一个学期的练习对他们来说就不是负担，而成为兴趣所在，许多同学一有空余时间就一头扎进检索室、工具书室中，乐此不疲。

3.2 教师需参与选题

仅强调学生选题而教师放任自流，不闻不问，很可能影响这一练习的效果，原因在于：

（1）学生在选题时对这门课程还不熟悉，摸不着深浅，容易盲目选题；

（2）有些题目的检索面很小，不宜与授课内容配套进行，起不到深化课堂学习的作用；

（3）有些题目与本校的研究专业相悖，本校图书馆的馆藏限制其检索；

（4）未经教师确认的题目，学生会忐忑不安，在后续的检索实践中不易大胆地放手操作；

（5）教师胸中无数，缺乏进行检索辅导的准备。

总之，由学生自选，并经教师认可后的合适的选题，会使结果增色不少，尽管在选题阶段，有时会多次反复，多花了时间，但磨刀不误砍柴工，成功的选题为后续的检索扫清了障碍。

3.3 辅之以教师命题作业

对于一些索引多，结构复杂、难度较大的检索工具，教师还需要辅之以命题作业。因为“引路者”练习中有些课题与特定工具书的联系不紧，也有些学生会绕开难度大的工具书。即使学生用了特定的工具书，却没用到需要他们掌握的索引，这也会影响整体的教学效果。因此，根据特定工具书的特点推敲合适的实习题仍是十分必要的，但数量相对要少些，以免加重学生的作业负担。

3.4 要求学生选用一定比例的课堂未讲授过的工具书

强调这一环节，目的在于发挥学生学习上的主观能动性。为此，在课堂教学中就需要注重通过工具书讲检索方法与技巧，同时，将一些难度小或有所雷同的工具书安排给学生备课并讲解，或课堂提问由学生作答。这样做，为学生扩大选择工具书的范围做了引导与示范，也避免了课堂教学炒冷饭的现象。

3.5 结合实际，不断调整、改进和发展

任何事物都不是一成不变的，尽管为“引路者”练习规定了步骤和过程，但允许并鼓励学生跳出教师设计的框框任意发挥。曾有一位学生以“东方文字”为题，用问答的形式表述结果，虽不是教师要求的形式，但发挥得很好，获得了很高的成绩。再就是将“引路者”从作业形式逐步向文献调研论文的形式过渡，引导部分学生对文献检索结果进行各种分析处理，如数量统计、著者分析、主题分析、核心期刊归类等，以使这一练习方式向更高的层次发展。

经过“引路者”练习的训练，学生的检索技能大有提高，现不少学生可为外系外专业的学生进行检索辅导，有的可帮助老师、朋友查检资料，在检索室还能看到有学生为前来查检资料的教师、学者释疑解难，受到好评。这些成绩也是对教师工作最好的鼓励和鞭策。我们只

有不断探索，不断实验，不断总结、调整，才能使文献检索与利用的课程不断深入、发展与提高。

参考文献

1 沈固朝. 美国参考课教学方法的发展及其给我们的启示. 江苏图书馆学报，1990(2)

2 Lukenbill W Bernard. Teaching helping relation-ship concept in the reference progress. Journal of Education for Librarianship, 1977, 18(2)

3 Peterson Lorna , Conniglio Jamie W. Readability of selected academic library guides. R Q 1987, 27(2)

4 Stieg Margaret F. In defense of problems, the classical of teaching reference. Journal of Education for Librarianship, 1980, 20(3)

5 Library Literature, 1988 – 1993, 1995

原载于《大学图书馆学报》，1997 年第 2 期

在信息检索课程中引入团队合作方式的实验及其意义

团队合作是当代社会特别强调的一种精神，随着社会的发展，知识经济时代的到来，在很多情况下，单靠个人能力已很难完全处理各种错综复杂的信息并采取切实高效的行动，这些都要求组织成员之间进一步相互依赖、相互合作。将团队合作的方式引入到检索课教学中来，就是基于团队合作的思想，有指导地使用小组的形式，使学生能在一起学习，充分重视自身和互相之间的同舟共济的教学。团队合作的教学立足于以学生为主体的教学，可以把学生的单独学习变为合作性的学习，能发挥学生的主体作用，以改变传统教学模式中仅把学生当作接受方，教师一味灌输知识的局面。

目前，国内的信息检索类课程已逐步由全手工检索的教学向机器检索和网络检索过渡，因特网的快速发展，对检索课程的教学提出了更高的要求。为了培养学生适应团队合作的社会需求，也为了进行检索课程的改革，近年来我在检索课程中进行了团队合作的实验，收到了较好的效果。现总结如下，与同行们讨论。

一、做法

1. 内容

本实验的具体内容为信息检索个案研究。以分组方式进行，将全班学生随机分为10人一组，教师提供一批与课程内容相关的题目供每组学生选择，每个组的题目不同，要求学生在半学期的时间内完成所选课题的网络信息资源的检索并最终形成检索报告。整个教学过程分为7轮。每组10个学生的平均成绩作为该组每个学生的成绩。该成绩的比例占整个学期成绩的40%。

2. 分组

能否成功地引进团队合作方式进行教学，分组环节很是重要。在本实验中，按学号随机分组，每10个学生一个单元，比如我今年这个班150人就被分为15个组。由于随机生成小组，而且宣布一个小组的平均成绩为每个人的成绩，当时就引起轰动，下课后，教师周围拥满了学生，其中以平时成绩好的同学为主，他们难以接受10人的均分为自己分数的结果。但9周之后，每组学生均提交了合格的检索报告。

3. 步骤

实验由以下8个步骤进行，也就是教师向学生公布的8轮作业：

第一轮：一般在课程进行后第三周始，老师先公布大量的与教学课程密切相关的课题供学生选题用，由学号尾数为1的学生作为召集人，组织全组讨论选题取向，以及大致的做法，和分工等。

第二轮：第五周，每个组根据检索课题选择符合题意的中英文网络资源各一个，做简单介绍与评价，学号尾数为2的学生为本周召集人。同时，教师随机抽取一至两个小组向全班做演讲，介绍他们正在进行中的成果。发动学生讨论评价，教师做讲评，提出优缺点。

第三轮：第六周，每组根据检索题选择收集中英文网站各10个，做较为深入的介绍与评价，学号尾数为3的学生为本周召集人。教师继续随机抽取一至两个小组向全班做演讲，介绍他们在上一轮的基础上经过改革后的成果。学生继续讨论评价，教师讲评。

第四轮：第七、八周，要求每组选择适合每个个案的中英文网络资源30个左右，经过收集、分类、评价、总结后形成报告，学号尾数为4的学生在全班做演讲,并最终形成书面作业的形式,学生讨论,教师做讲评。

第五轮:第九周,各组讨论感想,总结评论,由学号尾数为5的学生形成书面总结。

第六轮:在检索报告的基础上做成论文形式,有些达到公开发表条件的,鼓励学生发表研究成果。这部分内容是各组学生根据对自己成果的自我评价后,选择进行。由学号尾数为6的学生或该组自愿执笔的学生负责。

第七轮:总结检索技巧,说明提高查准率、查全率的方法等。由学号尾数为7的学生负责。

第八轮:评分,在这项任务结束之前,通过网络教学平台公布所有成果,学生仍以团队形式给出其他小组的参考成绩。由学号尾数为8的同学负责。

由于有些小组的学号学生因为转系、休学等原因有空号,有些步骤的工作量较大,故还有两个学号的学生可以作为机动,根据需要补充到其中的一些环节中,也可按需要安排其他的任务,诸如研究报告的修改润色等。

另外,在教学过程中还可贯穿一些思考题,以提高学生独立思考的积极性。

二、意义

1. 资源共享的需要

一方面,目前国内大学校园内网络信息资源检索的条件限于校园网的范围,这可以解决国内的绝大多数网络资源以及目前国内高等教育资源保障体系付费的那部分国外数据库的检索实习。而校园网上难以使用国外的网络信息资源,但就网络信息资源的深度而言,缺乏国外资源这一块则很难掌握网络信息资源的全貌。而另一方面目前大学校园里许多学生有自己的电脑,他们可以通过拨号上网的方式检索国内外的网络信息,以弥补校园网覆盖范围的不足,但同时又不是每个学生都具备这一条件,于是,引进团队合作,以小组的形式可充分利用现有资源,达到资源共享的目的。

2. 互帮互学的需要

网络资源面广量大,又缺乏特定的统一的标准,尤其是大量国外网络资源均以原语种出现,使其又增设一重语言上的障碍。网络资源的这种特殊性、复杂性和随意性决定了学习这门课程的难度。通过团队合作的方式,学生们集思广益,互帮互学,确实能收到课堂讲授所难以比拟的效果。

3. 改革原有教学方式的需要

随着检索工具由书本式往机读式的改变,以及机读检索工具由光盘数据库往联机数据库以及网络资源的改变,也呼唤着我们原有教学方式的改变。同时,由于计算机技术的普及,大学生的上网能力与计算机的应用能力很强。不需要完全沿用以往实习室辅导的方式,检索课程可以由讲授型向启发性发展。但如果放任自流又有可能走向另一极端。以团队合作的方式既可避免个别学生学习上的不自觉性,又可通过同学之间的互帮互学,扬长避短,起到较好的实习效果。

4. 提高学生自学能力的需要

网络上海量的信息资源告诉我们,仅靠教师课堂的讲授是不能满足这门课程的要求的,教师无论是牵着学生还是扶着学生都不是好方法,最好的方法是推着学生往前走,换句话说,更重要的是要让学生学会搜索网络信息的技巧,也就是我们常说的授人以"鱼"还是"渔"的问题。通过一段时间的实验,几乎每个认真参与的学生都认为这次实践让自己终身受益,真正锻炼了自己的自学能力,今后敢于面对各类网络信息资源检索的问题。

5. 把许多专业课程的知识联系起来

在检索课之前,我们的学生已经学习了多门专业课知识,尤其有大量的理论课知识。但由于缺乏实践机会,往往考完试后,教科书便被束之高阁,所学的理论也就逐渐淡忘了。这次团队合作进行检索实践的锻炼,使许多学生找回了以前的课本,把以前所学的一些理论知识贯穿到实践中来,如信息分析的理论、信息评价的指标等都被学生们应用自如,同时对这些理论加深了理解。

6. 让每个学生都得到锻炼

西方教学理念中有一条叫作"一个好教师应接受他所有的学生"。但当我们进行常规的课堂讲授时,教师很难掌握好这个原则,往往忽视的就是那些平时接受能力相对弱一些,而又怯于与教师交流的学生。但在这种团队合作方式的教学中,组员间的近距离互相帮助使这些同学获益,同时不愿意因为自己而拖了全组后腿的欲望又激发了这些同学潜在的学习热情,他们比个人单独学习更认真。因此,团队合作的教学方式使每个学生都得到锻炼机会。

三、需要强调的几个方面

1. 教师全程跟踪

这个环节是本项实验能正确进行的重要条件。学生学习一门课程,开始时是探不着深浅的,他们接到任务时很茫然,不知道自己能不能做,更不知道能不能做好。教师的全程跟踪,随时解答学生的提问,根据特定的题目、特定的层面进行辅导,了解进度,掌握难易程度,一方面给学生很大的支持,另一方面也为自己掌握本项实验的深度确定了分寸。利用网络教学的平台,学生随时可以与教师讨论或邮件交流,使得教师的跟踪更加方便和可行。

2. 每周轮换召集人

虽然有个别的学生提出来轮换召集人的方法不容易掌握一个课

题的连贯性,缺乏统一性。但绝大多数学生还是支持这一方法,因为这是一个教学模式,而不是一个科研模式,需要让每个学生都得到机会,都得到锻炼。

3. 坚持以全组平均成绩作为每个组员的成绩的原则

这是团队合作能否真正实现的基本原则。当我宣布这一原则时,全班立即哗然,尤其是平时成绩好的学生不同意以均分作为自己的成绩。但如果放弃这一原则,团队合作就会流于形式。在进行这项实验的半个学期中,经常能听到这个班的学生说“今天我们小组要开会”,“我的分工范围是……”等。课题完成后,学生一致认为,这次学习不仅是完成了教学任务,而且学会了如何与他人合作。而这正是当今年轻人需要具备的一种素质。

4. 大班演讲是不可忽视的环节

如果没有演讲,也只能是一个个独立的小组的工作。但自从进行了这项实验后,随着每周工作的递进,课程的不断深入,在每周课前或课后,留出一定的时间,通过一次次循序渐进的演讲,同学们通过互相观摩、互相学习,汲取其他小组的长处,比学赶帮,共同提高。有几次演讲会变成了全班的讨论会,甚至争论会。通过讨论,理清了思路,巩固和提高了对专业知识的理解。

总之,把团队合作的方法引入到检索课教学中来,是一种教学方法的新的尝试。我们只有不断探索,不断实验,不断总结、调整,才能使信息检索课程不断深入、发展与提高。

参考文献

华薇娜. 在文献检索课程中贯穿“引路者”练习的实验及其意义分析. 大学图书馆学报,1997(2)

原载于《大学图书馆学报》,2003 年第 5 期

在信息检索课程中贯穿个案分析的实验及其意义分析

1 问题的提出

信息检索教学必须辅之以动手操作,也就是我们平常所说的实习,即借助于各种检索工具(包括印刷型和机读型)进行查找信息的练习。传统的检索实习是:教师讲完某种或某些检索工具后布置一定数量的题目,当然这些题目的答案是确定的、现成的,学生只需按图索骥,检索出结果就行。这对了解特定检索工具是有用的、可行的。但在实际的信息检索工作中,一项课题或工作任务所需的信息资料在何处,如何查找,如何组织信息并做出评价,这些是没有确定的、现成的答案的。需要检索者从分析课题开始,经过选择检索工具(包括印刷型的工具书和检索刊物、计算机检索数据库和网络信息资源站点等)、拟定检索策略、实施检索方案,直至评价检索结果等多个步骤来实现。换句话说,常规的检索实习只是让学习围绕着信息资源大森林中的一棵棵的树进行,缺乏让学生掌握与了解这个大森林的全方位知识的手段。于是,我们常常发现我们的学生在经过了检索课教学后,并没能很好地掌握检索特定课题的实战方法与技巧。"个案分析"的提出和实施,就是希望通过个别的检索实例,让学生自觉应用教师课堂讲授的检索方法,去熟悉和掌握一批课堂上讲过和未讲过的检索工具,通过检索、整理、比较、分析、讲演、编写课题报告或论文等一系列环节,锻炼学生除了具备具体的工具书或数据库的检索能力外，还能够具备明确检索具体任务的能力、正确制定检索策略的能力、分析特定信息在满足具体信息需求中特定价值的能力、组织整理信息，提供信息产品的能力以及信息评价的能力等。为了培养学生适应现代社会对信息检索和信息利用的更高的社会需求，也为了进行检索课程的改革，近年来我在检索课程中进行了个案分析的实验，收到了较好的效果。

2 个案分析的内容与形式

个案分析强调个案，强调针对一个具体的实例逐步深入研究。每个学生的选题基本上都是独特的、个别的，选题过程成为个案分析的一个重要阶段。目前笔者所实验的个案分析的选题主要有三大类六种形式：

（1）专题信息搜集或信息分析，包括信息搜集与信息分析两种选择。其中，专题信息搜集是指通过一定的途径收集有关研究主题的一批信息资料，这些资料包括印刷型和计算机阅读型资料（近年来，我们尤其注重通过数据库与因特网收集专题信息），并将收集到的信息资料按一定次序和体例编成指南。用户可以通过这些指南找到他所需要的信息资料。相对来说，这一种练习在难度上比其他的练习要小些。

而专题信息分析类则是一种信息检索调研综述报告类的练习。主要是针对某个检索的主题，通过选择信息源数据库，检索出一定数量的检索结果后，对这些检索结果经过多方面的、多角度的分析、综合、研究，提出有数据、有对比、有分析、有观点的成果，多以定量分析方法进行。

1）对文献数量进行分析，绘制普赖斯曲线图。这是所有分析的第一步，通过对特定信息源中特定主题文献数量的统计，从文献量这个外部特征的角度，来分析该主题的发展状况，走势等。对文献数量的分析，可以从这几个方面进行：a. 各年文献量。以年代为单位，计量样本的文献量。也可以统计某个或某些单位的文献数量，进而进行比较。b. 文献类型分析。对文献类型的分析,可以考证在所分析的样本中,所分析主题的研究成果类型的分布以及研究论文、综述性论文等参考价值较高的文献类型所占的比例等信息;如果原始文献的语种除英语外(国外数据库的主要语种为英语)的其他语种所占比例较大的话,也可作为一个分析项目。对于其他类型的文献,如博士论文,还可考虑按授予学位的机构来统计文献量;对于专利文献,还可按授予专利权的国家来统计文献量等。

2)著者分析。著名的洛特卡定律就是用来揭示著者与文献数量之间关系的。通过一定范围内文献著者的分析,我们可以研究科学家的活动规律,研究人才的著述特征,了解某个学科的学术带头人、核心著者等,以便科学管理的正确决策,也便于研究人员之间的信息交流。另外,还可按著者所属的国家来统计文献量。

3)机构、地区分析。这里的机构,主要依据文献著者所在的工作机构。通过机构分析,可以考证各地区、各科研单位科研力量的分布、学术研究的强项及弱项。在这一部分,还可以根据各机构著者间的合作情况,分析各机构、各地区的科研合作的实际情况。另外,根据著者跨机构的合作情况,可分析出有关研究单位的科研合作的范围,如与国外哪些国家间的合作,与国内哪些机构、哪些城市的合作,省会城市是否起到本省科研领头的作用,还有哪些潜力可挖掘,通过这些数据的统计分析,结果将会一目了然。

4)核心期刊分析。根据文献分布的布拉德福定律,某一学科大量的文献相对地集中在一定数量的杂志上,而剩余部分的文献则依次分散在其他大量的相关杂志上。基于这个思想,我们可以在某个主题检索结果的范围内,分析出这个文献集合中的核心期刊,得出这一主题的成熟程度,并有助于人们集中注意力,了解掌握这一主题的主要研究成果。

5)主题分析。这是所有分析环节中最重要也最复杂的一个环节,其他的环节或步骤几乎都是涉及文献信息的外部特征,但唯有主题分析,完全基于文献的内部特征。主题分析一般根据来源文献中论文的篇名,结合著者的单位和发表期刊的名称,对大部分论文的主题进行归类与统计。

6)引文分析。引文分析是指对文献的参考文献的分析。这是因为科学论文的相互引用,说明了文献之间内在的相关性,研究人员一般不会无缘无故地引用与其论述主题完全无关的文献。而文献被引用的次数多少,有可能是该文献学术水平和科研价值的重要测度之一。由于引文分析的角度也有与上文的几个方面有所重复,故引文分析可以单独另文进行,当然也可以同步进行,作为前文的佐证或另一个角度的分析。

至于具体的分析过程,本来是没有框架结构的,研究者认为哪个角度分析有意义,就可以从哪个角度开始并深入进行。但由于学生一般在这门课之前很少有如此复杂的小型研究的训练,如果没有一个既定的框架,就如同面对一个斗大的馒头,而无从下口。换句话说,给一个框架,不等于给一个枷锁,允许学生根据具体情况自行组织信息分析的方法、内容与范围。

(2)公司/企业或产品信息调研。包括公司/企业信息调研与产品信息调研两种选择。内容涉及所检索对象的概况(如历史、沿革、组织机构)、人力资源(包括职员人数,人员结构,CEO、CIO、CFO 等)、财务概况(包括固定资产、无形资产、现金流量、销售数据等)、产品(包括对产品的描述、品牌、数量、价格、产品样本、价格单、最新产品等)、市场(包括国内、国外的市场分布、销售渠道、销售额、国内外同类产品的细节、用户类型等)、技术(包括采用的技术标准、已有的技术人员的结构、规模、拥有专利的细节等)、资源(包括书籍、报刊文章、网络资源、工作报告、有关政府部门的相关报告和统计数据、与工商企业生产、销售活动有关的法律法规、各有关行业协会的成员名单、行业标准、规定、厂商名录等)、合作情况(包括合作单位的分布、数量、历史沿革等)等。上述多个方面不要求面面俱到,也不限于仅仅这些方面,学生根据具体情况自行确定调研的内容。

(3)数据库设计。也有两种形式,一是学生根据已学习过的检索数据库的知识自行设计或模仿设计出特定的检索数据库。二是编制对检索结果进行分析的数据库。后者一般在我们课程中通过支持其他学生的信息分析来实现(也被称作技术支持,Technical Support)。通过自己设计数据库,让那些特别热衷于数据库设计的学生真正认识到信息检索系统的设计其实是多么的复杂和专业化,反过来又认真地投入到专业知识的学习中。

3 意义

(1)是适应课程本身发展的需要。1984 年教育部做出的在全国高校普遍开设文献检索与利用课程的决策具有战略意义,为大学生们在现代社会取得成功打下了良好的基础。文献检索课从最初完全传统的印刷型检索工具开始,80 年代后期逐步结合计算机联机检索的知识,90 年代中后期又陆续融入脱机的光盘检索的内容,到如今网络信息资源的检索,如此巨大的变化,仅发生在短短的十多年中,这也许是国内教学内容变化最快的课程之一。然而,当我们果真面临汹涌澎湃的网络信息的大潮时,却发现,我们原有的教法已跟不上网络发展的步伐。课程本身的发展呼唤着我们对原有教学方式的大刀阔斧的改变。同时,由于计算机技术的普及,大学生的上网能力与计算机的应用能力很强,检索课程完全可以由讲授型向启发型发展。

(2)是适应因特网发展的需要。网络上海量的信息资源告诉我们,仅靠教师课堂的讲授是不能满足这门课程的要求的,教师无论是牵着学生还是扶着学生都不是好方法,最好的方法是推着学生往前走。换句话说,更重要的是要让学生学会搜索网络信息的技巧,也就是我们常说的授人以“鱼”还是“渔”的问题。通过个案分析的实验,几乎每个认真参与的学生都认为这种实践让自己终身受益,真正锻炼了自己的自学能力,今后敢于面对各类网络信息资源检索的问题。

(3)是结合社会实际,满足社会需求的努力。随着经济的发展,人们不再满足于学生是否学习过信息检索的方法,而更在意他们是否具有信息调研分析的实战能力。个案分析可以帮助学生了解并熟悉信息调研的具体方法、过程与几乎所有的细节,是一次实战的演习,有些题目甚至就是真正的社会需求的课题。信息检索课教学通过个案分析,突破了纸上谈兵的模式,让教学与社会更贴近,将学生领进了社会的大课堂。

4 需强调的几个要点

(1)重视选题。一般在一学期开课后立即布置,要求学生第三周起开始选题。教师要求学生的选题一定要与老师见面,经教师核实通过后方可确定。选题一般需要磨合 3 — 5 周,有的学生或有的题目由于多次反复,耗时还会更长些。

(2)强调每人一题。这是本项实验的关键,如果大家做同样的题目,就不可能达到每人都得到锻炼的效果。但这也给教师带来了很大的困难,试想全班 100 多个学生做下来的结果,仅阅卷的时间就很可观了。但当看到学生通过一门课程得到的锻炼,做出的成果,教师也就能坦然承受了。

(3)交代难度系。如此大范围的练习,因难度不同,教师很难把握好平衡,所以事先要向学生交代难度系数。比如,信息搜集与信息分析的难度系数就不同,后者难于前者,这一点从开始时就得向学生交代清楚,以免后期判定学生成绩时产生不必要的麻烦。

(4)强调检索结果的准确。检索结果的准确才能保证后续分析的成功。同时,这也是一个验证查全率、查准率的过程,检验理论与实践是否能很好结合的环节。所以,要求学生十分重视这一过程,特别要求注意检索式的严密与准确。实践证明,这一过程让学生受益匪浅,为学生们今后真正实施检索打下了良好的基础。

(5)教师全程跟踪。可以说,这个环节是本项实验能正确进行的重要条件。学生学习一门课程,开始时是探不着深浅的,他们接到任务时很茫然,不知道自己能不能做,更不知道能不能做好。教师的全程跟踪,随时解答学生的提问,根据特定的题目、特定的层面进行辅导:了解进度,掌握难易程度,一方面给学生很大的支持,另一方面也为自己掌握本项实验的深度确定了分寸。利用网络教学的平台,学生随时可以与教师讨论或邮件交流,使得教师的跟踪更加方便和可行。

(6)随时随机要求部分学生在课堂做演讲。这个环节要求学生随时准备汇报自己的作业进程,并提出问题。在这个环节,学生将自己已经完成的作业内容做简单的介绍,教师发动学生讨论,最后教师总结讲评。这样,一方面可以及时发现学生在实习中可能出现的问题,并适时给以纠正和辅导;另一方面,也为教师提供了一个解答共性问题、推广范例的机会,同时,学生也可以借此机会互相取长补短,比学赶帮,共同提高。

总之,把个案分析的方法引入到检索课教学中来,应该说是一种教学方法的新的尝试,或者说是我们不断地摸索教学改革的新的努力。我们只有不断探索,不断实验,不断总结、调整,才能使信息检索课程不断深入、发展与提高。

参考文献

1 华薇娜. 在文献检索课程中贯穿"引路者"练习的实验及其意义分析. 大学图书馆学报,1997(2)

2 蒋悟生. 文献检索与利用课程教学与学生创新能力的培养. 津图学刊,2001(2)

3 蒋子春. 对文献检索与利用课的几点质疑和思考. 情报杂志,2002(8)

4 张宏彦. 对高校科技文献检索课教学的探讨. 现代情报,2003(10)

5 邹忠民. 从传授型教学到研究型教学——网络环境下大学文献检索课教学的发展方向. 图书情报工作,2002(7)

6 毛有桂. 网络信息环境下文献检索课教师角色的转换. 农业图书情报学刊,2003(6)

7 华薇娜. 在信息检索课程中引入团队合作方式的实验及其意义. 大学图书馆学报,2003(5)

原载于《情报杂志》,2006 年第 3 期

在信息检索教学中贯穿招投标机制的实验及意义*

招投标包括招标和投标两个方面。招标是指招标人通过招标公告或投标邀请书等形式，招请具有法定条件和承建能力的投标人按照同等条件参与投标竞争。招标方对各投标者的报价及其他的条件进行审查比较后，从中择优选定中标者，并与其签订合作合同。投标是指经资格审查合格的投标人，按招标文件的规定填写投标文件，按招标条件进行方案设计，编制投标报价，在招标限定的时间内送达招标单位。并经过公开的方案陈述等环节，凭借其所在单位的实力和优势、经验和信誉，以及投标的水平和技巧获得项目承包任务。

招投标机制因其所提供的公平竞争环境、公开透明的操作等优势，一般被较多地用于建筑工程的发包承包环节，近年来也被较多地用于政府采购项目上。为了给学生提供更多地参与教学与科研的机会，也为了进行信息检索课程的改革，近年来笔者在信息检索课程中尝试性地引入了招投标机制的实验，收到了一定的效果，现总结如下，与同行们探讨。

1 实验的前提

多年来，在为本科生开设的信息检索课程的教学实习环节中安排

* 本文系南京大学“研究性教学课程”建设项目〔2007－03－23〕研究成果之一。

了名为"Pathfinder"的综合练习。在这样的综合练习中,有一个很重要的环节是选题。选题是后续工作的起点,一个好的选题就可能是成功研究的一半。但对于二、三年级的本科生来说,他们刚刚走进专业领域的大门,由于学习专业知识,接触专业实践的时间有限,深入到学术性科研活动中的机会也很少,要想选出一个学术比较强,并且又能操作的题目是一桩很难的事情。如何帮助学生选题,选出好题,选出合适的题,就成了能否成功地进行综合练习的关键因素。但另一方面,教师们因为多年教学与科研的积累,以及进行中的科研课题,手里有着大量的学术性的,或者新颖性的,或者前沿性的、具有研究价值的选题。这些选题如果能与学生的兴趣、能力相碰撞,对学生的选题来说,无疑是有益的。但这需要一个平台,需要一个在师生之间,或者说是在这些题目与学生之间能够进行相互沟通的互选的平台。而招投标环节中在招标方和投标方之间形成的这种公开的互选的竞争机制恰恰给了笔者这样一个平台。

2 实验的内容

教师公布一系列的选题,学生根据自己的兴趣、能力来接题,并提出完成这个题目的计划和方案。若有多个同学同接一题,则由所有接题的同学以公开演讲的方式(或网络平台上的讨论版)分别向全班陈述自己的解题思路和实施步骤。在此基础上由教师来确定,或者由全班同学用打分的方式来选择最终接题方。

3 实验的步骤

3.1 教师公布选题招标

教师根据学生的基本能力和可能接受的程度,公布一定数量的可供研究的题目,并提出各个题目的一些基本的、相对比较具体的要求,包括信息的收集、数据的整理、结果的要求等。

3.2 学生接题投标

学生在自愿的前提下接题投标。在这个环节,学生要完成一篇投标报告,说明接题的目的、解题的方案、实施的计划、完成的步骤等。

3.3 投标陈述

在教师所公布的招标选题中,一定有热门与冷门之分,有些可能很有吸引力,有些则可能平淡些。如果有两个及两个以上的同学选中同一个题目,他们就要对自己的选题做一番投标陈述。这种陈述可以是文字形式的,也可以是口头表达或讨论式的。并通过课堂,或网络讨论版等平台向他人公布自己的投标方案、计划和步骤等。

3.4 适当调整

教师对所有投标题进行汇总后,主要按学生的意愿确定各题人选。对于一题多人的情况,可以根据学生投标陈述的结果择优选择(也可以组织学生对这些陈述进行讨论后确定人选)。不过,对于多人同选一题的情况,笔者一般是组织所有选题人来合作进行研究(结合团队合作教学方式来鼓励、推动学生间的合作研究)。

4 实验的意义

4.1 提供了学生参与教学的平台

信息检索是一种需要动手操作的具有技能特征的方法性的技能,这就决定了信息检索课程的教学不应该仿照其他推导性的课程那样由教师主宰着讲台,而是需要学生参与到教学环节中(Student Engaged Education)。教师需要想方设法调动学生参与教学的积极性。将招投标机制引入教学，为学生参与教学活动提供一个切实可用的平台。教师通过选题招标，首先给学生创造了一个在课堂讲授之外的很大的选择空间，而学生通过投标环节，根据自己的兴趣爱好自由地选择自己热衷的研究课题，并通过投标方案设计、公开投标陈述等过程，结合课堂知识，发挥与表述自己的创意，达到了充分参与教学的目的，起到了课堂上难以企及的效果。

4.2 引进了公开公平竞争的机制

在一般的教学环节中，本科学生并没有机会参与到各项科学研究活动中来。教师也不容易组织学生加入到有研究意义的课题研究中。如若需要组织学生参加科研工作时，也只能选择其中一些学生参与，但这对更多的选择之外的学生，却是不公平的。况且其中的信息也是模糊的，学生不知道具体的研究内容，教师也不知道学生的方案。但在我们招投标的实验中，教师与学生之间可以进行充分的对话，所有的信息都是公开透明的，全体学生的机会也是一致的。

4.3 扩大了学生的选题范围

对于二、三年级的本科生来说，他们才开始进入专业的学习，对专业的了解，无论是从广度还是深度上看都是有限的。因此，要他们在专业范围内选出具有理论价值或应用价值的研究课题，难度较大。但如果没有合适的选题，就很难取得锻炼学生研究能力的效果。而专业领域的教师在长期的教学与科研实践中已经积累了大量的有研究价值的课题。因此，通过招投标的手段，教师结合教学要求公布一批与课程相关的选题，就在很大的程度上拓展了学生的选题思路，扩大了学生的选题范围，具有积极的意义。

4.4 更有效地延伸了课堂教学

将大学的课堂教学由课堂向课外发展一直是人们所提倡的，一般情况下教师多通过布置作业的方式来实现。但完全依靠作业也会产生一些弊端：首先，大学生对过多的作业容易产生反感；其次，在网络普及的时代，作业形式也受到一定程度的冲击，那些对作业有怕苦畏难情绪的学生，很容易通过网络互抄作业。在信息检索课程中以招投标形式贯穿的实践活动，实际上也是一种作业练习，但这是一人一题，或一组一题的作业，一方面容易引起学生的兴趣，另一方面也杜绝了互抄作业的可能。从有效地组织学生课堂外学习的角度来看，这也是一种有益的尝试。

5 有关实验的小提示

5.1 课题必须结合课程内容

只有结合课程内容的课题，才能激发学生的学习兴趣，也才能起到辅助教学的作用。不过，这对教师来说，也是具有一定的挑战性的。但对于信息检索课程的专业教师而言，以有效的信息检索手段，动用互联网的资源，结合平时的教学与科研的实践，参考图书馆的查新需求，多花点备课时间，一定能够设计出一定数量的结合课程内容的课题。

5.2 可以结合平时成绩来进行评价

如果没有评价，任何实验性的活动都不容易收到预期的效果。对于教学实验性的活动，可将其以一定的比例计入平时学习成绩，作为课程考核评价的一部分。这无论是对教师还是对学生，都是有推动作用的。

5.3 教师尽量进行全程跟踪

学生尽管对其所选的课题进行了投标陈述，但他们毕竟是学生，他们缺乏研究的经验，还没有足够的解决问题的能力，在真正深入进行课题研究时仍然会碰到很多困难。有的学生还会半途而废。教师若能全程跟踪，及时地解答学生的提问，根据特定的题目、在特定的层面进行相应的辅导，及时地了解研究进度，掌握难易程度，一方面给学生很大的支持，另一方面也为自己掌握本项实验的深度确定了分寸。

5.4 借助网络平台

借助网络教学的平台，学生随时可以与教师讨论或交流，使得教师的跟踪更加方便和可行。如果没有专门课程的网络平台，借助于教师的电子邮件信箱，或在线聊天工具等，也可以达到师生间尽快交流沟通的目的。

5.5 处理好竞争与合作的关系

竞争与合作其实并不矛盾，处理好竞争与合作的关系，可以帮助我们在一定程度上获得双赢的效果。其实，我们在课程教学环节中引入的招投标机制，更重要的是引入的一种公开公平的理念。因此，在具体操作时可以在一定的程度上淡化其竞争的内容，而辅之以合作的成分，尤其是在几个同学竞争同一研究课题时，在公开陈述个人方案的基础上，以合作进行研究为首选。当然，教师如果希望通过这一环节来加强学生对竞争概念的理解与体验也无可厚非，但实验的目标却有所转移了。

总之，把招投标机制引入到检索课教学中是一种新的教学方法的尝试，或者说，是我们不断地摸索教学改革的努力。在这个过程一定会有很多的新情况，新问题，也一定会有不同程度的缺陷或瑕疵。我们只有不断探索，不断实验，不断总结、调整，才能使信息检索课程不断深入、发展与提高。

参考文献

1 华薇娜. 在文献检索课程中贯穿“引路者”练习的实验及其意义分析. 大学图书馆学报，1997(2)

2 华薇娜. 在信息检索课程中引入团队合作方式的实验及其意义. 大学图书馆学报，2003(5)

3 杨晓蓉. 中文图书采购引入招投标竞争机制的利弊分析. 图书馆学研究,2006(2)

4 梁蜀忠,石建. 高等院校文献检索教育创新模式的思考. 中华医学图书情报杂志,2007(1)

5 金白杨. 文献检索课中"研究性学习"与"接受性学习"的整合. 图书馆杂志,2007(2)

6 梁世亮. 我国招投标机制探究. 经济与管理,2007(4)

7 李丽华. 信息时代"文献检索与利用"课的改革与实践. 图书馆学研究,2007(9)

8 Student engagement. [2008 - 10 - 31]. http://en. wikipedia . org/wiki/Student-engagement

9 Kerri-Lee Krause. Understanding and promoting student engagement in university learning communities. [2008 - 11 - 02]. http://www. cshe. unimelb. edu. au/pdfs/Stud-eng. pdf

原载于《图书馆论坛》,2009 年第 6 期

主要论著目录

著作

1. 华薇娜,张侠. 南极条约协商国家南极活动能力调研统计报告. 北京:海洋出版社,2012
2. 华薇娜. 信息检索“教”与“学”. 南京:南京大学出版社,2010
3. 沈固朝主编;储荷婷,华薇娜副主编. 信息检索(多媒体)教程(修订版). 北京:高等教育出版社,2009
4. 华薇娜. 图书馆学. 情报学专业英语. 南京:南京大学出版社,2009
5. 华薇娜,王丹,刘雄健. 站在巨人的肩膀上——中外科普名篇品读. 南京:江苏少年儿童出版社,2006
6. 沈固朝主编;华薇娜,崔旭副主编. 网络信息检索:工具、方法、实践. 北京:高等教育出版社,2004
7. 张厚生,华薇娜. 网络信息资源检索与利用系列丛书. 南京:东南大学出版社,2004 年 2 月起陆续出版
8. 华薇娜. 网络学术信息资源检索与利用. 北京:国防工业出版社,2002
9. 沈固朝等. 信息检索(多媒体)教程. 北京:高等教育出版社,2002
10. 陆宝树,华薇娜. 科技文献检索题解析. 南京:南京大学出版社,1993

论文

1. 皇甫青红,华薇娜. 中国作者北极国际核心期刊论文调研分析——基于 SCIE、SSCI、A&HCI 数据库的文献调研. 现代情报,2014(1)
2. 王幸,华薇娜. 国内外全文数据库检索功能比较研究. 新世纪图书馆,2013(9)
3. 刘婧,华薇娜. 国内外网络阅读研究概述——基于 WoS 数据库与 CAJD 数据库的文献主题分析. 新世纪图书馆,2013(6)
4. 王倩筠,华薇娜. 北极主题研究文献引文分析. 现代情报,2013(6)
5. 冯祝斌,华薇娜. 基于 Web of Science 的中国图书情报学科研成果调研与分析. 图书情报知识,2013(4)
6. 傅余洋子,华薇娜. 基于 Web of Science 数据库中云计算研究文献的计量分析. 新世纪图书馆,2013(7)
7. 刘婧,华薇娜. 国内外网络阅读研究综述——基于 WoS 数据库与 CAJD 数据库的文献主题分析. 新世纪图书馆,2013(6)
8. 张玲玲,华薇娜. 国际系统动力学期刊的比较分析. 现代情报,2013(4)
9. 潘雪莲,张小琴,华薇娜. 基于集体智慧的图书推荐服务的需求调查. 新世纪图书馆,2013(3)
10. 周海花,华薇娜. 基于关键词的北美地区图书情报学研究现状分析. 情报探索,2013(4)
11. 张玲玲,华薇娜. 国际系统动力学研究文献的可视化分析. 现代情报,2013(2)
12. 王伟,华薇娜. 基于 Web of Sicence 数据库的国际电子书研究文献定量分析. 中国出版,2012(23)
13. 皇甫青红,华薇娜,刘艳华,殷之明. 国际数字图书馆领域研究热点及作者团体分析——基于共词分析和社会网络分析. 情报杂志,2013(1)
14. 潘雪莲,张小琴,华薇娜. 南京地区读者图书阅读现状调查研究. 新

世纪图书馆,2012(11)

15. 董琦,马德静,乐圆,华薇娜. 公共图书馆儿童英语阅读需求. 图书馆杂志,2013(2)
16. 刘婧,华薇娜. 美加两国图书馆学与信息学博士研究中有关儿童信息行为主题分析. 现代情报,2013(1)
17. 刘艳华,华薇娜,袁顺波. 全球重要信息计量学家的可视化分析——以作者共被引为视角. 情报杂志,2012(1)
18. 周海花,华薇娜. 国内外云计算研究的现状与发展——基于 INSPEC 数据库的分析,现代情报,2012(2)
19. 冯祝斌,华薇娜. 社会标签研究现状调研与分析——基于 WoS、LISA、ACM、IEEE 数据库. 情报杂志,2012,31(2)
20. Weina Hua, Shunbo Yuan, Miaomiao Yan, Yu Li. A quantitative analysis of Arctic related articles in the humanities and social sciences appearing in the world core journals. Scientometrics, 2012, 91(3)
21. 刘婧,华薇娜. 国外少儿信息行为研究的调研与分析. 山东图书馆学刊,2012(2)
22. 周海花,华薇娜. 北美地区教师教育专题博士论文的调研与分析——基于图书馆网络信息技术环境下的教师教育. 西南民族大学学报(人文社会科学版),2012(5)
23. 张玲玲,华薇娜,周海花. 美加两国系统科学领域博士论文的调研与分析. 西南民族大学学报(人文社会科学版),2012(5)
24. 周海花,华薇娜. 从世界顶级学术期刊看中国科研竞争力. 情报杂志,2012,31(6)
25. 刘婧,华薇娜. 国外博士研究中关于儿童信息行为研究的调研与分析. 西南民族大学学报(人文社会科学版),2012(6)
26. 刘婧,华薇娜. 境外跨世纪儿童阅读研究调研与分析. 新世纪图书馆,2012(8)
27. 张玲玲,华薇娜. 美加两国远程教育专题博士论文的调研与分析. 西南民族大学学报(人文社会科学版),2012(6)

28. 皇甫青红,华薇娜. 美加两国北极主题博士论文的调研与分析. 极地研究,2012,24(3)

29. 李煜,华薇娜. 我国远程教育研究从推崇、到冷静、再到反思的变化特征——基于文献计量学的远程教育核心论文分析. 现代远程教育研究,2012(6)

30. 周海花,华薇娜,张玲玲. 基于 Scopus 数据库的国内外远程教育研究成果的定量分析. 现代情报,2012,32(11)

31. 刘艳华,华薇娜. 国外远程教育研究的重点和发展趋势——基于国外远程教育研究成果的定量分析. 现代远程教育研究,2011(4)

32. 华薇娜,闫苗苗,刘芳. 美国国家科学基金会的绩效评估工具的方法和价值——以 2007 年评估结果为例. 甘肃社会科学,2011(4)

33. Yuan Shunbo, Hua Weina. Scholarly Impact Measurements of LIS Open Access Journals. The Electronic Library, 2011, 29(5)(SSCI 收录)

34. 刘艳华,华薇娜. 基于 ERIC 数据库的国外远程教育研究热点分析. 远程教育杂志,2011(5)

35. 华薇娜,周海花,王婷婷. 中国博物馆界科研成果走向世界的历史进程——基于 Web of Science 数据的检索与分析. 博物馆研究,2011(2)

36. 刘婧,华薇娜. 走向世界的中国高校人文社会科学研究内容的调研与分析. 中国高教研究,2011(8)

37. 李晗,华薇娜. 美国高校图书情报学院“儿童及青少年文献与图书馆服务”专业现状调研. 大学图书馆学报,2011(5)

38. 李煜,华薇娜. 美加两国南极主题博士论文的调研与分析. 西南民族大学学报(人文社会科学版),2011(12)

39. 华薇娜,羌丽. 20 世纪上半叶走向世界的中国社会科学研究. 科学学研究,2011(5)

40. 袁顺波,华薇娜,马学良. 国内外机构库评价研究现状述评. 图书情报工作,2011(6)

41. 张玲玲,华薇娜. 基于知识图谱的国际远程教育研究可视化分析. 现代远程教育,2011(3)
42. 郑书丹,华薇娜. 中美图书情报学院教员信息比较研究. 图书情报知识,2011(3)
43. 姚欣林,华薇娜. 国内外儿童搜索引擎比较研究. 图书与情报,2011(3)
44. 李琳,华薇娜. 走向世界的中国高校人文社科研究中的国家合作实况分析. 中国高教研究,2011(5)
45. 刘艳华,华薇娜,袁顺波. 走向世界的中国高校人文社会科学研究中的高产作者分析. 中国高教研究,2011(4)
46. 王婧,华薇娜. 国内外文科引文索引数据库检索功能比较. 新世纪图书馆,2011(1)
47. 袁顺波,华薇娜,刘艳华. 走向世界的人文社会科学研究中高校科研生产力调研与分析. 中国高教研究,2010(11)
48. 华薇娜,刘芳. 美国科学基金会课题遴选的评价体系述要. 学术界,2010(10)
49. 华薇娜,刘芳. 美国科学基金会社科部项目主管的角色定位与管理机制. 社会科学管理与评论,2010(3)
50. 羌丽,华薇娜. 走向世界的中国高校人文社会科学研究——以引文统计分析为视角. 中国高教研究,2010(10)
51. 羌丽,华薇娜. 英文学术文献引文的著录格式. 现代情报,2010(9)
52. 李沛沛,华薇娜. 对我国网格研究领域基金资助项目论文的著者分析. 公共图书馆,2010(3)
53. 王婷,华薇娜. 美国鲍克公司网络在版书目评介. 图书馆杂志,2010(9)
54. 常李艳,华薇娜,李煜. 通过国际南极论文分析南极研究现状. 极地研究,2010(2)
55. 沈兰燕,华薇娜. 英国贵族体制对私人藏书的影响. 新世纪图书馆,2010(4)

56. 刘艳华,华薇娜.期刊评价新指标——特征因子.情报杂志,2010(7)
57. 袁顺波,华薇娜.基于 LISA 和 WoS 的机构库研究现状调研与分析.情报理论与实践,2010(6)
58. 华薇娜.网络信息搜集过程中正确选择检索词的个案分析——以检索近视眼手术治疗的期刊论文为例.情报理论与实践,2010(7)
59. 李沛沛,华薇娜.对我国网格研究领域基金资助项目论文研究机构的分析.科技情报开发与经济,2010(9)
60. 李沛沛,华薇娜.对我国网格研究领域基金资助项目论文的调研与分析.科技情报开发与经济,2010(7)
61. 华薇娜.被光环遮掩了的伟人:牛津大学博德利图书馆第一任馆员詹姆斯.图书馆论坛,2010(3)
62. 华薇娜.在信息检索教学中贯穿招投标机制的实验及意义.图书馆论坛,2009(6)
63. 华薇娜,刘艳华.中国高校人文社会科学走向世界的历史进程.中国高教研究,2009(12)
64. 华薇娜.搜索引擎的最新进展述要.图书与情报,2009(6)
65. 刘艳华,华薇娜.人文社会科学类期刊评价新指标和方法的探讨.科技情报开发与经济,2009(31)
66. 李琳,华薇娜.美国工程信息村中的工程分类体系探析.中国索引,2009(3)
67. 李煜,华薇娜.国外中小学图书馆阅读专题学位论文定量分析.山东图书馆季刊,2009(5)
68. 陈欣,华薇娜.美国《参考资源指南》第 12 版述要——写在美国《参考资源指南》最新版发行之际.图书馆杂志,2009(3)
69. 华薇娜,张洁,刘芳,邓三鸿.美国 WoS 数据库收录的中国南北极研究论文的调研与分析.极地研究,2009(2)
70. 常李艳,华薇娜.从基金论文看我国情报学的发展.新世纪图书馆,2009(1)

71. 杨佩佩,华薇娜. 电子商务网站用户界面的比较与分析. 科技情报开发与经济,2008(30)
72. 刘芳,杨海滨,华薇娜. 数据格式转换软件的设计与实现. 现代图书情报技术,2008(4)
73. 华薇娜. 网络信息检索策略的设计与实施的探讨. 图书馆论坛,2008(6)
74. 刘红珠,华薇娜,岳泉. 1990—2007 年我国档案学基金论文的统计分析. 档案与建设,2008(11)
75. 华薇娜. 美国儿童阅读扫描. 山东图书馆季刊,2008(2)
76. 华薇娜,刘芳. 当前美国社会经济领域的研究课题述要. 学术界,2008(4)
77. 华薇娜. 分类:不可小觑的检索途径. 中国索引,2008(2)
78. 华薇娜. 用户眼中的 CASHL——兼对用户界面设计的思考. 大学图书馆学报,2008(3)
79. 荣方超,华薇娜. 国际馆际互借专题学位论文定量分析. 新世纪图书馆,2008(1)
80. 晏尔伽,华薇娜. 基于 Web of Science 数据库中影响因子研究文献的计量分析. 图书与情报,2008(1)
81. 刘芳,华薇娜. 对世界核心期刊中北极研究文献的定量分析. 科技情报开发与经济,2007(24)
82. 华薇娜,于德江. 网络环境下高校图书馆中文期刊馆藏调整的调研与分析. 图书馆杂志,2007(2)
83. 王丹,华薇娜. 国外咨询研究方向学位论文的定量分析. 新世纪图书馆,2006(6)
84. 华薇娜. 在信息检索课程中贯穿个案分析的实验及其意义分析. 情报杂志,2006(3)
85. 华薇娜. 20 世纪上半叶走向世界的中国科学研究实况,科学学研究,2006(3)
86. 吴丽娟,华薇娜. 2000—2005 年《新世纪图书馆》载文和作者及引

文的定量分析. 科技情报开发与经济,2006(16)

87. 刘雄健,华薇娜. 对数字签名研究成果的定量分析,情报杂志,2005(8)
88. 张士青,华薇娜. 对 RFID 文献的定量分析. 电子科学技术评论,2005(4)
89. 华薇娜. 英国公共图书馆产生的背景及其历史意义. 图书馆杂志,2005(1)
90. 张良卫,华薇娜. 布拉德福定律研究成果的调研与分析. 中国科技期刊研究,2005(3)
91. 华薇娜. 美国 ISI 公司引文索引数据库最新检索功能评析. 情报理论与实践,2005(3)
92. 张玥,华薇娜. 网络信息分类现存问题及对策. 江苏高教,2004(6)
93. 华薇娜,许美琪. 国外过刊数据库的现状及对开发我国过刊数据库的思考. 中国图书馆学报,2004(4)
94. 刘婧,华薇娜. 国内精算研究文献的定量分析. 情报科学,2004(5)
95. 华薇娜,刘婧,袁丽霞,程美玉. 国外索引学会现状及对我们的启示. 中国索引,2004(4)
96. 师忠凯,华薇娜. 国外知识管理方向学位论文定量分析. 新世纪图书馆,2004,4
97. 华薇娜. 国外人文、社会科学类学术性专题数据库及其发展趋势. 图书情报工作,2004(4)
98. 刘伟,华薇娜. SCI 数据库中的中国文献著者单位地址书写方面的差异与错误. 中国科技期刊研究,2004(1)
99. 陈刚,华薇娜. 国外数据挖掘文献的定量分析. 图书情报工作,2003,11
100. 华薇娜. 在信息检索课程中引入团队合作方式的实验及其意义. 大学图书馆学报,2003(5)
101. 华薇娜. 研究图书馆集团及其数据库评介. 新世纪图书馆,2003(6)

102. 崔英杰,华薇娜. 对国外图象检索文献的定量分析. 新世纪图书馆,2003(4)
103. 华薇娜. 基于信息的三个空间理论述要. 图书馆杂志,2003(4)
104. 江剑伟,华薇娜. 国外电子出版方向学位论文定量分析. 科技与出版,2003(3)
105. 华薇娜. 美国联邦政府 CIO 面面观. 情报理论与实践. 2002(1)
106. 华薇娜. 从封建社会向资本主义社会过渡时期英国大学图书馆的兴起与发展. 图书馆,2001(6)
107. Hua Weina. The Development of the Chinese Social Sciences Citation Index. The Indexer,2001,22(3)
108. 华薇娜. 美国 1999 与 2000 年最佳免费参考网站评介. 大学图书馆学报,2001(4)
109. 华薇娜. 1988—1996 年 A&HCI 收录我国人文科学文献的定量分析. 情报杂志,2001(2)
110. 华薇娜,张蓓蓓. 美国图书情报学院继续教育现状分析. 图书馆建设,2001(2)
111. 华薇娜,施云,岳泉. 美国 ISI 公司网络版引文索引数据库评价. 情报理论与实践,2001(1)
112. 华薇娜,杨群英. 美国教育学研究生院 50 强. 学位与研究生教育,2000(6)
113. 华薇娜. 美国 Ei 公司工程信息产品的现状与最新发展. 江苏图书馆学报,2000(6)
114. 华薇娜. 美国 SSCI 和 A&HCI 收录的中国期刊到底有多少? 中国科技期刊研究,2000(4)
115. 华薇娜. 对美国图书情报学院前 20 强的定量分析与实例研究. 情报学报,2000(5)
116. Hua Weina. Comparison between P. R. China and USA in the field of Library and Information Science. Journal of Eastern Asia Libraries (USA), February, 1999(117)

117. 华薇娜.1981—1996年《社会科学引文索引》收录我国图书馆学情报学专业文献的定量分析.图书情报工作,1999(10)
118. 华薇娜.1982—1996年SSCI收录我国社会科学文献的定量分析.南京大学学报.(哲学.人文科学.社会科学),1999(3)
119. 华薇娜.英国修道院图书馆的衰落及其历史影响.中国图书馆学报,1999(2)
120. 华薇娜.英国图书馆史研究状况述要.晋图学刊,1999(2)
121. 华薇娜,张岚.对中国五所重点大学理工学科1990—1995年科研现状的定量分析.情报资料工作,1998(3)
122. 华薇娜.SCI机构索引在收录我国文献时的一些特例.情报杂志,1998(1)
123. 华薇娜,蒋晓曦.1984—1993年调查研究方法在我国图书馆学情报学研究中的应用状况.图书情报工作,1997(3)
124. 华薇娜.在文献检索课程中贯穿"引路者"练习的实验及其意义分析.大学图书馆学报,1997(2)
125. 华薇娜.对中美两国图书馆学、情报学研究方法、主题、对象、分析技术的比较研究.情报学报,1997(1)
126. 华薇娜.恩格斯《家庭、私有制与国家的起源》与摩尔根《古代社会》之比较.史学月刊,1997(增刊)
127. 华薇娜,1990—1993年美国图书馆学博士论文定量分析.中国图书馆学报,1996(3)
128. 华薇娜.将"引路者"练习运用于文献检索课程中.高校研究与探索,1996(4)
129. 曹学群,华薇娜,李静.对我国图书馆学研究方法的一些思考.江苏图书馆学报,1996(4)
130. Hua Weina,Hu Yali. The Cover(on the bookplate of Nanjing University Library). Libraries & Culture,1995,30(1)
131. 华薇娜,石渝蓉.南京地区高校图书馆参考咨询工作调查分析.江苏图书馆学报,1995(3)

132. 华薇娜. 对中外历史计量研究发展史的比较. 史学理论研究,1995(3)
133. 华薇娜. 对中美图书馆学情报学期刊引文统计的比较研究. 中国图书馆学报,1995(3)
134. 华薇娜. 对我国80年代图书馆学、情报学研究状况的定量分析. 情报学报,1995(3)
135. 华薇娜,邓丽平. 定量方法在图书馆学情报学期刊中的应用. 图书馆理论与实践,1995(3)
136. 杨兵,华薇娜. 利用内容分析方法的美国博士论文评析. 四川大学学报丛刊,1995
137. 凌珊,华薇娜. 阅读治疗简介. 临床精神医学杂志,1995(1)
138. 华薇娜. 试评《生物学文献检索与利用》. 浙江高校图书情报工作,1994(1)
139. 华薇娜. 美国图书馆学情报学核心期刊文献分析研究述要. 中国图书馆学报,1991(1)
140. 马光雄,华薇娜. 工科院校《文献检索与利用》课程发展方向初探. 图书馆理论与实践,1989(5)
141. 华薇娜. 用行为科学分析图书馆现状. 图书馆杂志,1989(2)
142. 华薇娜. 论参考工作中的咨询面谈. 黑龙江图书馆,1989(1)